T0130022

Einführungen in die Sprachwissenschaft

Sophie Repp / Volker Struckmeier

Syntax

Eine Einführung

J. B. Metzler Verlag

Die Autor*innen
Sophie Repp ist Professorin für Sprachwissenschaft des Deutschen
an der Universität zu Köln.
Volker Struckmeier ist Akademischer Oberrat am Germanistischen Institut
der Ruhr-Universität Bochum.

ISBN 978-3-476-04871-4
ISBN 978-3-476-04872-1 (eBook)
https://doi.org/10.1007/978-3-476-04872-1

Die Deutsche Nationalbibliothek verzeichnet diese Publikation in der Deutschen
Nationalbibliografie; detaillierte bibliografische Daten sind im Internet über
http://dnb.d-nb.de abrufbar.

J. B. Metzler
© Springer-Verlag GmbH Deutschland, ein Teil von Springer Nature, 2020

Einbandgestaltung: Finken & Bumiller, Stuttgart (Foto: shutterstock.com)

J. B. Metzler ist ein Imprint der eingetragenen Gesellschaft Springer-Verlag
GmbH, DE und ist ein Teil von Springer Nature
Die Anschrift der Gesellschaft ist: Heidelberger Platz 3, 14197 Berlin, Germany

Inhaltsverzeichnis

Vorwort

Diese Reihe bietet Einführungen in die verschiedenen Kerngebiete der Sprachwissenschaft sowie einen Methodenband für das Bachelor-Studium der Germanistischen Linguistik. Ziel der Reihe ist es, wesentliche sprachliche Phänomene des Deutschen zu beschreiben und in aktuellen linguistischen Theorien zu modellieren, so dass die Studierenden nach dem Besuch eines Seminars, das auf einem der Bände basiert, bzw. nach Lektüre eines Bandes in der Lage sind, aktuelle Forschungsliteratur zu verstehen, zu evaluieren und als Basis für erste eigene Betrachtungen in Hausarbeiten und in der Bachelorarbeit zu benutzen. Mit dieser Ausrichtung wird eine große Lücke in der Einführungsliteratur zur deutschen Sprachwissenschaft geschlossen – nämlich die Wissens- und Kompetenzlücke zwischen der Vermittlung absoluter Grundlagen (die Reihe setzt einen allgemeinen Einführungskurs in die Sprachwissenschaft voraus) und dem anschließenden Ziel, sich im BA-Studium jenseits dieser Grundlagen mit sprachwissenschaftlichen Inhalten zu befassen.

Köln im Juli 2019   Sophie Repp

1   Menschliche Sprache

1.1 | Über dieses Buch: Was ist Sprache?

Menschen sind, was ihre Kommunikation anbelangt, eine einzigartige Spezies. Anders als alle anderen Tiere verständigen sich Menschen mithilfe von **Sprachen**. Die Kommunikationssysteme anderer Tiere sind anders strukturiert. Das scheint intuitiv zunächst völlig klar zu sein, aber was genau zeichnet das Phänomen ›menschliche Sprache‹ im Gegensatz zu anderen Kommunikationssystemen eigentlich aus?

Was ist Sprache? Menschen sind in der Lage, ein **mentales Lexikon** mit vielen tausenden ›Einträgen‹ zu lernen – von den kleinsten Wortbestandteilen über Wörter bis hin zu Idiomen, Redensarten und Sprichwörtern. Unsere nächsten Verwandten im Tierreich, Schimpansen und Bonobos, sind teilweise in der Lage, ein System von *food calls* zu verwenden, mit dem sie zum Beispiel auf die Verfügbarkeit von Nahrung hinweisen können. Diese Systeme beschränken sich aber auf einige wenige feststehende Rufe, deren Anzahl sehr beschränkt ist (vgl. Slocombe 2012). Grüne Meerkatzen und Dianameerkatzen verfügen über ein Rufinventar, welches exakt drei Ausdrücke differenziert. Diese drei Rufe warnen vermutlich vor Adlern, Leoparden oder Schlangen (Cheney/Seyfarth 1990; Zuberbühler 2005; Hurford 2012). Ein riesiges und de facto fast unbeschränkt erweiterbares Lexikon, wie es die menschliche Sprachfähigkeit ermöglicht, konnte für keine nicht-menschliche Spezies nachgewiesen werden.

Menschen sind in der Lage, Wörter zu komplexen **Sätzen** zu verbinden. Dabei ist die Anzahl der Sätze, die ein*e Sprecher*in einer Sprache bilden könnte, prinzipiell – d. h. im mathematischen Sinne – unendlich groß. Es lässt sich leicht zeigen, dass es keine ›Obergrenze‹ von Sätzen gibt, die der Mensch beherrscht. Stattdessen scheinen wir Sätze nach bestimmten Bauprinzipien zu strukturieren, die überaus feine Nuancen unterscheiden helfen, was den Inhalt von Sätzen in ihren jeweiligen Kontexten betrifft. Natürlich kann ein Mensch tatsächlich nicht unendlich viele Sätze sagen oder hören, weil wir nur endlich lange leben. Aber auch im ganz praktischen Sinne ist die Fähigkeit zum Satzbau beeindruckend: Menschen können Sätze bilden und verstehen, die sie niemals zuvor gehört haben. Wir kennen kein anderes Tier, das die Fähigkeit zum strukturierten Satzbau aufweist. Selbst Schimpansen, Bonobos und Gorillas, die ein regelrechtes Sprachtraining von menschlichen Trainern bekamen, zeigten sich weitestgehend unfähig, sprachliche Satzstrukturen zu erwerben – ihre Trainingserfolge beschränkten sich auf einige Gebärden, die sie aber nie zu komplexen Sätzen verbinden lernten (vgl. schon Terrace et al. 1979; Patterson 1978; Petitto/Sei-

J. B. Metzler © Springer-Verlag GmbH Deutschland, ein Teil von Springer Nature, 2020
S. Repp/V. Struckmeier, *Syntax*, https://doi.org/10.1007/978-3-476-04872-1_1

denberg 1979; aktueller auch etwa Tomasello 2008; Cheney/Seyfarth 2012).

Auch die **konkrete Verwendung kommunikativer Strukturen** ist für nicht-menschliche Tiere viel limitierter als für den Homo Sapiens. Das unendliche kreative Potential der menschlichen Sprache ist zentral wichtig dafür, dass wir mithilfe unserer Sprache(n) in der Lage sind, Kommunikationssituationen der verschiedensten Arten zu meistern und mehr oder weniger beliebige Gedanken in unseren Sprachen auszudrücken. Menschen tauschen Ideen nahezu beliebiger Komplexität aus und können komplexe Aktionspläne untereinander abstimmen. Der Bau der Elbphilharmonie etwa zeigt, dass auch komplexe Planungen, die sich über lange Zeiträume erstrecken, durch unsere Sprachfähigkeit letztendlich erfolgreich umgesetzt werden. Die Kommunikation von nicht-menschlichen Tieren hingegen bezweckt offenbar ausschließlich, andere Individuen zu Handlungen aufzufordern (Tomasello 2010; Bickerton 2007; Petitto/Seidenberg 1979; Terrace et al. 1979; Tomasello 2008).

Wie kommt der Mensch zur Sprache? Es ist klar, dass Menschen auch eine im Tierreich einzigartige Fähigkeit zum **Spracherwerb** haben. Die Linguistik steht damit vor fundamentalen Fragen. Wie und wieso können menschliche Kinder Sprachen offenbar weitestgehend problemlos erwerben? Wenn selbst intelligente Tiere, wie Schimpansen und Bonobos, Sprache nicht lernen können (wohingegen sie andere Dinge ja sehr leicht lernen können), inwiefern ist die Aufgabe des Spracherwerbs schwierig? Wenn die Aufgabe schwierig ist, warum meistern menschliche Kinder diese Aufgabe eher besser als menschliche Erwachsene, die bekanntlich oft deutliche Probleme haben, eine zweite Sprache zu erlernen?

Überlegungen wie diese haben dazu geführt, dass der menschliche Spracherwerb als eine Aufgabe angesehen wird, die Kinder nicht voraussetzungsfrei meistern können. Kindern wird in verschiedenen linguistischen Theorien eine **Sprachlernfähigkeit** zugeschrieben, die uns Menschen von nicht-menschlichen Tieren unterscheidet. Aber auch menschliche Erwachsene können auf diese Sprachlernfähigkeit nicht mehr oder nur noch in Teilen zugreifen. Sie müssen Sprachen in einem mühevollen Sprachunterricht lernen, den ein Kind so nicht benötigt. Mit der Frage nach dem Spracherwerb von Kindern stellt die Linguistik also eine **zentrale kognitionswissenschaftliche Frage**. Welche kognitiven Fähigkeiten versetzen Kinder in die Lage, den Spracherwerb zu meistern – wenn doch alle anderen Lebewesen auf diesem Planeten damit größte Mühen haben, oder ganz daran scheitern?

Der Spracherwerbsperspektive gegenübergestellt ist auch eine **biologische Frage**, nämlich die, wie die Spracherwerbsfähigkeit unserer Spezies in evolutionären Zeiträumen entstanden sein könnte. Aus diesem Blickwinkel geht es nun nicht mehr darum, wie ein Individuum unserer Spezies – der kleine Anton oder die kleine Amina – ihren Spracherwerb in ihrer Lebensspanne meistern (eine ontogenetische Fragestellung). Stattdessen lässt sich die (phylogenetische) Frage stellen, wie der moderne Mensch sich evolutionär so entwickelt hat, dass eine sprechende Spezies das Resultat unser aller **Evolutionsgeschichte** ist. Wieso scheint nur der Homo Sapiens die Sprach(erwerbs)fähigkeit aufzuweisen, jedoch schon unsere nächsten lebenden Verwandten unter den Primaten nicht? Wenn man diese Frage beantworten will, muss man bedenken, dass die Entwicklung hin zur sprechenden Spezies eine in evolutionären Zeiträumen relativ junge Entwicklung ist. Wenn dies aber der Fall ist, können wir mit Recht fragen, wie komplex die Unterschiede zu unseren Vorfahren und nächsten Verwandten überhaupt ausfallen können. In vielen Fällen scheint die Evolutionsgeschichte ja als langsame, schrittweise Veränderung bestehender Strukturen vor sich zu gehen. Wie also soll eine ganze Sprache wie aus dem Nichts entstanden sein? Könnte es vielleicht sein, dass unsere Spracherwerbsfähigkeit zwar einen Quantensprung kognitiver Möglichkeiten eröffnet hat, ihrer eigenen Natur nach aber eine eher simple Fähigkeit darstellt? Wie **minimalistisch** kann man sich die Fähigkeit des Menschen zur Lexik (mentales Lexikon) und Grammatik (Satzkonstruktion) vorstellen – und dennoch den beeindruckend kreativen Fähigkeiten des Systems Rechnung tragen (vgl. z. B. Chomsky 1995, 2000, 2007)?

Antworten in der Generativen Grammatik: In diesem Buch beschreiben wir eine Theorie, die sich zentral mit diesen Fragen zur menschlichen Sprachfähigkeit auseinandergesetzt hat. Seit den 1960er Jahren versuchen Theorien der **Generativen Syntax** die Vielfalt menschlicher Sprachen korrekt zu beschreiben (z. B. Chomsky 1965). Linguist*innen in diesem Forschungsfeld erarbeiten Theorien eines Systems, mithilfe dessen Menschen die Kernaspekte ihrer Sprache(n) erwerben. Dieses System reguliert unsere Fähigkeit, komplexe Strukturen (wie Sätze es sind) zu **generieren**. Mit *generieren* ist dabei nicht gemeint, dass Menschen Sätze aussprechen. Stattdessen geht es darum, dass ein Mensch die Eigenschaften von Sätzen gewissermaßen berechnen kann: Wie können wir für jeden Satz unserer Sprache (auch wenn wir ihn noch nie gehört haben) einerseits wissen, wie er ausgesprochen wird, und andererseits, was er bedeutet? Wir generieren Sätze also in dem Sinne, dass wir wissen, welche Eigenschaften sie prinzipiell haben.

Die generative Grammatik hat in über einem halben Jahrhundert viele Vorschläge dazu unterbreitet, wie ein **sprachliches System** aussehen könnte, das unser Wissen repräsentiert, wie Sprachlaute auf sprachliche Bedeutungen abgebildet sind und umgekehrt. Viele Annahmen mussten verworfen werden, weil mit ihnen empirische Eigenschaften von menschlichen Sprachen nicht korrekt erfasst werden können, oder aber ganz offensichtlich nicht in einem realistischen Spracherwerbsprozess erworben werden können. Manche Vorschläge der generativen Syntax erfüllen diese beiden Anforderungen aber und haben sich gut bewährt. Wir haben mit diesen Vorschlägen also möglicherweise Eigenschaften der menschlichen Sprachfähigkeit gefunden – wenngleich natürlich nur dann, wenn sich unsere Theorien auch in Zukunft weiterhin in der Forschung bewähren.

Das sprachliche System in der generativen Grammatik: Mit diesem Buch beschreiben wir eine Analyse von Sprachen und Sprachlernfähigkeit auf dem neuesten Stand der generativen Forschung. Wir nehmen an, dass der Erwerb syntaktischer Strukturen voraussetzt, dass das Kind bestimmte Vorannahmen darüber macht, wie Sätze und syntaktische Strukturen generell aufgebaut sind. Diese Vorannahmen bzw. dieses Vorwissen wird ausgedrückt durch eine Reihe von **strukturerzeugenden Operationen**, die sich (gemäß der Theorie) in allen menschlichen Sprachen in gleicher Form nachweisen lassen. Sie gehören also zur menschlichen Sprachfähigkeit (engl. *language faculty*), die sich in allen Sprachen, die Menschen erwerben können, ausdrückt.

Syntaktische Operationen

- **Merge** ist eine Operation, die aus lexikalischen Bestandteilen (also z. B. Wörtern) größere Strukturen erzeugt (also z. B. solche, die Sätze charakterisieren).
- **Agree** ist eine Operation, die bestimmte Wörter im Satz zueinander in Beziehung setzt, etwa bei der Subjekt-Verb-Kongruenz, vgl. (1) vs. (2). Der Stern in (2) zeigt Inakzeptabilität an, siehe weiter unten.

(1) a. *ich*$_{1.\ Person\ Singular}$ *laufe*$_{1.\ Person\ Singular}$

    b. *ihr*$_{2.\ Person\ Plural}$ *lauft*$_{2.\ Person\ Plural}$

(2) a. **ich*$_{1.\ Person\ Singular}$ *lauft*$_{2.\ Person\ Plural}$

    b. **ihr*$_{2.\ Person\ Plural}$ *laufe*$_{1.\ Person\ Singular}$

Die syntaktischen Operationen Merge und Agree werden im vorliegenden Buch genau erläutert und in ihrer Anwendung auf die Analyse deutscher Sätze vorgestellt. Es ist sehr wichtig darauf hinzuweisen, dass diese Operationen in der generativen Syntax als logische Operationen verstanden werden, dass damit also keine Verarbeitungsprozesse im menschlichen Gehirn gemeint sind. Merge und Agree sind keine Aktionen, die Sprecher*innen durchführen und die damit zu bestimmten Zeitpunkten stattfinden würden. Wir können dies vergleichen mit einfachen mathematischen Operationen wie der Addition. *2 + 2 = 4* bedeutet mathematisch nicht, dass ›zuerst‹ eine 2 existiert, der ›später‹ eine andere 2 zur Seite gestellt wird, so dass sich ›zuletzt‹ die 4 ergibt. Zwar wird die Addition in der Grundschule genauso eingeführt: »Du hast zuerst zwei Äpfel. Wenn du später zwei dazu bekommst, wie viele hast du dann?«. Mathematisch wird hier aber eine statische Relation ausgedrückt. Die Schreibweise *2 + 2* ist gleichzusetzen mit der Schreibweise *4*. Analog hierzu repräsentiert unsere Grammatik, welche sprachlichen Formen ganz statisch (und nicht prozesshaft) welchen Bedeutungen zugeordnet sind. Wie Sprecher*innen diese Entsprechung beim Sprechen oder Verstehen erkennen, verarbeiten oder nutzen, ist nicht Gegenstand der Grammatiktheorie, sondern Gegenstand von sprachlichen Verarbeitungstheorien.

    Den syntaktischen Operationen stehen weitere Bestandteile des sprachlichen Systems gegenüber. Der untenstehende Kasten definiert diese Bestandteile und fasst das sprachliche System, wie es in der generativen Grammatik aufgefasst wird, zusammen.

Die strukturerzeugende Operation Merge ist Grundlage dafür, dass menschliche Sprachen atomare Bestandteile (Wörter, Morpheme, etc.) verketten können zu komplexen Ausdrücken (die sämtlichen nicht-menschlichen Kommunikationssystemen fehlen). Merge ist eine rekursive Operation in dem Sinne, dass bereits verketteten Wörter weitere Wörter hinzugefügt werden können. Die Ausgabe einer Anwendung von Merge kann also mit weiteren Wörtern durch eine weitere Anwendung der Operation Merge unbeschränkt erweitert werden.

Die Operation Agree ist dafür zuständig, verkettete Elemente in grammatische Relationen zueinander zu setzen, bei denen der Abgleich von Merkmalen erfolgt. Phänomene, die z. B. traditionell als *Kongruenz* bezeichnet werden, aber auch Fragen der Kasuslizensierung werden durch Agree implementiert. Manche Autoren nehmen an, dass Agree nicht Teil der Syntax ist, weil Agree keine bedeutungstragenden Strukturen erzeugt – und daher auch Teil der Phonologischen Form (s. u.) sein könnte.

Das mentale Lexikon enthält die atomaren Bestandteile, aus denen sich syntaktische Strukturen zusammensetzen. Diese Atome der Strukturerzeugung sind (zumindest aus Sicht der Syntax) nicht weiter analysierbar, sondern stellen arbiträre und konventionelle Form-Bedeutung-Paarungen dar.

Die Logische Form (LF) beschreibt die Bedeutungseigenschaften, die sich aus der Verbindung von Wörtern ergeben. Diese Komponente ist Kindern im Wesentlichen angeboren und steht in direktem Verhältnis zur menschlichen Kognition, d. h. der Denkfähigkeit, insgesamt.

Die Phonologische Form (PF) reguliert Aspekte, die die Aussprache-eigenschaften von komplexen Strukturen betreffen. Sie ist in hohem Maße durch Beobachtungen der sprachlichen Umgebung erlernt. Sprachen unterscheiden sich zwar sehr stark in ihren Ausspracheeigenschaften, jedoch sind diese Ausspracheeigenschaften für das Kind im Spracherwerb direkt beobachtbar, weil sie die wahrnehmbaren akustischen Strukturen von Lautsprachen bzw. die wahrnehmbaren visuellen Eigenschaften von Gebärdensprachen betreffen.

Definition

Dieses Buch befasst sich also nur vor der Hand mit ›simpler‹, minimalistischer Grammatik. Es geht im Rahmen der generativen Grammatik zugrundeliegend darum, einen Einblick in die menschliche Kognition zu erhalten. Was zeichnet die Sprach(erwerbs)fähigkeit von Menschen aus? Wie sind Sprachen (deshalb) strukturiert? Und schließlich: Wie passt das Deutsche mit seinen konkreten Sprachstrukturen zu diesem allgemeinen System von Sprachstrukturen und kognitiven Fähigkeiten? Fragen wie diesen fühlt sich die generative Syntax verpflichtet. Wir werden im Folgenden zunächst darlegen, dass sich traditionelle Grammatiken nicht für Untersuchungen dieser Fragen eignen. Die Notwendigkeit, einen anderen Ansatz zu wählen, wie ihn die generative Syntax bietet, wird dadurch offensichtlich.

1.2 | Der Grammatikbegriff

1.2.1 | Was Sprecher wissen

Wenn wir wissen möchten, welches Wissen Sprecher*innen des Deutschen haben, dann könnten wir zunächst versucht sein, eine traditionelle Grammatik, wie zum Beispiel eine Schulgrammatik oder die Dudengrammatik, zu konsultieren. Wir werden jedoch sehen, dass wir das gesamte Wissen von Sprecher*innen nicht in einer solchen Grammatik finden können. Um zu erkennen, warum dies so ist, werden wir besprechen, welche Ziele sich Grammatiken setzen können. Das Ziel unserer Grammatik, die Sprachfähigkeit von Homo Sapiens als die Fähigkeit zum Erwerb von Sprachen zu verstehen, ist ganz einfach nicht das gleiche Ziel, das sich die meisten traditionellen Grammatiken gesetzt haben. Daher ist mit der folgenden Diskussion keine Kritik an traditionellen Grammatiken beabsichtigt. Wir wollen vielmehr nur klarmachen, warum diese Grammatiken für unsere oben aufgestellten Ziele nicht die richtigen sind.

Sprecherwissen und sprachliche Ebenen: Wir haben bereits angedeutet, dass Sprecher*innen in der Lage sind, die Zusammenhänge zwischen mehreren sprachlichen Beschreibungsebenen zu erkennen. Wenn in einer sprachlichen Struktur lexikalische Elemente, die die Sprecher*innen kennen, in einer bestimmten Weise verknüpft werden, so steht die Form der Struktur in Beziehung zu einer Bedeutung, die die Sprecher*innen ebenfalls kennen. Umgekehrt können Sprecher*innen sagen, wie eine bestimmte Bedeutung sprachlich kodierbar wäre, also welche Formen sich eignen, diese Bedeutung auszudrücken. Für alle diese Abbildungen von Form auf Bedeutung bzw. Bedeutung auf Form gilt, dass sie zu der Sprache zählen, die die Sprecher*innen kennen.

Drei Beispiele sollen diese grundlegenden Zusammenhänge klarmachen. Betrachten wir zunächst die zwei Sätze in (3). Die Sätze bedeuten nicht das Gleiche. Der Unterschied liegt natürlich in der Wahl des Verbs, denn was Leyla *mag* und was sie *isst*, muss nicht dasselbe sein. Wir sehen, dass die Form von Sätzen sich aus der Wahl der enthaltenen Wörter speist und dass die Bedeutung eines Satzes ebenfalls mit den enthaltenen Wörtern verbunden ist.

Unterschiedliche Bedeutungen durch unterschiedliche Wörter

(3) a. Leyla isst den Kuchen.
    b. Leyla mag den Kuchen.

Nicht nur die Wahl der in einem Satz enthaltenen Wörter ist für die Bedeutung des Satzes verantwortlich, sondern auch die genaue Art ihrer Zusammensetzung:

Unterschiedliche Bedeutungen durch unterschiedliche Zusammensetzungen

(4) a. Wale sind Säugetiere.
    b. Säugetiere sind Wale.

Die Sätze in (4) enthalten zwar die gleichen Wörter, bedeuten aber nicht das Gleiche. Dies können wir leicht daran erkennen, dass (4a), nicht aber (4b) unserem biologischen Wissen nach wahr ist. Der Homo Sapiens etwa zählt zu den Säugetieren, nicht aber zu den Walen – ein Umstand, der nur mit (4a), nicht aber mit (4b) in Einklang zu bringen ist.

Ein drittes Beispiel zeigt, dass auch lautliche Eigenschaften, die nichts mit Wörtern zu tun haben, Einfluss auf die Bedeutung von Sätzen nehmen können. Die Sätze in (5) enthalten die gleichen Wörter in der gleichen Reihenfolge. Sie unterscheiden sich orthographisch nur im Satzendzeichen. Diese orthographische Markierung geht mit einem lautlichen Unterschied einher. Satz (5a) wird typischerweise mit einer fallenden Intonation ausgesprochen. Satz (5b) hingegen müsste wohl eher mit einer steigenden (Frage-)Intonation realisiert werden.

(5) a. Amina sieht Anton.
     b. Amina sieht Anton?

An diesen lautlichen Unterscheidungen hängen nun wiederum Bedeutungsaspekte. Mit Satz (5a) kann eine Behauptung aufgestellt werden – zum gegenwärtigen Zeitpunkt könnten sich Sprecher*innen auf den Sachverhalt festlegen, dass Amina Anton tatsächlich sieht. Mit (5b) hingegen könnten Sprecher*innen eine Frage stellen – und damit ausdrücken, dass sie nicht wissen oder zumindest nicht sicher sind, ob Amina Anton sieht. Zusammenhänge dieser Art müssen in unserer Theorie repräsentiert werden, weil sie offensichtlich zum Wissen von Sprecher*innen zählen.

Deskriptive vs. präskriptive Grammatik: Unsere Theorie ist also eine **deskriptive Grammatik**. Sie *beschreibt*, was Sprecher*innen tatsächlich wissen. Unsere Theorie hat nicht das Ziel, Vorschriften auszusprechen, wie sich Sprecher*innen verhalten sollten, oder welche Formen, Sätze und Verwendungen ›gutes‹ Deutsch sind. Letzteres wäre das Ziel einer **präskriptiven Grammatik**. In älteren präskriptiven Grammatiken findet sich zum Beispiel die Behauptung, dass die Präposition *wegen* nur mit dem Genitiv, nicht aber mit dem Dativ zu verwenden sei (*wegen des Geldes*, aber nicht *wegen dem Geld*). Dies entspricht jedoch schon lange nicht mehr der Intuition, die die meisten Sprecher*innen des Deutschen haben. Für sie sind beide Formen gleichermaßen verfügbar, die Genitivform gilt dabei als die etwas gehobenere Form. Damit ist jedoch keine Vorstellung von ›Sprachverfall‹ oder ›Regellosigkeit‹ verbunden: Die gleichen Sprecher*innen, die sich nicht zwischen *wegen dem Geld* und *wegen des Geldes* entscheiden wollen müssen, ziehen ganz selbstverständlich die Form *des Geldes wegen* der Form *?? dem Geld wegen* vor, verhalten sich also keinesfalls ›regellos‹. Viele aktuelle präskriptive Grammatiken tragen diesem deskriptiv erreichten Wissensstand über die Formen des Deutschen mittlerweile Rechnung und erlauben die Dativform mit *wegen* als Alternative zur Genitivform.

Unsere deskriptive Grammatik beschreibt diejenigen Sätze und Formen, die Sprecher*innen intuitiv für **akzeptabel** halten. Diese Formen sind nach dem Sprachgefühl der Sprecher*innen in Ordnung und können verwendet werden. Dass zwischen präskriptiven und deskriptiven Grammatiken ein kategorieller Unterschied besteht, kann man auch daran sehen, dass präskriptive Grammatiken zumeist nur Standardsprachen (etwa das Hochdeutsche) zu reglementieren suchen, aber keine Aussagen über Dialekte, die Jugendsprache oder andere Varietäten treffen. Deskriptive Grammatiken können auch solche von der ›Hochsprache‹ abweichenden Formen beschreiben, beispielsweise:

Sprachliche   (6)   a.   Et hätt noch immer jot jejange. (Kölsch)
Varietäten   b.   De Moon schyin düre Fitzebrake, de hess de nich faken. (Ostwestfälisches Platt)
                c.   Egal was für ein Hiphopmusik isch höre, ey, mein Körper drinne tanzt voll, lan. (Kiezdeutsch, vgl. Wiese 2012)
                d.   Du Lauch! (Jugendsprache, ›Du Trottel!‹)

Die Aufgabe einer deskriptiven generativen Grammatik des Kölschen wäre es also, die Formen zu generieren, die kölsche Sprecher*innen für akzeptabel halten. Eine solche Grammatik würde diese Formen als zur Sprache Kölsch gehörig einstufen. Um zu beschreiben, was die Grammatik als zu einer bestimmten Sprache gehörig einstuft, verwenden wir den Begriff der **Grammatikalität**. *Grammatisch* ist, was die Grammatik generieren kann. *Akzeptabel* ist, was Sprecher*innen intuitiv als wohlgeformten Satz ihrer Sprache einstufen. Die Aufgabe von Linguist*innen ist es, eine Grammatiktheorie aufzustellen, laut der die *grammatischen* Sätze einer Sprache genau diejenigen sind, die nach der Intuition der Sprecher*innen *akzeptabel* sind. Beispielsweise müssten die Sätze (7a–c) als grammatisch ausgewiesen werden, weil Sprecher*innen des Deutschen diese als wohlgeformt einstufen. Die Sätze (7d–f) hingegen müssen *ungrammatisch* sein, weil Sprecher*innen sie als *inakzeptabel* einstufen (angezeigt durch einen Stern: *).

Grammatikalität   (7)   a.   Anton sieht Amina.
und Akzeptabilität   b.   Amina tanzt Tango wegen dem vielen Geld, das sie damit verdient.
               c.   Leyla isst den ganzen Kuchen, weil sie ihn so lecker findet.
               d. * Anton Amina sehen.
               e. * Amina tanzt Tango, für dem Geld.
               f. * Baum neben unter links links schläfst.

Grammatik vs. Sprachverarbeitung: Einige Fallstricke müssen wir noch aus dem Weg räumen. Manche Sätze werden nämlich von Sprecher*innen nicht zuverlässig als wohlgeformt eingestuft, obwohl nicht klar ist, ob sie grammatisch problematisch sind. Sprecher*innen des Deutschen sind sich beispielsweise darin einig, dass Satz (8a) wohlgeformt ist, und auch (8b) scheint akzeptabel zu sein. Es ist also möglich, einem Nomen wie *Mann* einen Relativsatz wie *der die Katze besitzt* zur Seite zu stellen. Wiederholt man dieses Bauprinzip jedoch und stellt dem Nomen im Relativsatz (*Katze*) auch einen Relativsatz zur Seite, so beginnt der Gesamtsatz schwierig zu werden. Wenn man, wie in (8d), diese Erweiterungen bis ins Extrem treibt, so wird der Satz so lang und komplex, dass Sprecher*innen Probleme bekommen, ihn zu bewerten.

(8) a. Der Mann sieht den Hund.
   b. Der Mann, der die Katze besitzt, sieht den Hund.
   c. Der Mann, der die Katze, die Junge hat, besitzt, sieht den Hund.
   d. Der Mann, der die Katze, die Junge, die niedliche Pfoten, die ganz kleine Krallen haben, haben, hat, besitzt, sieht den Hund.

Probleme bei der Verarbeitung sehr komplexer Sätze

Dass (8d) prinzipiell in Ordnung ist, sieht man daran, dass man diesen Satz in schriftlicher Form durchaus nach längerer Analyse interpretieren kann. (8d) bedeutet genau dasselbe wie: *Der Mann sieht den Hund, der die Katze besitzt, die Junge hat, die niedliche Pfoten haben, die ganz kleine Krallen haben.* Natürlich ist auch dieser Satz keine feine Poesie. Er ist aber bedeutend einfacher für Sprecher*innen zu **verarbeiten** als Satz (8d), d. h. *während* des Hörens oder Lesens zu verstehen.

Für unsere Grammatik stellt sich nun die Frage, wie wir mit Sätzen wie (8d) umgehen möchten. Sollen wir sie als inakzeptabel ausweisen, weil Sprecher*innen Probleme mit der **Verarbeitung** des Satzes haben? Oder sollen wir sie als akzeptabel einstufen, weil Sprecher*innen nach genauerer Analyse durchaus in der Lage sind, diesem Satz seine Bedeutung zuzuordnen? Die generative Grammatik hat sich für letzteren Weg entschieden. Zum einen sind Verarbeitungsprobleme plausiblerweise durch andere, nicht rein grammatische Teilsysteme der menschlichen Kognition (z. B. Kurz- und Langzeitgedächtnis) beeinflusst. Zudem haben dezidierte Untersuchungen von spezifisch linguistischen Verarbeitungssystemen gezeigt, dass es Mechanismen während der Verarbeitung gibt, die u. a. zu Verstehensproblemen bei Sätzen führen können. Die Probleme, die (8d) verursacht, werden also nicht unter den Teppich gekehrt. Andererseits unterscheidet sich (8d) von anderen Sätzen, die ganz prinzipiell keine Interpretation bekommen können und die unsere Grammatik daher als ungrammatisch (und inakzeptabel) ausweisen muss:

(9) a. * Wenn Mond Käse unter, obwohl Baum.
   b. * Unter unter unter nein.

In diesem Buch werden wir aus Gründen der Einfachheit auf Sätze verzichten, die Verarbeitungsprobleme auslösen. Wir werden sehen, dass auch kurze, vermeintlich einfache Sätze ungrammatisch/inakzeptabel sein können.

Was genau ist sprachliches Wissen? Linguistische Lai*innen sind geneigt, diese Frage abschätzig zu beantworten: Man kennt einen Satz, weil man ihn gehört hat, und er bedeutet das, was er in der Situation bedeutet hat, in der man ihn halt gehört hat. Eine solche Darstellung von Sprecher*innenwissen ist jedoch völlig unzureichend. Beispiel (10) zeigt, dass Sprecher*innen ganz andere Wissensstände haben:

(10) Weil der Mond am Dienstag explodiert ist, muss die Betrachtung der Mondoberfläche heute leider ausfallen.

Wir sind uns einigermaßen sicher, dass nicht alle Sprecher*innen des Deutschen diesen Satz schon einmal gehört haben. Wir sind uns aber völlig sicher, (a) dass kompetente Sprecher*innen des Deutschen diesen Satz verstehen, (b) dass sie wissen, dass er keine aktuell reale Situation beschreibt, und (c) dass sie weiterhin wissen, dass die Konklusion, die der Satz beschreibt, durchaus korrekt sein kann: Wenn der Mond nicht mehr da ist, kann man seine Oberfläche nicht betrachten! Mit anderen Worten können Sprecher*innen die Bedeutung eines Satzes *berechnen*, sobald sie alle Wörter kennen, die der Satz enthält. Dies gilt auch für völlig absurde Sätze, die vermutlich nirgends verwendet werden, weil sie keine plausiblen Situationen beschreiben, wie (11a). Um wertzuschätzen, dass (11a) aus grammatischer Perspektive völlig in Ordnung ist, vergleichen wir ihn mit einem Satz, der tatsächlich grammatische Probleme aufweist (11b):

(11) a.   Wenn der Mond aus grünem Käse wäre, dann wäre er blaues Licht.
     b.   * Wenn Mond aus wäre Käse der wäre Licht grünem, dann er blaues.

(11b) stellt keine wohlgeformte Form-Bedeutungs-Zuordnung dar. Anders als bei (11a) sind Sprecher*innen hier gar nicht in der Lage, zu sagen was der Satz bedeuten soll, oder ob er überhaupt eine Bedeutung hat. Zum Vergleich: (11a) ist in unserer realen Welt falsch, wohingegen sich für (11b) nicht einmal ein solches Urteil rechtfertigen lässt. Sätze müssen also keine sinnvolle Bedeutung haben um wohlgeformt zu sein. Sie müssen aber eine Bedeutung haben, die *berechnet* werden kann, weil Sätze auf der Logischen Form (LF) semantisch interpretiert werden.

Auch wenn man die potentielle Bedeutung von Sätzen außen vor lässt, wird schnell klar, dass die Idee, dass unser Grammatikwissen sich aus schon Gehörtem oder aus schon als inakzeptabel Bewertetem speist, falsch sein muss. Der folgende Satz ist recht kurz und einfach strukturiert: *Die Katze sitzt gerne auf meinem Computer.* Sprecher*innen des Deutschen stufen den Satz als akzeptabel ein und können erläutern, was er bedeutet. Wie viel Wissen gehört nun dazu, solche Urteile treffen zu können? Betrachten wir einige Varianten mit einer veränderten Wortstellung des Satzes, so stellen wir fest, dass viele ›mögliche‹ und noch viel mehr ›unmögliche‹ Varianten existieren:

Wissen über Wortstellungsvarianten

(12) a.   Auf meinem Computer sitzt die Katze gerne.
     b.   Gerne sitzt die Katze auf meinem Computer.
     c.   Sitzt die Katze gerne auf meinem Computer?
(13) a.   * Die Katze gerne sitzt auf meinem Computer.
     b.   * Die Katze gerne auf meinem Computer sitzt.
     c.   * Sitzt die Computer auf meinem Katze gerne?
     d.   * Die sitzt meinem auf Katze gerne Computer.

Rein mathematisch betrachtet ergibt sich für die Anzahl der Wortstellungsvarianten für diesen Satz Folgendes. Für die erste Position im Satz können wir eines der sieben Wörter frei wählen. Für die zweite Position haben wir noch sechs Wörter zur Verfügung, fünf Wörter für die dritte

Position usw. Wir können also aus sieben zur Verfügung stehenden Wörtern $7 \times 6 \times 5 \times 4 \times 3 \times 2 \times 1$ Wortstellungen generieren, das sind 5040 Wortstellungen! Wir gehen hier nicht davon aus, dass Sprecher*innen des Deutschen alle 5040 Wortstellungen einzeln bewertet haben, um zu den gerade gesehenen Urteilen zu kommen. Darüber hinaus gelten die Urteile der Sprecher*innen ja nicht nur für diese sieben Wörter. Zum Beispiel würden sich die Urteile analog verhalten, wenn wir einzelne Wörter ersetzen:

(14) a. Auf meinem Tisch sitzt die Katze gerne.
    b. Auf meinem Computer sitzt die Maus gerne.
    c. Unter meinem Computer sitzt die Katze gerne.

Wir können nun schätzen, wie viele Varianten eines Sieben-Wort-Satzes es gibt. 5040 Folgen ergeben sich aus den verschiedenen Anordnungen der sieben Wörter. Nehmen wir an, dass Sprecher*innen 5000 Nomen kennen, die das Nomen *Computer* ersetzen können – es gibt sicherlich sehr viele Objekte, auf denen man sitzen kann. Es ergibt sich eine Anzahl von $5000 \times 5040 =$ über 25 Millionen Sätze. Wenn wir annehmen, dass Sprecher*innen auch für *Katze* 5000 andere Nomen zur Verfügung haben – *sitzen* ist ein sehr dehnbarer Begriff –, ergeben sich Milliarden von Sätzen. Das Ersetzen der Präposition *auf* durch andere Präpositionen steigert die Anzahl der Satzvarianten abermals. Woher sollen Sprecher*innen all diese Varianten kennen, um sie als akzeptabel oder inakzeptabel bewerten zu können? Nehmen wir an, es existierten ca. 12 Milliarden Varianten des Satzes. Nehmen wir an, dass ein Kind mit dem Moment seiner Geburt beginnt, einen Satz pro Sekunde zu hören. Nehmen wir weiterhin an, dass dieses Kind sich alle diese Sätze irgendwie merken könnte. Selbst unter diesen völlig unrealistischen Bedingungen könnten Sprecher*innen nicht alle Varianten eines Sieben-Wort-Satzes kennenlernen, um sie bewerten zu können! Es würde 12 Milliarden Sekunden brauchen, um 12 Milliarden Sätze zu hören. 12 Milliarden Sekunden sind jedoch über 200.000 Jahre. Kein*e Sprecher*in des Deutschen dürfte über 200.000 Jahre alt sein, aber alle Sprecher*innen könnten jede beliebige Variante des Satzes problemlos bewerten. Wie wir sehen, können Sprecher*innen Sätze also nicht deshalb bewerten, weil sie sie irgendwann einmal gehört haben. Sie können sie bewerten, weil sie die Bauprinzipien verstanden haben, nach denen solche Sätze generiert werden. Diese Bauprinzipien aufzuzeigen ist exakt das Ziel generativer Grammatiken.

Da Sprecher*innen auch in der Lage sind, jedem akzeptablen Satz eine Bedeutung zuzuordnen, existiert auch ein Berechnungssystem, das die Bedeutungen der wohlgeformten Sätze vorhersagen kann. Für das phonologische System gilt analog, dass wir die möglichen und unmöglichen Aussprachen von allen wohlgeformten Sätzen berechnen können. Und da es oft klare Zusammenhänge gibt zwischen den Bedeutungen von Sätzen und den in ihnen enthaltenen Wörtern, sowie der Art, in der diese Wörter angeordnet sind, muss die Abbildungsleistung an den **Schnittstellen** zum Bedeutungssystem und zum phonologischen System ebenfalls Teil einer deskriptiv erfolgreichen generativen Syntax sein. Damit haben wir die Zielsetzung unserer Grammatik umrissen.

> **Zielsetzung der Grammatik**
>
> - Die Grammatik kann beschreiben, welche Sätze von Sprecher*innen (ohne Verarbeitungsprobleme) als akzeptabel bzw. inakzeptabel eingestuft werden.
> - Für alle akzeptablen Sätze kann die Grammatik beschreiben, welche Bedeutungen diesen Sätzen jeweils zukommen.
> - Für alle akzeptablen Sätze kann die Grammatik außerdem beschreiben, welche Arten von Aussprachevarianten potentiell möglich sind und welche prinzipiell nicht möglich sind.

Ein Wort zur Warnung: Nicht alle Sätze in einer Sprache sind perfekt akzeptabel oder völlig inakzeptabel. Es gibt vermutlich in allen Sprachen der Welt auch Grenz- und Zweifelsfälle. Diese Grenzfälle sind für die Theoriebildung nicht zu gebrauchen, weil wir nicht klar erkennen können, welche Urteile Sprecher*innen sich dazu bilden. Andererseits ist es natürlich wichtig, zu verstehen, wie solche unklaren Urteile zustande kommen. Einige der Sätze, die in diesem Buch auftreten, gehören notwendigerweise zu den unklaren Fällen. Wir benutzen für die Markierung von Urteilen bestimmte Symbole, die sich in der Forschungsliteratur etabliert haben. Sie sind im untenstehenden Kasten aufgelistet.

> **Symbole für die Darstellung von Sprecher*innenurteilen**
>
> - *Peter schläft.*
>   **Kein Symbol:** Der Satz ist akzeptabel/grammatisch.
> - **Peter schläfst.*
>   **Sternchen** (engl. *asterisk*): Der Satz ist inakzeptabel. Der Grund für die Inakzeptabilität kann eine Verletzung syntaktischer Restriktionen sein oder aber eine Verletzung semantischer oder phonologischer Anforderungen, so dass der Satz ungrammatisch ist. Inakzeptabilität kann auch durch Schwierigkeiten mit der Verarbeitung von Sätzen entstehen.
> - *??Peter stellt einander die Gäste vor.*
>   Ein bis zwei **Fragezeichen:** Der Satz ist von fragwürdiger Akzeptabilität.
> - *%Opel fahren ist wie wennste fliegst.*
>   **Prozentzeichen:** Der Satz wird nur von manchen Sprecher*innen akzeptiert, andere Sprecher*innen zählen ihn nicht zu ihrer Sprache.
> - *Hans: Wem hast Du das Geld gegeben?*
>   *Franz: #Frikadellen sind lecker.*
>   **Doppelkreuz:** Die Äußerung passt zwar nicht in den gegebenen Kontext, ist in anderen Kontexten aber grammatisch/akzeptabel.

1.2.2 | Traditionelle Grammatik und ihre Grenzen

Werkzeuge der traditionellen Grammatik: Die traditionelle Grammatik analysiert Sätze anhand bestimmter Hilfsmittel. Beispielsweise werden Wörter bestimmten **Wortarten** zugeordnet. Die Zugehörigkeit zu einer Wortart ist so definiert, dass die Mitglieder der Wortart bestimmte Eigenschaften aufweisen, die man aus der Wortart vorhersagen kann:

(15) Die Katze sitzt gerne auf meinem Computer.

$die_{Artikel}$ = hat Kasus, Numerus, veränderliches Genus, steht bei Nomen

$Katze_{Nomen}$, $Computer_{Nomen}$ = haben Kasus, Numerus, *un*veränderliches Genus

$sitzt_{Verb}$ = hat Eigenschaften für Tempus, Person, Numerus, Genus verbi, Modus

$gerne_{Adverb}$ = hat eine unveränderliche Form, modifiziert das Verb

$auf_{Präposition}$ = hat eine unveränderliche Form, tritt mit Nominalgruppe auf

$meinem_{Possessivartikel}$ = wie Artikel, aber mit possessiver Bedeutung

Wortarten

Wörter können in einer bestimmten **Reihenfolge** angeordnet werden, die auf ihre Wortart abzielt. Beispielsweise stehen Artikel im Deutschen vor dem Nomen. Auf diese Weise können ›gleichwertige‹ Sätze identifiziert werden, die sich dadurch unterscheiden, dass ein Wort einer bestimmten Wortart durch ein anderes Wort der gleichen Wortart ersetzt wird – wir haben das im vorigen Unterkapitel vorgeführt. Da die grammatischen Regeln über Wortarten definiert werden und nicht über einzelne Wörter, wird die Menge der zu beschreibenden Sätze stark reduziert.

Als **Satzglieder** bezeichnet man Wörter oder Wortgruppen, die im Bezug auf einen konkreten Satz eine konkrete Funktion haben, wie Subjekt, Adverbial oder Objekt:

(16) *die Katze*$_{Subjekt}$ = kongruiert in Person und Numerus mit Verb, trägt Nominativ

auf meinem Computer$_{Adverbial}$ = zeigt Informationen über die Handlung an (hier: Ort)

sitzt$_{Prädikat}$ = drückt die Handlung aus, an der das Subjekt beteiligt ist

Satzglieder

Achtung: Prädikate sind nicht in allen traditionellen Grammatiken Satzglieder.

Da Wörter, die zu einem Satzglied gehören, meistens nicht voneinander getrennt werden können, fungieren sie als **Konstituenten** (Bestandteile) des Satzes. Hierdurch werden die möglichen Wortstellungsmuster reduziert: *[Die Katze] [sitzt] [gerne] [auf meinem Computer]*. Der Satz enthält vier Konstituenten, die ›nur‹ 4 × 3 × 2 × 1 = 24 mögliche Abfolgen zulassen. Es ergeben sich daher aus Sicht der traditionellen Grammatik nicht 12 Milliarden Sieben-Wort-Sätze, sondern nur eine kleine Zahl von Wortstellungsmustern. Die traditionelle Grammatik scheint also in der Lage zu sein, Ordnungen im Satz darzustellen und somit das Wissen von Sprecher*innen abzubilden. Das ist jedoch aus mehreren Gründen nicht tatsächlich der Fall. Gerade die Werkzeuge der traditionellen Grammatik erweisen sich in der praktischen Anwendung sehr oft als schwierig zu handhaben, in einigen Fällen auch als ganz und gar unrealistische Konstrukte.

Nachteile des Werkzeugs Wortart: Die Kategorie der Wortarten gibt weit weniger Aufschluss über grammatische Bestandteile, als oft behauptet wird. So ist die vermeintliche Vorhersage zu den Eigenschaften von Wörtern eine zirkuläre Angelegenheit. Warum weisen Linguist*innen das Wort *Katze* der Kategorie *Nomen* zu? Weil das Wort die Eigenschaften hat, die der Kategorie Nomen zugesprochen werden! Wortarten erklären also nicht, wie Sprecher*innen zu ihrem Wissen über die Sprache gelangen, sie repräsentieren nur einen bestimmten Ausschnitt dieses Wissens.

Darüber hinaus ist problematisch, dass die Eigenschaften, die in Wortarten gebündelt werden, oft gar nicht in diesen Bündelungen aufzutreten scheinen. Betrachten wir (17).

Wortarten: Probleme

(17) a. der den Gegner besiegende Schachzug
     b. der Angestellte, die Angestellte

Das Wort *besiegende* in (17a) weist Kasus-, Genus- und Numerus-Eigenschaften auf wie ein Adjektiv. Andererseits verfügt es offenbar über ein Subjekt (*Schachzug*?) und ein Objekt (*den Gegner*?) und ist engstens verwandt mit dem Verb *besiegen*. Sind Partizipien wie *besiegende* also Verben oder Adjektive? Bei *Angestellte* in (17b) scheint es sich jeweils um ein Nomen zu handeln – dem Wort geht ein Artikel voran. Jedoch ist das Genus veränderlich, ganz im Gegensatz zur Definition der Kategorie Nomen. Auch ist *Angestellte* verwandt mit dem Verb *anstellen*, insofern ist nach der traditionellen Wortartentheorie wiederum nicht klar, ob es sich um Adjektive, Verben oder Nomen handeln soll.

Weitere Zwischen- und Zweifelsfälle werden in der traditionellen Grammatik thematisiert, sind aber letztlich nicht klärbar, weil diese Grammatik Bündelungen von Eigenschaften vorsieht, die den tatsächlich vorkommenden Bündelungen nicht entsprechen. Die generative Grammatik entzieht sich dieser Diskussion von vornherein. In aktuellen Theorien spielen Wortarten keine Rolle. Die einzelnen Eigenschaften (Kasus, Genus, Numerus, Person etc.) tun dies hingegen sehr wohl. Diese Eigenschaften sind klar nachweisbar und bereiten nicht die Probleme, die bei der Bündelung zu Wortarten entstehen.

Nachteile des Werkzeugs Satzglied: Die traditionelle Definition der Satzglieder krankt in ganz ähnlicher Weise am Bündelungsproblem. Betrachten wir die Kategorie Subjekt. Die Eigenschaften von Subjekten können versammelt auftreten, sie müssen es aber nicht. In (18a) kongruieren die Subjekte *ich* und *wir* in Person und Numerus mit dem Verb und tragen Nominativ. In (18b) bezeichnen die Wörter *mir* und *uns* genauso wie *ich* und *wir* in (18a) die Wahrnehmenden des Satzes. Sie sind also plausiblerweise Subjekte. Allerdings kongruieren *mir* und *uns* nicht mit dem Verb und tragen keinen Nominativ. Sind sie Subjekte? In (18c) steht der sog.

Subjektsatz *dass Amina Kuchen isst* anstelle eines ›normalen‹ Subjektes, kann aber als Satz weder Kasus noch Kongruenz aufweisen.

(18) a. Ich$_{Subjekt}$ friere. Wir$_{Subjekt}$ frieren.
    b. Mir$_{Subjekt?}$ ist kalt. Uns$_{Subjekt?}$ ist kalt.
    c. [Dass Amina Kuchen isst]$_{Subjekt}$ ärgert Leyla.

Satzglieder:
Probleme

Wir sehen hier also Belege dafür, dass die einzelnen *Eigenschaften* von Satzgliedern gut brauchbare Werkzeuge der Beschreibung sind, wohingegen die Bündelungen von Eigenschaften der traditionellen Grammatik nicht immer sinnvoll sind. In unserer generativen Syntax werden daher nur die einzelnen Eigenschaften repräsentiert. Satzglieder wie Subjekte, Objekte etc. gibt es nicht, auch wenn der Einfachheit halber oftmals diese Termini verwendet werden, um sich auf einzelne Wörter oder Wortgruppen im Satz zu beziehen.

Nachteile des Werkzeugs untrennbare Konstituente: Die Annahme der traditionellen Grammatik, dass Satzglieder en bloc aufträten, ist ebenfalls nicht immer richtig:

(19) a. Anton mag nur [grüne schwedische Autos].
    b. [Schwedische Autos] mag Anton nur [grüne].
    c. [Grüne Autos] mag Anton nur [schwedische].
    d. [Autos] mag Anton nur [grüne schwedische].

Untrennbare
Konstituenten:
Probleme

Es stellt sich also heraus, dass die Repräsentation von Wortfolgen komplexer ist, als es traditionelle Darstellungen wahrhaben möchten. Es wird daher eine Aufgabe unserer generativen Syntaxtheorie sein, die Wortstellungsmuster korrekt auszuweisen, die Sprecher*innen tatsächlich für möglich halten.

Nachteile des Werkzeugs Reihenfolge: Untersuchen wir zum Schluss die Frage, ob es genügt, zur Beschreibung der Eigenschaften von Sprachen sich nur auf das Werkzeug der Reihenfolge zu berufen. Wir tun dies anhand eines Vergleichs des Deutschen mit dem Englischen. Im Deutschen steht das Objekt oft vor dem Verb, im Englischen aber stets danach. Subjekte stehen im Englischen stets vor dem Verb, im Deutschen hingegen nicht immer. Dass in (20) und (21) *den Kahn* und *the boat* dieselbe Funktion in allen (akzeptablen) Sätzen haben, und dass *Anton* auch immer dieselbe Funktion hat, wird durch Reihenfolge-Grammatiken nicht klar erfasst.

(20) a. Anton hat [den Kahn] versenkt.
    b. Anton has sunk [the boat].
(21) a. [Den Kahn] hat Anton versenkt.
    b. *[The boat] has Anton sunk.

Reihenfolge:
Probleme beim
Sprachvergleich

Ein anderes Beispiel, das illustriert, dass die Konzentration auf die Reihenfolge problematisch ist, betrifft das Vorkommen von bestimmten Pronomen. Das Pronomen *einander* braucht ein Satzglied im Plural, auf das es sich beziehen kann (22). Dabei wird meist eine Reihenfolge bevorzugt, bei der *einander* rechts von der Phrase steht, auf die es sich bezieht (23).

(24) zeigt, dass es nicht genügt, wenn diese beide Bedingungen erfüllt sind. Die Pluralform *die Gäste* kann hier nicht als Bezugselement für *einander* dienen, obwohl das Pronomen rechts von *die Gäste* erscheint.

Reihenfolge:
Probleme bei Be-
zug von Pronomen

(22) a.   [Die Gäste] haben [einander] kennengelernt.
     b. * [Amina] hat [einander] kennengelernt.
(23) a. ?? Amina hat [einander] [die Gäste] vorgestellt.
     b.   Amina hat [die Gäste] [einander] vorgestellt.
(24) a. * [Dass die Gäste kommen] hat einander geärgert.
     b. * Der Sohn der Gäste hat einander geärgert.

Auch andere Elemente weisen Wortstellungseigenschaften auf, die sich nicht mit Relationen wie *links von X* oder *rechts von X* beschreiben lassen. Das Wörtchen *jemals* scheint beispielsweise ein negiertes Element zu benötigen, wenn es in einem Aussagesatz benutzt wird (25). Ist das Subjekt *niemand*, ist *jemals* in Ordnung (25a). Ist das Subjekt aber *Anton*, so kann *jemals* nicht auftreten (25b). Aber auch diese Regel scheint nicht auszureichen, um *jemals* in einem Satz zu erlauben, wie die Beispiele in (26) zeigen.

Reihenfolge:
Probleme bei
Abhängigkeiten
von der Negation

(25) a.   Niemand wollte jemals in Bonn wohnen.
     b. * Anton wollte jemals in Bonn wohnen.
(26) a. * Dass niemand will, hat uns jemals gestört.
     b. * Das Niemandsland hat jemals gestört.

Wir haben in diesem Kapitel gesehen, dass es viele sprachliche Aspekte gibt, die Sprecher*innen genau kennen. Jede*r Deutschsprecher*in wird die oben diskutierten Urteile nachvollziehen können. Sprache ist also keine ›wolkige‹ Angelegenheit, über die keine genauen Aussagen getroffen werden könnten. Im Gegenteil scheint Sprache ein Aspekt der Kognition zu sein, der präzise untersucht werden kann. Wenn Linguist*innen Sätze manipulieren und die intuitiven Reaktionen von Sprecher*innen auf diese Sätze überprüfen, so ist dies nichts weniger als ein psychologisches Experiment, das uns einen Einblick in einen komplexen Bestandteil der menschlichen Kognition gibt. Wie wir im Verlaufe des Buches sehen werden, lässt sich das sprachliche Wissen genau beschreiben. Die Regularitäten, denen Sprecher*innen unbewusst folgen, wenn sie die Akzeptabilität von Sätzen beurteilen, zeichnen sich durch die Untersuchung der akzeptablen Sätze deutlich ab.

    Anders als in der traditionellen Grammatik geht es uns also darum, einen Kernaspekt menschlicher Kognition so genau wie möglich zu beschreiben, und soweit wie wir können, zu erklären. Die Vorschriften präskriptiver Grammatiken können wir für unser Unterfangen nicht brauchen; sie sind für die generative Syntax vollständig irrelevant. Dass uns die Werkzeuge deskriptiver traditioneller Grammatiken darüber hinaus kaum helfen können, braucht uns nicht zu stören. Wir werden in den folgenden Kapiteln schrittweise erkennen, mit welchen Mitteln die Strukturen in Sprache(n) zu beschreiben sind, über die Sprecher*innen kognitiv zu verfügen scheinen.

2 Verben und ihre Argumente: VP und vP

Verben unterscheiden sich darin, mit wie vielen Ergänzungen sie auftreten. Das Verb *schlafen* verbindet sich beispielsweise mit einer Ergänzung, dem Subjekt (*Anton schläft*). Das Verb *schulden* hingegen ist nicht mit nur einer Ergänzung zufrieden: **Anton schuldet*. Dieses Verb verbindet sich typischerweise mit drei Ergänzungen: einem Subjekt, einem Dativ- und einem Akkusativobjekt, z. B. *Anton schuldet seiner Mutter einen Euro*. Diese vom Verb geforderten Ergänzungen nennen wir **Argumente**. Es ist wichtig hier hervorzuheben, dass Argumente nicht immer obligatorisch sind, wie in dem eben gesehenen Beispiel. Argumente können auch optional sein. So kann das Verb *essen* mit oder ohne Akkusativobjekt auftreten: *Mehmet isst. – Mehmet isst einen Apfel*. Optionale Argumente gibt es auch bei Adjektiven und Nomen (s. auch Kap. 6). Zum Beispiel hat das Adjektiv *wütend* ein oder zwei Argumente: *Leyla ist wütend. – Leyla ist wütend auf Amina*. Auch das Nomen *Auswahl* kann mit bis zu zwei Argumenten auftreten. Die Bedeutung von *Marias Auswahl der Speisen* besteht ja gerade darin, dass es Maria ist, die auswählt bzw. ausgewählt hat, und dass es Speisen sind, die ausgewählt werden bzw. wurden. *Maria* entspricht hier dem Subjekt und *der Speisen* dem Akkusativobjekt in einem analogen Satz mit dem Verb *auswählen*.

Wir wollen hier hervorheben, dass Argumente syntaktisch nicht nur durch Akkusativ-, Dativ-, Genitivobjekte und das Subjekt realisiert werden. Im Satz *Leyla ist wütend auf Amina* gehört die Präposition *auf* mit zum Argument. Auch das Verb *warten* verbindet sich außer mit dem Subjekt mit einem Präpositionalobjekt mit der Präposition *auf*: *Peter wartet auf Maria*. Im Folgenden werden wir betrachten, wie sich ein Verb mit seinen Argumenten verbindet. Dies wird in der generativen Syntax durch die Operation **Merge** abgebildet.

2.1 | Merge

Eigenschaften von Merge: Um zu sehen, was genau die Operation Merge ist, betrachten wir zunächst den kurzen Satz *Mehmet erschrak*. Dieser Satz enthält zwei Wörter, die in einer Struktur zusammengefasst sind. Merge muss also mindestens eine Funktion beinhalten, die dem Umstand Rechnung trägt, dass zwei **syntaktische Bausteine**, *Mehmet* und *erschrak*, zusammengefasst werden. Die folgende Notation drückt aus, dass Merge diese beiden syntaktischen Bausteine so **verketten** kann, dass ein

J. B. Metzler © Springer-Verlag GmbH Deutschland, ein Teil von Springer Nature, 2020
S. Repp/V. Struckmeier, *Syntax*, https://doi.org/10.1007/978-3-476-04872-1_2

neuer syntaktischer Baustein entsteht: {*Mehmet, erschrak*}. Die geschweiften Klammern zeigen an, dass es sich um eine **Menge** von Elementen handelt. Der neue Baustein besteht also aus einer Menge von zwei kleineren Bausteinen.

Mengenbildung
durch Merge

(1)   Merge (Mehmet, erschrak) = {Mehmet, erschrak}

In dem etwas längeren Satz *Der Junge erschrak* verkettet Merge auf die eben gesehene Art und Weise den Artikel *der* mit dem Nomen *Junge*. Das Ergebnis ist der neue Baustein {*der, Junge*}. Diesen verkettet Merge mit *erschrak* – wie im obigen Beispiel, außer dass nun der Baustein mit dem *erschrak* verkettet wird, schon aus zwei kleineren Bausteinen besteht.

(2)   a.   Merge (der, Junge) = {der, Junge}
     b.   Merge ({der, Junge}, erschrak) = {{der, Junge}, erschrak}

Wir sehen, dass die Operation Merge sehr einfach beschrieben werden kann. Es reicht aus, dass Merge zwei Elemente miteinander verkettet, weil das Ergebnis dieser Verkettung (= der neu entstandene Baustein) für weitere Verkettungen verfügbar ist. Darüber hinaus brauchen wir der Operation Merge zunächst keine weiteren Fähigkeiten zuzusprechen. Merge prüft nicht, welche Bausteine es sind, die verkettet werden. Es würde also auch unsinnige Verkettungen erzeugen. Gleichermaßen kümmert sich Merge nicht darum, ob die Aussprache der resultierenden Struktur möglich ist. Wie im einleitenden Kapitel beschrieben, hat die Syntax ja Schnittstellen zur Phonologischen Form (PF) und zur Logischen Form (LF). Mit PF liegt ein System vor, dass Ausspracheeigenschaften prüft. Es wäre redundant, wenn unsere Grammatik solche Überprüfungen in zwei Systemen vornimmt. Analog prüft das System LF semantische Eigenschaften. Diese Eigenschaften muss die Syntax daher ebenfalls nicht prüfen können. Da Merge also beliebige Bausteine verketten kann, kommen wir zur Definition im untenstehenden Kasten.

Definition

> Die Operation Merge **verkettet** zwei beliebige syntaktische Bausteine X und Y zu einer Menge $\{X, Y\}$. Diese Menge ist ebenfalls ein syntaktischer Baustein, der durch die Operation Merge mit einem anderen syntaktischen Baustein verkettet werden kann.
> Merge ist eine **binäre** Operation, weil sie genau zwei Bausteine verbindet. Sie ist auch eine **rekursive** Operation, weil sie ihre eigene Ausgabe (die entstandene neue Menge) als Eingabe akzeptiert.
> Merge stellt keine weiteren syntaktischen und keine phonologischen oder semantischen Bedingungen an X, Y oder $\{X, Y\}$.

Merge ist offensichtlich eine relativ ›dumme‹, d. h. frei anwendende Operation, die auf wenige sprachliche Eigenschaften Bezug nimmt. Viele Fragen zu syntaktischen Eigenschaften von Sätzen werden durch Merge also nicht beantwortet. Merge erzeugt syntaktische Strukturen – und keine ›Sätze‹. Was akzeptable Sätze sind, entscheidet die Grammatik durch viele Prüfinstanzen, die in der Syntax, aber auch auf PF und LF angesiedelt sein können.

Die Aufgaben von LF und PF: Wir haben angenommen, dass die **Logische Form (LF)** eine semantische Überprüfung von syntaktisch erzeugten Strukturen vornimmt. Wenn wir wieder unser Beispiel *Mehmet erschrak* betrachten, stellen wir fest, dass der Satz eine Bedeutung hat, die über die Bedeutung der einzelnen Wörter hinausgeht. Es geht hier offensichtlich nicht nur darum, dass ein Individuum namens *Mehmet* existiert und dass jemand erschrak. Vielmehr drückt der Satz aus, dass Mehmet derjenige ist, der erschrak. Wie kann LF diese Bedeutung ableiten? Wir haben gesehen, dass das Verb *erschrecken* ein Argument an sich binden kann. LF erkennt diese semantische Eigenschaft von *erschrecken*: Sie ist Bestandteil der Wortbedeutung von *erschrecken*. Deswegen untersucht LF {*Mehmet, erschrak*} daraufhin, ob der Baustein *Mehmet* das Argument des Bausteins *erschrak* sein kann. Da diese Interpretation möglich ist, akzeptiert LF die Ausgabe der Syntax.

Für die **Phonologische Form (PF)** ist zu klären, was die lautlich relevanten Eigenschaften von {*Mehmet, erschrak*} sind, z. B. die Reihenfolge der Wörter. Damit die syntaktische Struktur auch die Anforderungen der PF erfüllt, muss sie allen lautlich-phonologischen Restriktionen genügen, die die jeweilige Sprache – also hier das Deutsche – stellt.

Um über alle diese Struktureigenschaften reden zu können, verwenden wir den Begriff der **Derivation**. Mit *Derivation* werden alle syntaktischen Operationen sowie die Abbildung der syntaktischen Struktur auf LF und PF zusammengefasst, die für die Darstellung einer Satzstruktur nötig sind. Nur dann, wenn die Maßgaben der Syntax, der LF und der PF allesamt erfüllt sind, gilt eine Struktur als wohlgeformt. Technisch sagt man, dass die Derivation dieser Struktur **konvergiert**. Konvergiert sie nicht, spricht man von einem **Crash**. Auch wenn eine Struktur auf PF oder auf LF nicht konvergiert, ist das nicht uninteressant. Unsere Grammatiktheorie stellt auf diese Weise nämlich dar, dass diese Struktur nicht akzeptabel ist – und aus welchem Grund. Strukturen, die Sprecher*innen als akzeptabel bewerten, konvergieren sowohl auf PF als auch auf LF.

Klammerstruktur und Baumdarstellung: Die Mengennotation, die wir bisher verwendet haben, bildet die Wortstellungseigenschaften eines Satzes nicht ab (auch wenn wir oben der besseren Lesbarkeit halber die Wörter in der Mengendarstellung so angeordnet haben, wie sie im Satz erscheinen). Eine Notation, die die Wortstellung abbildet, ist die **Klammerstruktur** mit eckigen Klammern:

(3) [[der Junge] erschrak]

Klammerstruktur

Sowohl die Mengendarstellung als auch die Klammerstruktur sind für weniger komplexe Sätze oft ausreichend übersichtlich. Beide werden jedoch bei längeren Sätzen sehr schnell sehr unübersichtlich. Deswegen verwenden wir für komplexere Sätze meist eine visuell leichter verständliche Darstellung: den **syntaktischen Strukturbaum**. Die Darstellung von *[Mehmet erschrak]* und von *[[der Junge] erschrak]* sieht dann wie folgt aus:

Baumdarstellung (4) a.

b.

Wir werden diese Baumnotation im Verlauf unserer Betrachtungen erweitern, da sich viele syntaktische Eigenschaften in Bäumen übersichtlich darstellen lassen.

2.2 | Intransitive und transitive Verben

Im vorigen Unterkapitel haben wir gesehen, wie die einfache syntaktische Operation Merge ein Verb und sein Argument verkettet. Das einzige Argument eines Verbs bezeichnen wir traditionell als Subjekt. Die entsprechenden Verben nennt man **intransitive Verben**. In diesem Unterkapitel untersuchen wir das Argument von intransitiven Verben genauer. Dies tun wir unter anderem, indem wir intransitive mit transitiven Verben vergleichen.

Semantische Rollen bei intransitiven und transitiven Verben: Betrachten wir wieder einen kurzen Satz: *Der Teller zerbrach*. Dieser ist dem oben betrachteten Satz *Der Junge erschrak* analog. Beide Sätze enthalten jeweils ein Subjekt, aber kein Objekt. Die Verben *zerbrechen* und *erschrecken* sind in diesen Sätzen also intransitiv. Das Verb *zerbrechen* kann auch **transitiv** benutzt werden, d. h. mit einem Objekt auftreten: *Mehmet zerbrach den Teller*. Sowohl im intransitiven als auch im transitiven Satz ist es der Teller, der zerbricht. Das sollte uns eigentlich verblüffen, weil *der Teller* im ersten Fall das Subjekt ist und *den Teller* im zweiten Fall das Akkusativobjekt. In beiden Sätzen hat der Teller die **semantische Rolle Patiens**. Damit verhält sich das Objekt des transitiven Satzes semantisch genauso wie das Subjekt des intransitiven Satzes. Die semantische Rolle eines Arguments ist also nicht direkt aus grammatischer Funktion oder Kasus ablesbar. Das sehen wir auch daran, dass das Subjekt des transitiven Satzes, *Mehmet*, eine ganz andere semantische Rolle trägt. Es ist das **Agens**: Mehmet hat die Handlung verursacht.

Ganz ähnlich wie die intransitive und die transitive Variante von *zerbrechen* verhält sich das Verbpaar *versenken* – *versinken*. Beim transitiven *versenken* existiert ein Agens, das die Handlung auslöst und durchführt, z. B. *Anton* in *Anton versenkt den Kahn*. Beim intransitiven *versinken* gibt es dieses Agens nicht. Bei *Der Kahn versinkt* bleibt unklar, weshalb der Kahn versinkt und ob jemand das Versinken verursacht hat. Das Subjekt des intransitiven *versinken* ist ein Patiens, genau wie das Objekt des transitiven *versenken*.

Nicht bei allen intransitiven Verben ist das Subjekt Patiens. Beispielsweise ist bei *Mehmet redet* Mehmet Agens. Ein ähnliches Beispiel ist *Das*

Kind rebellierte. Wir sehen also, dass die intransitiven Verben semantisch gesehen keine homogene Gruppe sind. Im Folgenden werden wir sehen, dass sie sich auch in ihren syntaktischen Eigenschaften unterscheiden.

Syntaktische Eigenschaften (in)transitiver Verben: Verben des Typs *zerbrechen* können als **attributive Perfekt-Partizipien** (= Partizip II) eingesetzt werden: *der zerbrochene Teller, der versunkene Kahn, der erschrockene Junge.* Verben des Typs *reden* erlauben dies nicht: **der geredete Junge, *das rebellierte Kind.* Letzteres gilt auch für transitive Verben. Im folgenden Beispiel wird versucht, dem Subjekt eines transitiven Verbs ein Partizip-II-Attribut zur Seite zu stellen. Dieser Versuch schlägt fehl: **der den Kieselstein verschluckte Junge.* Es ist jedoch möglich, dem *Objekt* eines transitiven Verbs solch ein Attribut zur Seite zu stellen: *der verschluckte Kieselstein.*

Die intransitiven Verbtypen unterscheiden sich weiterhin darin, ob sie ein **unpersönliches Passiv** zulassen. Verben des Typs *reden* erlauben dies: *Hier wird geredet.; Hier wird rebelliert.* Verben des Typs *zerbrechen* erlauben dies nicht: **Hier wird zerbrochen.; *Hier wird versunken.; *Hier wird erschrocken.* Für transitive Verben können wir das unpersönliche Passiv nicht testen, weil diese Verben nur ein ›normales‹ Passiv bilden, bei dem das Patiens-Argument als Subjekt erscheint: *Der Kieselstein wurde verschluckt.*

Schließlich unterscheiden sich die beiden Verbtypen zumindest tendenziell in der Bildung des **Perfekts**. Verben des Typs *zerbrechen* bilden das Perfekt mit dem **Auxiliar** *sein*: *Der Teller ist zerbrochen.; Der Kahn ist versunken.; Der Junge ist erschrocken.* Verben des Typs *reden* bilden das Perfekt mit *haben*: *Der Junge hat geredet.; Die Kinder haben rebelliert.* Auch transitive Verben bilden das Perfekt mit *haben*: *Der Junge hat den Kieselstein verschluckt.*

Fazit: Wie wir sehen, ist der Begriff des intransitiven Verbs nur als Sammelbegriff zu verstehen, der zwei klar unterscheidbare Verbtypen zusammenfasst. Aus Sicht der traditionellen Grammatik lassen sich die gerade beschriebenen Eigenschaften wie folgt zusammenfassen:

- Intransitive Verben des Typs *zerbrechen*: attributives Partizip II möglich; unpersönliches Passiv nicht möglich; Perfekt mit *sein*
- Intransitive Verben des Typs *reden*: attributives Partizip II nicht möglich; unpersönliches Passiv möglich; Perfekt mit *haben*
- Transitive Verben: attributives Partizip II für Subjekt nicht möglich, für Objekt möglich; Passiv ist möglich, aber nicht unpersönlich; Perfekt mit *haben*

Eigenschaften intransitiver und transitiver Verben

Nun möchte man gern wissen, ob es einen Zusammenhang zwischen diesen syntaktischen Eigenschaften gibt, und ob diese etwas mit den semantischen Rollen der jeweiligen Argumente zu tun haben. Es liegt ja nicht gerade auf der Hand, was Attribution, Passiv und Auxiliarwahl miteinander zu tun haben. Wie wir in diesem und im nächsten Unterkapitel sehen werden, bietet sich in der generativen Syntax eine relativ einfache Erklärung an. Betrachten wir also, wie unsere Grammatik die o. g. Zusammenhänge modellieren kann.

Unterschiedliche (in)transitive Strukturen: Der Faktor, der zwischen den Verbtypen unterscheidet, ist tatsächlich die Verteilung der semantischen Rollen. Semantische Rollen heißen in der Syntax auch **thematische Rollen** bzw. **Thetarollen**. Im vorigen Unterkapitel haben wir angenommen, dass wir das Subjekt im Satz *Der Junge erschrak* per Merge mit dem Verb verbinden können: *[[Der Junge] erschrak]*. Dasselbe nehmen wir für den Satz *Der Kahn versinkt* an: *[[Der Kahn] versinkt]*. In beiden Fällen drückt die Struktur aus, dass das Verb sich nicht mit einem Agens verbindet. Analog nehmen wir für den transitiven Satz *Anton hat den Kahn versenkt* an, dass das Objekt mit dem Verb verkettet wird: *[[den Kahn] versenkt]*. Das heißt, dass die Patiensrolle des Kahns syntaktisch gleich abgebildet wird.

In unserer Grammatik haben **Positionen in der syntaktischen Struktur** eine **semantische Motivation**. Die syntaktische Struktur ist also eine relativ direkte Abbildung semantischer Eigenschaften, die – wie oben erläutert – durch die Logische Form geprüft werden. Wir können hier also einen Teilaspekt dessen einlösen, was in Kapitel 1 angesprochen wurde. Die Grammatik bildet das Wissen von Sprecher*innen über die Bedeutung von Sätzen ab: Die Patiens-Lesart von bestimmten Argumenten wird durch die direkte Verkettung mit dem Verb abgebildet.

Wir müssen nun aber auch klären, welche Eigenschaften die diskutierten Sätze aufweisen, die für die Phonologische Form relevant sind, also lautliche Eigenschaften. Hier sehen wir deutliche Unterschiede zwischen dem Patiensargument im intransitiven Satz und dem Patiensargument im transitiven Satz. In *Der Kahn versinkt* finden wir eine Nominativmarkierung an *der Kahn*. In *Anton hat den Kahn versenkt* trägt *den Kahn* eine Akkusativmarkierung. Es scheint also so zu sein, dass *der Kahn* im intransitiven Satz keinen Akkusativ tragen kann, obwohl er ein Patiens ist. Wir werden in Kapitel 4.2 erklären, warum die Kasusmarkierung so ausfällt, wollen hier aber schon vereinbaren, dass intransitive Verben mit Patiens-Subjekt **unakkusative Verben** heißen. Demgegenüber stehen die intransitiven Verben, die kein Patiens-Subjekt haben, also z. B. *reden* und *rebellieren*. Diese nennen wir **unergative Verben**. Der Begriff *unergativ* leitet sich ab aus einer Bezeichnung für den Kasus *Ergativ*, den es in Sprachen wie dem Baskischen oder dem Grönländischen gibt.

Das Element v: Wenn die Verkettung eines Arguments mit dem Verb die Patiensrolle dieses Arguments anzeigt, so darf sich das Argument eines unergativen Verbs nicht ebenfalls direkt mit dem Verb verketten. Dies würde unserem Ziel widersprechen, mit der syntaktischen Struktur direkt semantische Eigenschaften abzubilden. Wir können also nicht die folgende Struktur ansetzen: *[[Das Kind] rebelliert]*. Diese würde ausdrücken, dass das Kind ein Patiens ist. Wir sollten dann *das rebellierte Kind* sagen können, was nicht der Fall ist. Wir brauchen also eine Notation, die die Unterschiede zwischen den Argumenten von unakkusativen und unergativen Verben zum Ausdruck bringt. Wir nehmen an, dass es ein **syntaktisches Element v** (der griech. Buchstabe *ny*, auch *little-v* [viː], oder **klein-v** [faʊ] genannt) gibt. Klein-v könnte in die Struktur eingesetzt werden und den Unterschied zwischen den Argumenten repräsentieren. In (5) werden die semantischen Verhältnisse deutlich abgebildet. In (5a) ist das Verb *rebelliert* nicht mit einem Argument verkettet, sondern mit klein-v. Es wird also nicht falsch dargestellt, dass das Kind ein Patiens sei. Bei einem unakkusativen Verb wie in (5b) muss das Argument wie besprochen mit dem Verb verkettet werden. Klein-v wird demzufolge erst beim nächsten Merge-Schritt verkettet.

(5) a. [[Das Kind] [rebelliert v]]

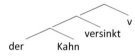

Intransitive Strukturen mit v

b. [[[Der Kahn] versinkt] v]

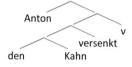

Der Struktur in (5b) können wir problemlos ein weiteres Argument hinzufügen, um transitive Sätze abzubilden. Das Subjekt wird in einem weiteren Merge-Schritt verkettet:

(6) [Anton [[[den Kahn] versenkt] v]]

Transitive Struktur mit v

Unsere Modellierung unterscheidet demnach einerseits zwischen Sätzen, in denen das Verb mit einem Patiensargument verkettet wird (5b)/(6) und solchen, wo das nicht der Fall ist (5a). Andererseits unterscheidet sie zwischen Sätzen, in denen oberhalb von v ein Argument – welches kein Patiens ist – verkettet wird, (5a)/(6), und Sätzen, wo das nicht der Fall ist (5b). Wenn oberhalb von v ein Argument verkettet wird, sagt man auch, dass v dieses Argument *einführt*.

Die Wortstellung in Klammer- und Baumstruktur

Zur Vertiefung

Sie mögen sich an dieser Stelle mindestens zwei Dinge in Bezug auf die Strukturen in (5) und (6) fragen. Erstens bildet die Klammerstruktur (6) offensichtlich nicht die korrekte Wortstellung des Satzes *Anton versenkt den Kahn* ab. Zweitens scheint nicht sehr klar zu sein, wie die Baumdarstellung in Bezug auf die Wortstellung zu lesen ist.
Was die zweite Frage betrifft, sei gesagt, dass die Baumstruktur der Klammerstruktur entspricht. Bei Baumstrukturen liest man die Endknoten (die Wörter) von links oben nach links unten und setzt rechts unten fort, rechts nach oben gehend. Diese Leserichtung ergibt die Reihenfolge der Klammerstruktur: *Anton den Kahn versenkt*.
Was die erste Frage betrifft, werden wir uns im Laufe dieses Buches immer wieder daran erinnern, dass sämtliche strukturellen Darstellungen nicht linear, sondern hierarchisch zu verstehen sind. Sie bilden also ei-

gentlich nicht die Wortstellung ab. Es ist Aufgabe der Phonologischen Form, die hierarchischen Verhältnisse auf eine lineare Repräsentation – also die Wortstellung – abzubilden. Wie genau dies passiert, werden wir in diesem Buch nicht thematisieren. Es ist aber eine lange Tradition, die Wortstellung mit Klammer- und Baumstrukturen genauso abzubilden, wie wir es getan haben. Die ›falsche‹ Wortstellung ist also beabsichtigt! **Das Deutsche ist eine verbfinale Sprache**: das Vollverb erscheint nach dem Objekt (s. Kap. 1.2.2). In Kapitel 5 werden wir sehen, wie die Wortstellung in vielen Hauptsätzen zustande kommt, und warum sie nicht der hier angenommenen verbfinalen Stellung entspricht. Bis wir in Kapitel 5 angelangt sind, werden wir also immer verbfinale Strukturen besprechen. Sie können diesen Strukturen am besten eine Subjunktion wie *dass* hinzufügen, also *dass Anton den Kahn versenkt*. Auf diese Weise erhalten Sie einen akzeptablen (Neben-)Satz.

Strukturelle Erklärung der syntaktischen Eigenschaften: Die Darstellungen in (5) und (6) erscheinen auf den ersten Blick kompliziert, sie bilden aber genau das ab, was wir den Sprecher*innen des Deutschen an sprachlichem Wissen unterstellt haben. Erstens wird die semantische Gleichheit von Patiensargumenten durch die Syntax strukturell immer gleich abgebildet: Patiensargumente sind immer die Schwester des Verbs. So kann die Logische Form aus der Konfiguration die Bedeutung ablesen.

Zweitens lässt sich die Möglichkeit, ein attributives Partizip II zum Subjekt zu bilden, erklären: Das Argument oberhalb von v steht für das attributive Partizip II nicht zur Verfügung. Also stehen das Subjekt eines transitiven Verbs sowie das Subjekt eines unergativen Verbs für die Attribution nicht zur Verfügung. Da unakkusative und transitive Verben aber ein Argument besitzen, das unterhalb von v steht, kann die Lesart dieses Arguments (als Patiens) für die Attribution eingesetzt werden, z. B. transitives *versenken*: *der versenkte Kahn*; unakkusatives *versinken*: *der versunkene Kahn*.

Drittens wird die Möglichkeit, das unpersönliche Passiv zu bilden, erklärbar: Bei der Passivierung wird das Agenssubjekt, d. h. das Argument oberhalb von v getilgt. Bei unergativen Verben fällt das Passiv unpersönlich aus, da kein Argument ›übrigbleibt‹, z. B. *Hier wird rebelliert*. Bei transitiven Verben wird das Argument unterhalb von v als Subjekt realisiert. Daher ist das Passiv nicht unpersönlich, z. B. *Der Kahn wird versenkt*. Bei unakkusativen Verben gibt es kein Argument oberhalb von v. Daher kann kein Passiv gebildet werden, z. B. **Der Kahn wird versunken*. Wir betrachten das Passiv gleich noch einmal genauer.

Was schließlich die Wahl des Auxiliars im Perfekt betrifft, so bilden die Verben, bei denen es ein Argument oberhalb von v gibt, das Perfekt mit *haben*: transitive und unergative intransitive Verben. Unakkusative Verben, die kein Argument oberhalb von v haben, bilden das Perfekt mit *sein*. Wir werden in Kapitel 4.4 genauer besprechen, wie die Auxiliarwahl mit der An- bzw. Abwesenheit eines Arguments oberhalb von v zusammenhängt.

Insgesamt stellen wir fest, dass mit der neuen Darstellung die sprachlichen Eigenschaften, die wir mit den Mitteln der traditionellen Grammatik nur auflisten konnten, systematisch aufeinander bezogen werden. Nun mag die Entscheidung, ein Element zu ›erfinden‹, das nur ›indirekt‹ sichtbar ist – v – Skeptiker*innen trotzdem kritisch stimmen. Wenn wir uns noch einmal das Passiv ansehen, stellen wir fest, dass v durchaus auch ›direkt‹ sichtbar sein kann.

Das Element v beim Passiv: Betrachten wir den Passivsatz *(dass) der Kahn versenkt wird.* Wir wissen schon, dass dieser Satz einem Satz mit einem unakkusativen Verb recht ähnlich ist, etwa *(dass) der Kahn versinkt.* Beide Sätze enthalten nur ein Patiensargument, es gibt kein Agens. Anders als bei unakkusativen Verben gibt es im Passiv aber das Wort *werden.* Dieses ist das Passivauxiliar. Es zeigt an, dass es sich um eine Passivstruktur handelt und dass also kein Agens vorhanden ist (wie das normalerweise bei einem transitiven Verb wie *versinken* der Fall wäre). Wir wollen daher annehmen, dass *werden* ein lexikalisches Element ist, das die Funktion von v ausführt, ein Argument, das keine Patiensrolle hat, einzuführen oder eben nicht: *werden* führt *kein* solches Argument ein. Die Argumentstruktur für unseren Passivsatz sieht folglich wie in (7a) aus. (7b) zeigt zum Vergleich den Satz mit unakkusativem Verb.

(7) a.   [[[der Kahn] versenkt] wird]
     b.   [[[der Kahn] versinkt] v]

Passivstruktur vs. unakkusative Struktur

Asymmetrien zwischen Subjekten und Objekten: Durch die Aufgabenteilung von Verb und v kann auch eine interessante Asymmetrie zwischen Subjekten und Objekten erklärt werden, die wir noch kurz ansehen wollen. Wenn v mit dem komplexen Baustein bestehend aus Verb und Objekt verkettet wird, so bestimmt nicht nur das Verb die thematische Rolle des Subjekts. Vielmehr scheint v den gesamten komplexen Baustein als Grundlage für die Bestimmung dieser thematischen Rolle zu betrachten. So ist das Verb *kriegen* etwa immer transitiv, die semantische Rolle des Subjekts ist aber davon abhängig, mit welchem Objekt *kriegen* verkettet ist. Beispielsweise ist das Subjekt in *Der Polizist kriegt den Dieb* ein Agens: der Polizist führt die Ergreifung des Diebs willentlich herbei. In *Der Polizist kriegt seine Besoldung* ist *der Polizist* hingegen das sog. **Goal (Ziel)** einer Übergabe. Eine andere Stelle führt die Übergabe der Besoldung willentlich durch, der Polizist kontrolliert dies nicht. Offenbar bestimmt also das Verb die Subjektrolle nicht immer allein, was der gängigen Annahme in der traditionellen Grammatik widerspricht. Mit unserer Grammatik können wir diese Beobachtung erklären: v berechnet die Subjektrolle aus dem gesamten syntaktischen Baustein, mit dem es sich verkettet, d. h. aus der Kombination von Verb und Objekt. Unsere Modellierung geht damit in ihrer Aussagekraft deutlich über die Erkenntnisse der traditionellen Grammatik hinaus. Es sei hier noch angemerkt, dass die thematische Rolle eines Objekts nicht von der Wahl des Subjekts beeinflusst wird. Dies ist auf Basis unserer Modellierung zu erwarten.

2.3 | Köpfe, Phrasen, Labels

Wir haben gesehen, dass ein Verb sich mit einer bestimmten Anzahl von Argumenten verbindet und dass diese Argumente bestimmte semantische bzw. thematische Rollen haben. Die Information über Anzahl und Art der Argumente ist verbabhängig, d. h. sie ist für jedes Verb im mentalen Lexikon festgelegt. Damit ist auch vorhersagbar, wann alle Argumentanforderungen eines Verbs erfüllt sind. Die Strukturen, die wir bisher untersucht haben, sind in dieser Hinsicht vollständig gewesen. Den Verben wurden Objekt und Subjekt dem Verbtyp entsprechend hinzugefügt.

Zwischen Verben und ihren Argumenten besteht also eine tiefgreifende Asymmetrie. Während Verben Argumente **selegieren**, können Argumente nicht in gleicher Weise ihren syntaktischen Kontext bestimmen. Ein weiterer Unterschied besteht darin, dass Verben einzelne Wörter sind, während Argumente zwar manchmal aus einzelnen Wörtern bestehen können (z. B. *Anton, Mehmet*), generell aber auch aus mehreren Wörtern zusammengesetzt sein können (z. B. *der Junge, der Kahn*). Merge verkettet diese verschiedenen Bausteine unterschiedslos. Trotzdem wollen wir an dieser Stelle Begriffe einführen, die die verschiedenen Arten von Bausteinen bezeichnen.

Definition

> Ein Kopf ist ein einzelnes Wort, welches Restriktionen über seinen syntaktischen Kontext aufweist, d. h. andere Bausteine selegiert. Verben sind Köpfe in diesem Sinne.
> Eine Phrase ist ein einzelnes Wort oder eine Gruppe von Wörtern, die keine Restriktionen über den syntaktischen Kontext aufweist. Argumente sind Phrasen in diesem Sinne.
> Label: Wenn in einer Verkettung ein syntaktischer Baustein einen anderen Baustein selegiert, so wird der syntaktische Baustein, der bei der Verkettung entsteht, nach dem selegierenden Baustein benannt. Diese Benennung ist das **Label** des Bausteins. Wir markieren Labels auf der Phrasenebene, also z. B. VP für Verbalphrase.

Begriffe zur Baumbeschreibung: Bevor wir die im Kasten definierten Begriffe illustrieren, möchten wir hier noch auf einige weitere Begrifflichkeiten hinweisen, die für die Besprechung von syntaktischen Strukturen hilfreich sind. Ein syntaktischer Baustein, der mit einem Kopf verkettet wird, ist das **Komplement** des Kopfes. Der letzte syntaktische Baustein, der in einer Phrase verkettet wird, ist der **Spezifizierer** (auch *Spezifikator*) der Phrase. Eine gängige Abkürzung für Spezifizierer ist *Spez* (oder engl. *Spec*). Wir schreiben in diesem Buch *SpezVP* für den Spezifizierer der VP und Ähnliches. Elemente, die miteinander verkettet werden, sind **Schwestern**. Schwestern haben eine gemeinsame **Mutter**. Die Bezeichnungen *Komplement* und *Spezifizierer* dienen nur dazu, um sich leicht auf bestimmte syntaktische Bausteine beziehen zu können. Sie haben keinen konkreten theoretischen Status, der über diese Benennungsfunktion hinausgeht.

Ableitungsschritte: Betrachten wir ein Beispiel für die im obigen Kasten definierten Begriffe. Für die Struktur *(dass) Anton den Kahn versenkt* können folgende Merge-Schritte angesetzt werden. Im ersten Schritt werden *[den Kahn]* und *versenkt* verkettet zu *[[den Kahn] versenkt]*. Da das Verb das Objekt selegiert, ist das Verb der Kopf der Struktur. Diese trägt daher das Label des Verbs. Über das Label von *[den Kahn]* werden wir in Kapitel 6.3 sprechen.

(8)

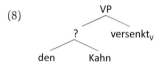

Verkettung von V und Patiens-argument

Im nächsten Merge-Schritt wird v mit der VP verkettet. v wertet die VP daraufhin aus, welche Subjektrolle vergeben werden kann. In diesem Sinne selegiert v eine VP.

(9)

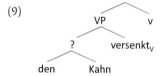

Verkettung von v und VP

Mit der obigen Struktur liegt noch keine vollständige Phrase vor, da v in diesem Satz ein Argument einführt. Dieses wird ebenfalls per Merge verkettet. Da v die VP selegiert, trägt die entstehende Struktur das Label von v.

(10)

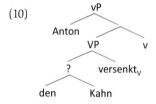

Verkettung des Agensarguments

Notationsvarianten: Unsere Notation unterscheidet sich von einigen alternativen Notationen, auf die wir an dieser Stelle kurz hinweisen wollen. Eine sehr gängige Variante folgt der sog. **X-Bar-Theorie**, die drei verschiedene Strukturelemente annimmt (Chomsky 1970; Jackendoff 1977). Neben Köpfen und Phrasen führt diese Theorie eine strukturelle Zwischenebene ein, die sog. **Zwischenprojektion**, welche **X-bar** bzw. **X'** bzw. **X̄** genannt wird. Die Verkettung aus VP und v wäre in dieser Notation als v' bezeichnet worden. Auch für Köpfe verwendet die X-Bar-Theorie eine andere Notationsvariante: **X°**.

In neueren Arbeiten wird gelegentlich auch davon ausgegangen, dass Labels nicht aus Kategoriensymbolen wie VP, v oder vP bestehen, sondern immer direkt den selegierenden Kopf nennen. Die Verkettung aus VP und v würde dann als v bezeichnet werden.

Auch inwiefern Kategoriensymbole überhaupt benötigt werden oder sinnvoll sind, ist Gegenstand kontroverser Forschung. Man diskutiert dies unter dem Begriff **Bare Phrase Structure**. Unsere Notation mit Subskripten an den Köpfen sowie mit Phrasensymbolen soll ein übersichtlicher Kompromiss sein und den in der Literatur üblichen Konventionen entsprechen. Sie soll dem Ergebnis der Forschungen aber nicht vorgreifen.

2.4 | Ditransitive Verben

Wir haben in den vergangenen Kapiteln zwei Köpfe kennengelernt: V und v. Wir haben gesehen, dass V sich mit einem Patiensargument verbinden kann. Das Ergebnis – ob mit oder ohne Patiensargument – kann man mit dem Label VP versehen. Der v-Kopf verbindet sich mit dieser VP und kann sich in einer weiteren Verkettungsoperation mit einem Agensargument verbinden. Das Ergebnis – ob mit oder ohne Agensargument – kann man mit dem Label vP versehen. Enthält eine Struktur [$_{vP}$ ... [$_{VP}$ ...]] nur ein Patiensargument, handelt es sich um eine unakkusative intransitive Struktur. Enthält sie nur ein Agensargument, handelt es sich um eine unergative intransitive Struktur. Enthält sie ein Patiensargument und ein Agensargument, handelt es sich um eine transitive Struktur. Traditionell werden alle Verben, die ein Akkusativobjekt nehmen, als *transitiv* bezeichnet. Wir haben bis hierher noch nicht über Kasus gesprochen – das tun wir in Kapitel 4. Dort besprechen wir auch Verben, die sich etwa mit einem Dativobjekt verbinden. Wichtig ist an dieser Stelle, dass es auch Verben gibt, die sich mit mehr als einem Objekt verbinden, die **ditransitiven Verben**, z. B. *(dass) Mehmet Anton ein Geschenk überreicht* oder *(dass) Amina Maria die Geschichte erzählt*. Solche Strukturen können wir leicht in der bisher entwickelten Grammatik abbilden. Wir müssen einfach annehmen, dass die VP eine Spezifiziererposition bereitstellen kann (= SpezVP):

(11) a.   (dass) [$_{vP}$ Mehmet [$_{VP}$ Anton [[ein Geschenk] überreicht]] v]
      b.   (dass) [$_{vP}$ Amina [$_{VP}$ Maria [[die Geschichte] erzählt]] v]

Ditransitive
Struktur

      c.

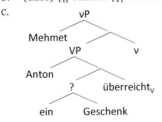

Die Beispiele in (11) enthalten je ein Dativ- und ein Akkusativobjekt. Es gibt auch Verben, die ein Genitiv- und ein Akkusativobjekt nehmen, z. B. *Anton bezichtigt Amina des Verrats*. Andere Verben verbinden sich mit einem Präpositionalobjekt und einem Akkusativobjekt, z. B. *Leyla fragt Mehmet nach dem Weg*. Prinzipiell können diese auf genau dieselbe Art und Weise durch unsere Grammatik beschrieben werden. Das Verb verbindet sich in zwei Merge-Operationen mit beiden Objekten und bildet eine VP. Somit wird v immer mit einer VP verkettet, unabhängig davon, wie oft Merge innerhalb dieser VP stattgefunden hat. Argumente, die innerhalb der VP verkettet werden, nennt man **interne Argumente**. Das Argument, das von v eingeführt wird, nennt man **externes Argument**.

Strukturelle Beschreibungsebenen der Argumentstruktur – VP und vP: Wir fassen die Erkenntnisse dieses Kapitels zusammen. In der VP werden interne Rollen (Patiens, Rezipient) vergeben, wenn das Verb solche vergibt. An der Position v entscheidet sich, ob ein weiteres, externes Argument eingeführt wird. Die gesamte vP ist der Teil der syntaktischen Struktur, innerhalb dessen die Argumentstruktur abgebildet wird: Mit der vP liegt eine vollständige Beschreibung einer Situation mit allen beteiligten Mitspielern vor.

Weitere Verbtypen und ihre Rollen

Zur Vertiefung

Die Abbildung von syntaktischen Positionen auf semantische Rollen, die wir hier geschildert haben, gilt für sehr viele Verben. Jedoch vergeben manche Verben weder eine Patiens- noch eine Agensrolle. Ein gutes Beispiel sind **Stimulus-Experiens-Verben**, auch **psychische Verben** genannt, wie *amüsieren, langweilen, fürchten* oder *mögen*:

(i) Die Geschichte amüsiert / langweilt ihn.

(ii) Der Kleinkünstler fürchtet / mag diesen Kritiker.

Hier ist das Subjekt (i) oder das Objekt (ii) ein **Stimulus**, der vom **Experiens** erfahren wird. Wenn eine Geschichte jemanden amüsiert oder langweilt, so ist diese Geschichte kein handelndes Agens. Auch ein Kritiker muss nicht aktiv tätig werden, um von einem konkreten Kleinkünstler gefürchtet oder gemocht zu werden. Psychische Verben haben syntaktische Eigenschaften, die sich von denen von Agens-Patiens-Verben unterscheiden. Auch sie können jedoch von unserer Grammatik beschrieben werden.

Eine Einführung in das Thema der semantischen Rollen auch im Hinblick auf die Abbildung auf Subjekt bzw. Objekte bietet Primus (2012). Primus hat auch sonst vielfach zum Verhältnis von Kasus und Rollen publiziert. Einen neueren Überblick über verschiedene Eigenschaften von psychischen Verben im Deutschen gibt Temme (2018).

Aufgaben

1. Stellen Sie für folgende intransitive Verben fest, ob sie unakkusativ oder unergativ sind, indem Sie ihre Eigenschaften bezüglich semantischer Rolle des Arguments, Attribution, Passivierung und Perfektbildung überprüfen. Es gibt nicht für alle Verben eine eindeutige Zuordnung zu einer der beiden Verbgruppen. Können Sie Regelmäßigkeiten feststellen?

   lügen, warten, verwelken, flüstern, kriechen, telefonieren, schuften, fallen, laufen, brüllen, abfahren, nachdenken, entstehen, schmelzen, baden, enden, schimmeln

2. Bilden Sie für die folgenden Verben einen kurzen Satz (Verb im Präsens, Subjekt und ggf. Objekt). Zeichnen Sie (a) die Baumstruktur und (b) die Klammerstruktur.

   erröten, verfaulen, jobben, schreien, pflegen, kneifen, geben, verübeln

Die Lösungen zu diesen und den weiteren Aufgaben im Buch finden Sie unter https://www.springer.com/de/book/9783476048714.

3 Adverbialbestimmungen: Adjunkte

Adverbialbestimmung vs. Argument: Wir haben bisher gesehen, wie per Merge Argumente mit einem Verb oder mit dem v-Kopf verkettet werden. In Sätzen treten aber auch syntaktische Bestandteile auf, die weder ein Argument sind, noch mit Argumenten per Merge verbunden werden. In dem Satz *Anton gähnt absichtlich* liegt mit dem Adverb *absichtlich* eine sog. **Angabe** vor, also eine **Adverbialbestimmung** (= **Adverbial**), welche nicht vom Verb gefordert, d. h. selegiert, ist. Trotzdem wird diese Angabe semantisch integriert: Antons Gähnen bzw. die Motivation für selbiges wird näher beschrieben. Also benötigen wir eine Darstellung, in der *absichtlich* per Merge in die Struktur integriert wird. Zum Beispiel könnten wir annehmen, dass *absichtlich* mit dem Verb *gähnt* verkettet wird. Mit der verbfinalen Stellung, die wir für das Deutsche annehmen – also hier *(dass) Anton absichtlich gähnt* – ist das Ergebnis von Merge der syntaktische Baustein *[absichtlich gähnt]*. Dieser lässt sich weiter mit dem Subjekt *Anton* verketten: *[Anton [absichtlich gähnt]]*.

Adverbiale, Wortstellung und Kontext: Obwohl diese Annahmen erst einmal plausibel erscheinen, wollen wir sie nicht ohne weitere Untersuchungen in unser Grammatikmodell aufnehmen. Es gibt dafür mehrere Gründe. Erstens scheint *absichtlich* in Sätzen mit transitiven oder ditransitiven Verben nicht direkt mit dem Verb verkettet zu werden, wie unsere Untersuchung der Wortstellung in solchen Sätzen weiter unten zeigen wird. Wir müssen hier also überlegen, wie die Logische Form die syntaktische Struktur in allen Fällen auf die gleiche Weise interpretieren kann. Zweitens zeigen verschiedene semantische Typen von Adverbialen verschiedene Wortstellungspräferenzen. Auch dies werden wir weiter unten vorführen. Um uns aber der Frage der Wortstellung von Adverbialen sinnvoll nähern zu können, müssen wir uns von Anfang an bewusst machen, dass das Deutsche eine Sprache mit recht freier Wortstellung ist. Das bedeutet, dass sehr viele Wortstellungen (insbesondere auch im Vergleich zu Sprachen wie dem Englischen) prinzipiell möglich sind. Die Akzeptabilität vieler Stellungsvarianten hängt oft eher davon ab, in welchem sprachlichen Kontext ein Satz geäußert wird. Wenn wir – wie bisher – die Akzeptabilität eines Satzes ohne Kontext beurteilen, stellen wir uns meistens ganz unbewusst einen **neutralen Kontext** vor, für den kein besonderes Vorwissen der Sprecher*innen angenommen wird. Solch ein neutraler Kontext entspricht im Wesentlichen einer Situation, in der jemand ganz allgemein fragen könnte: *Was ist passiert?* Für unsere verbfinalen Strukturen können wir uns vorstellen, dass jemand fragt: *Was ist behauptet worden?* **Nicht-neutrale Kontexte** sind solche, in denen spezifischere Fragen beantwortet werden, z. B. *Wer gähnt absichtlich?*, oder in denen ein bestimmtes Vorwissen vorhanden ist. In Kapitel 9 gehen wir ausführlich auf Kontexte und ihren Einfluss auf grammatische Phänomene ein.

Adverbiale und Wortstellungsvarianten: Betrachten wir nun einen Satz mit einem transitiven Verb und dem Adverbial *absichtlich* in einem Kontext (*Was ist behauptet worden?*): *dass Anton absichtlich eine Vase zerbrach*. Wir stellen fest, dass Adverbial und Verb nicht nebeneinander erscheinen. Anders als beim intransitiven Satz oben scheint das Verb *zerbrach* zuerst mit dem Objekt *eine Vase* verkettet zu werden – also eigentlich so, wie wir das in Kapitel 2 angenommen hatten. Die Verkettung von *absichtlich* erfolgt an die Struktur aus Verb und internem Argument. Es gibt also, zählen wir Merge mit dem Subjekt mit, die folgenden drei Verkettungsoperationen:

Position des Adverbials *absichtlich*

(1) a. [[eine Vase] zerbrach]
     b. [absichtlich [[eine Vase] zerbrach]]
     c. [Anton [absichtlich [[eine Vase] zerbrach]]]

Betrachten wir zum Vergleich die Wortstellung, bei der *absichtlich* und *zerbrach* nebeneinander erscheinen: *Was ist behauptet worden? Dass Anton eine Vase absichtlich zerbrach.* Obwohl dieser Minidiskurs erst einmal kohärent zu sein scheint, erfordert er doch intuitiv das Wissen, dass schon über Vasen gesprochen wurde – konkreter vielleicht sogar, dass zur Debatte steht, ob Anton die Vase absichtlich oder unabsichtlich zerbrochen hat. Dies ist bei der anderen Wortstellungsvariante nicht der Fall. Weiterhin fällt auf, dass bei dieser Variante der Satzakzent intuitiv auf *absichtlich* fällt, wohingegen er bei der vorigen Variante auf *eine Vase* fiel. Die Akzentuierung des Objektes gilt in der Phonologie als die normale Akzentuierung (= **Normalprosodie**), wobei *normal* hier wieder zu verstehen ist als die Akzentuierung, die in einem normalen Kontext am natürlichsten klingt. Für die Zwecke unserer Diskussion halten wir fest, dass die Reihenfolge *Adverbial-vor-Objekt* keinen sehr spezifischen Kontext erfordert und Normalprosodie erlaubt, und damit gewissermaßen voraussetzungsloser einsetzbar ist als die Reihenfolge *Objekt-vor-Adverbial*.

Betrachten wir als Nächstes einen Satz mit einem ditransitiven Verb und zwei Objekten: *dass Anton absichtlich einem Kunden ein Problemprodukt verkaufte*. Hier wird das Verb scheinbar mit dem Akkusativobjekt verkettet, dann mit dem Dativobjekt, und dann erfolgt Merge mit *absichtlich*. Auch hier gibt es wieder alternative Wortstellungsvarianten: Das Adverbial *absichtlich* kann auch zwischen den Objekten stehen, oder zwischen Akkusativobjekt und Verb.

Erstes Fazit? Wenn wir nun die drei Satztypen, die wir angesehen haben – mit intransitivem, transitivem und ditransitivem Verb –, miteinander vergleichen, fällt auf, dass die Verkettung mit dem Adverbial in allen drei Sätzen vor der Verkettung mit dem Subjekt erfolgt. Eine umgekehrte Verkettung führt zu relativ großer Inakzeptabilität, weil die Kontexte, in denen diese Sätze akzeptabel wären, sehr ungewöhnlich bzw. speziell sind.

(2) a. $^{??}$(dass) absichtlich Anton gähnt
     b. $^{??}$(dass) absichtlich Anton eine Vase zerbrach
     c. $^{??}$(dass) absichtlich Anton einem Kunden ein Problemprodukt
        verkaufte

Dies ist auch der Fall, wenn wir das Subjekt *Anton* durch ein Subjekt mit indefinitem Artikel wie *ein Junge* oder *ein Verkäufer* ersetzen: *$^{??}$dass absichtlich ein Junge eine Vase zerbrach.* Diese Beobachtung ist wichtig, weil die Artikelwahl davon abhängt, ob im Kontext schon über einen Referenten gesprochen wurde oder nicht, was wiederum eine wichtige Rolle bei der Wortstellung spielt. Aus diesem Grund haben wir auch für alle Objekte in unseren Beispielen einen indefiniten, d. h. unbestimmten Artikel gewählt.

In der Summe zeigen unsere Beobachtungen, dass das Adverbial *absichtlich* am besten zu repräsentieren ist, wenn es unterhalb des Subjektes verkettet wird. Andere Abfolgen scheinen durch Umstellungen erzeugt zu werden, die wir in Kapitel 9 noch besprechen werden.

3.1 | Adverbiale im syntaktischen Strukturbaum

In Kapitel 2 haben wir gesehen, dass es sinnvoll ist anzunehmen, dass das Subjekt bzw. das Agens bzw. das externe Argument durch den v-Kopf eingeführt wird. Es ist der Spezifizierer der vP. Das Komplement von v ist die VP. Wir können unsere Beobachtung – dass das Adverbial *absichtlich* unterhalb des Subjekts verkettet wird – somit umformulieren zu: Das Adverbial *absichtlich* wird mit der VP verkettet. Dies gilt für alle drei Satztypen gleichermaßen:

(3) Sätze mit einem intransitiven (a), einem transitiven (b) und einem ditransitiven Verb (c)

Verkettung des Adverbials *absichtlich*

Wie Sie sehen, behalten wir bei der Verkettung von *absichtlich* in (3b & c) das Label VP bei. Diese Etikettierung drückt aus, dass sich an der Konstituente syntaktisch nichts geändert hat. Es handelt sich nach wie vor um eine VP, die mit v verkettet wird: Ob *absichtlich* im Satz vorhanden ist oder nicht, ist für die syntaktische Derivation unerheblich. Das Einzige, was sich durch das Hinzufügen von *absichtlich* ändert, ist, dass der jeweilige Satz ausdrückt, dass das, was Anton tut, absichtlich geschieht: das Zerbrechen einer Vase und das Verkaufen eines Problemprodukts an einen Kunden geschehen absichtlich. Diesen Umstand drücken wir durch die Dopplung des Labels VP aus. Bei (3a) haben wir die Dopplung im Baum nicht eintragen, da die VP hier nur aus dem verbalen Kopf *gähnte* besteht: da *gähnte* kein Komplement hat, ist die VP ohne Komplement vollständig. Eine alternative Notation für (3a) sähe wie folgt aus: $[_{VP}$ *absichtlich* $[_{VP}$ *gähnte*$_V]]$. Auch hier ändert die Anwesenheit von *absichtlich* also nichts daran, das eine VP mit v verkettet wird.

<table>
<tr><td>Definition</td><td>**Adjunktion:** Die Verkettung von nichtselegierten Bausteinen wird **Adjunktion** (engl. *adjunction*) genannt. Da Adverbialbestimmungen nicht selegiert werden, **adjungieren** sie an eine Phrase (engl. *adjoin*; von lateinisch *adjungere*, ›hinzufügen, verknüpfen‹). Adverbiale werden also als sog. **Adjunkte** verkettet.</td></tr>
</table>

In der Forschungsliteratur gibt es verschiedene Auffassungen darüber, ob Adjunktion eine andere syntaktische Operation als Merge ist. Der Grund dafür ist, dass Adverbiale teilweise andere syntaktische Eigenschaften aufzuweisen scheinen als Argumente (Freidin 1986; Lebeaux 1988/2000 und darauf aufbauende Untersuchungen). Wir werden hier nicht darauf eingehen. Da wir Merge als einfache Operation definiert haben, bei der zwei syntaktische Bausteine verbunden werden, gibt es für uns keinen Grund, Merge nicht auch für das Einfügen von Adverbialen in eine syntaktische Struktur zu nutzen.

3.2 | Verschiedene Typen von Adverbialen

Das Adverbial *absichtlich*, anhand dessen wir die Verkettung von Adverbialen in der syntaktischen Struktur diskutiert haben, ist ein **Adverbial der Subjekthaltung**, d. h. es spezifiziert die Haltung bzw. die Einstellung des Subjektreferenten in Bezug auf die Handlung. Andere Adverbiale der Subjekthaltung sind z. B. *gern, freiwillig, mit Freude* oder *widerwillig*. Adverbiale können auch andere semantische Aspekte modifizieren. Dies geht dann teilweise mit anderen Wortstellungsmöglichkeiten einher.

    Lokal- und Temporaladverbiale: Bestimmte Lokal- und Temporaladverbiale (vgl. z. B. Maienborn 1996) erlauben die Wortstellung, die für Adverbiale der Subjekthaltung weniger generell einsetzbar zu sein schien: *Adverbial-vor-Subjekt*, zum Beispiel:

Position von Lokal- und Temporaladverbialen

(4) a. (dass) soeben ein Junge gähnte
    b. (dass) gestern ein Junge eine Vase zerbrach
    c. (dass) vor einer Woche ein Verkäufer einem Kunden ein Problemprodukt verkaufte

(5) a. (dass) hinten im Saal ein Junge gähnte
     b. (dass) im Prunksaal ein Junge eine Vase zerbrach
     c. (dass) hier ein Verkäufer einem Kunden ein Problemprodukt
         verkaufte

Für diese Adverbiale ist es daher sinnvoll anzunehmen, dass sie nicht an
VP, sondern an vP adjungieren. Wie schon bei den Adverbialen der Sub-
jekteinstellung ändert sich nichts am Label der Phrase, an die die Adverbiale adjungieren: vP. Dies zeigt an, dass sich an der Konstituente vP vom
syntaktischen Standpunkt her nichts geändert hat:

(6)

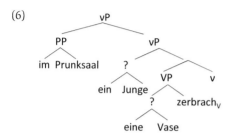

Verkettung eines
Lokaladverbials

Satzadverbiale: Ähnliche Stellungsmöglichkeiten wie Temporal- und Lo-
kaladverbiale zeigen die Satzadverbiale, zu denen u. a. Kommentaradver-
biale (*zum Glück, leider*) gehören, sowie epistemische Adverbiale. Letztere betreffen, wenn sie in Hauptsätzen vorkommen, Sprecher*innenwissen und geben an, für wie wahrscheinlich der*die Sprecher*in es hält,
dass das Gesagte zutrifft (*wahrscheinlich, vielleicht*). Kommen epistemische Adverbiale in Nebensätzen vor, wie in *Anton meint, dass wahrscheinlich...*, betreffen sie meist die Einschätzung des Subjekts des Hauptsatzes, also *Anton*. In den Beispielen in (7) erscheint das Adverbial vor
dem Subjekt:

(7) a. (dass) leider ein Junge gähnte
     b. (dass) unglücklicherweise ein Junge eine Vase zerbrach
     c. (dass) wahrscheinlich ein Verkäufer einem Kunden ein Pro-
         blemprodukt verkaufte

Position von Satz-
adverbialen

Auch für die Satzadverbiale können wir demnach eine höhere Adjunkti-
onsposition annehmen als für Adverbiale der Subjekthaltung. In der Forschungsliteratur wird oft davon ausgegangen, dass die Position von Satzadverbialen noch höher ist als die der besprochenen Lokal- und Temporaladverbiale. Da wir aber noch nicht diskutiert haben, welche syntaktischen Elemente sich denn eigentlich noch über der vP befinden könnten,
gehen wir hier auf die genaue Stellung von Satzadverbialen nicht ein
(s. Kap. 9).

Adverbiale der Art und Weise: Adverbiale, für die oft argumentiert
wird, dass sie niedriger als die bisher gesehenen Adverbialtypen adjungieren (z. B. direkt an das Verb), sind Adverbiale der Art und Weise wie
leise in *Anton hat ein Lied leise mitgesungen*. Jedoch ist man sich in Be-

zug auf die Stellung dieser Adverbiale in der Forschung überhaupt nicht einig, weil eine große Vielzahl von Faktoren diese Stellung zu beeinflussen scheint, und diese Faktoren noch nicht ausreichend erforscht sind (vgl. Frey 2003; Maienborn/Schäfer 2011; Schäfer 2013; vgl. auch Eckardt 1998, 2003). Wir können aber sehen, dass eine strukturell tiefe Verkettung für Adverbiale dieser Art zumindest eine Option zu sein scheint.

Adverbiale, Merge und LF: Die Stellungsmöglichkeiten für die verschiedenen Adverbialtypen sind recht komplex und werden, wie gesagt, in der Forschungsliteratur kontrovers diskutiert. Wir nehmen hier aber grundsätzlich an, dass die Positionen, an denen Adverbiale in der syntaktischen Struktur adjungieren, im Wesentlichen semantisch bestimmt sind (Ernst 2002; Haider 2000) und dass von syntaktischer Seite her keine speziellen Annahmen notwendig sind. Wir brauchen also keine speziellen Annahmen für die Verkettung von Adverbialen. Merge bleibt eine ›dumme‹, d. h. frei anwendende Operation und verkettet syntaktische Bausteine ohne besondere Beschränkungen. Es ist Aufgabe der Logischen Form zu prüfen, ob das Ergebnis der Verkettungen semantisch interpretierbar ist.

Die Logische Form kann diese semantische Prüfung leicht vornehmen. Unterschiedliche Adverbiale modifizieren unterschiedliche semantische Objekte: Prozesse, Ereignisse, Sprechereinschätzungen und ähnliches. Diese semantischen Objekte entsprechen bestimmten syntaktischen Bausteinen. Zum Beispiel wird ein Prozess durch ein Verb ausgedrückt. Wenn nun ein Adverbial der Art und Weise mit einem Verb verkettet wird, so ist dies semantisch sinnvoll, weil die Bedeutung des Verbs mit der Bedeutung des Adverbials verknüpft wird: die Art des Prozesses wird beschrieben. Wenn ein Adverbial der Subjekthaltung mit der VP verkettet wird, so ist auch dies semantisch plausibel. Die VP entspricht ja dem semantischen Objekt, zu dem der Referent des externen Arguments die jeweilige Haltung einnimmt. Wenn Lokal- und Temporaladverbiale mit der vP verkettet werden, ist dies für die LF interpretierbar, weil die vP das gesamte Ereignis mit seinen Aktanten abbildet. Genau dieses Ereignis wird lokal und temporal verortet.

Die akzeptablen Strukturen, in die Adverbiale eintreten, sind also diejenigen, die (bis zu einem gewissen Grade) die Semantik des Satzes reflektieren. In der Literatur ist in Bezug auf die Stellung der von uns betrachteten Adverbiale sowie einer Reihe weiterer Adverbiale die folgende Reihenfolge vorgeschlagen worden, die in neutralen Kontexten möglich ist und sich strukturell-semantisch plausibel einbindet (Frey/Pittner 1998; Haider 2002; Frey 2003):

Abfolge von
Adverbialen im
Mittelfeld

Rahmenadverbiale > > Satzadverbiale > > Temporal- und Kausaladverbiale > > Ereignisinterne Adverbiale (Instrument, Begleitumstand, Lokaladverbial, Subjekthaltung) > > Prozessadverbiale

Das folgende Beispiel illustriert diese Reihenfolge. Das Rahmenadverbial ist hier das Temporaladverbial *im Mittelalter* (es gibt den zeitlichen Rahmen vor, für den die Aussage gilt): *(dass) im Mittelalter vermutlich an*

*einem sonnigen Nachmittag ein Mönch bereitwillig diese Weinkelche sorg-
fältig gereinigt hat.*

3.3 | Modalpartikeln und die Negation

Neben Adverbialen gibt es noch andere modifizierende Elemente im Satz:
die Partikeln. Es gibt verschiedene Arten von Partikeln. Ihre Eigenschaften sind teilweise sehr heterogen. Wir wollen hier nur sehr kurz auf Modalpartikeln eingehen. Dann wenden wir uns der Negation *nicht* sowie
ihrem Cousin, dem Negationsartikel *kein*, zu.

Modalpartikeln: Modalpartikeln werden auch **Abtönungspartikeln**
oder **Diskurspartikeln** genannt. Beispiele sind *ja, doch, halt, eben, ruhig,
denn, mal*, vgl.:

(8) a. Leyla kommt *ja / doch* wahrscheinlich erst später. | Verschiedene Modalpartikeln
     b. Anton ist *halt / eben* leider faul.
     c. Wer hat *denn* da gelacht?
     d. Sei du *ruhig mal* still!

Modalpartikeln erscheinen meist noch vor den Satzadverbialen (8a & b).
Im Kontrast zu Adverbialen können sie aber nicht ohne Weiteres im Vorfeld eines Satzes erscheinen:

(9) a. Wahrscheinlich kommt Leyla *ja / doch* erst später. | Partikel vs. Adverbial
     b. **Ja / doch* kommt Leyla wahrscheinlich erst später.

Wie wir noch sehen werden, können im Vorfeld nur Phrasen erscheinen.
Daher wird oft angenommen, dass Partikeln im Gegensatz zu Adverbialen Köpfe sind. Wir wollen auf diese Frage nicht eingehen. Einander wi-
dersprechende syntaktische Analysen von Partikeln finden Sie z. B. in
Coniglio (2011), Struckmeier (2014) und Bayer/Struckmeier (2017).

Negation: Auch beim Negationswörtchen *nicht* gehen viele Linguist*innen davon aus, dass es ein Kopf ist, weil es nicht im Vorfeld erscheinen könne, z. B. **Nicht habe ich das Buch gelesen.* Jedoch finden
sich durchaus Beispiele, die das Gegenteil zeigen, zum Beispiel wenn
nicht durch *gar* modifiziert wird: *Gar nicht mag ich Innereien, Oliven und
Paprika.* Man findet auch Korpusbelege, siehe (10). Diese werden aber
von unterschiedlichen Sprecher*innen als unterschiedlich akzeptabel bewertet. Für Sprecher*innen, die Sätze wie (10) akzeptabel finden, ist
nicht phrasal. Für andere Sprecher*innen würde dies nicht gelten – wir
hätten hier demnach einen klaren Fall von sprachlicher Variation vor uns.

(10) ich [...] verschonte die Bonner Politik auch dort mit offenem Wi- | *nicht* im Vorfeld
      derspruch, wo deutlichere Kritik angezeigt gewesen wäre. *Nicht*
      verschonte ich sie allerdings mit einer Initiative, die – so beschei-
      den sie war – die Mauer einen Spalt öffnete und in die richtige
      Richtung wies (Willy Brandt: Erinnerungen, S. 70)

Die Negation zeigt im Deutschen ein interessantes Verhalten in Bezug auf die Stellung der Argumente. Wir konzentrieren uns hier auf das Objektargument. In (11) sehen wir zwei Möglichkeiten, den Satz *Anton hat einem Jungen ein/das Comic-Heft zurückgegeben* zu verneinen. Die Möglichkeiten unterscheiden sich im Negationswort (*nicht* oder *kein*) und in der Bedeutung.

nicht vs. *kein*
(11) a. Anton hat einem Jungen ein Comic-Heft <u>nicht</u> zurückgegeben.
      ...Es liegt da drüben.
    b. Anton hat einem Jungen <u>kein</u> Comic-Heft zurückgegeben.
      ...Die Hefte sind alle hier.

In beiden Fällen gibt es einen bestimmten Jungen, dem Anton etwas nicht zurückgegeben hat. (11a) sagt aus, dass es nicht der Fall ist, dass Anton dem Jungen ein bestimmtes Comic-Heft zurückgegeben hat. (11b) sagt aus, dass es nicht der Fall ist, dass Anton dem Jungen überhaupt irgendein Comic-Heft zurückgegeben hat. Den Unterschied erkennt man an den möglichen Fortsetzungen, die nicht vertauschbar sind. In (11a) können wir das Pronomen *es* benutzen, um uns auf das Comic-Heft, das nicht zurückgegeben wurde, zu beziehen: Die negative Aussage im ersten Satz in (11a) trifft auf ein bestimmtes Comic-Heft zu – dieses wurde nicht zurückgegeben – und deswegen können wir im Fortsetzungssatz auf das Heft zurückverweisen. In (11b) ist dies nicht möglich. Hier wurden alle Comic-Hefte nicht zurückgegeben. Deswegen können wir nicht ohne Weiteres auf ein bestimmtes dieser Hefte zeigen und Sprecher*innen wüssten auch nicht, worauf sich das Singularpronomen *es* beziehen soll. (11) zeigt also, dass Objekte, die spezifische Dinge bezeichnen, mit denen etwas nicht passiert ist, vor der Negation stehen. Andere Objekte stehen hinter der Negation.

Man mag nun fragen, warum in den Sätzen in (11) unterschiedliche Negationswörter verwendet werden. Ist die Bedeutung von *kein* nicht eigentlich Negation + *ein*? Versuchen wir dies einmal explizit zu machen. Betrachten wir (12a). Bei der Beurteilung der Akzeptabilität vermeiden wir eine starke Akzentuierung von *ein*, da dadurch die Bedeutung *kein einziges* entsteht, die uns hier nicht interessiert. Der Satz klingt ohne weiteren Kontext und ohne Betonung von *ein* recht unnatürlich. Seine Akzeptabilität verbessert sich deutlich, wenn eine Fortsetzung folgt, die anzeigt, dass es sich um eine Korrektur handelt: In (12b) gilt das Zurückgeben nicht für ein Comic-Heft (was wohl im Raume stand), sondern für eine Kladde. Die Bedeutung ist also ähnlich wie beim *kein*-Satz oben, aber *nicht ein* ›benötigt‹ den Korrekturkontext, der einen Ersatz für das Comic-Heft liefert (Büring 1994; Repp 2009).

(12) a. ^{??}Anton hat einem Jungen <u>nicht ein</u> Comic-Heft zurückgegeben.
    b. Anton hat einem Jungen <u>nicht ein</u> Comic-Heft zurückgegeben, sondern eine Kladde.

Spezifizität
Wir halten fest: Wenn es einen **spezifischen** Gegenstand gibt, für den die negative Aussage gilt, so erscheint der Ausdruck, der den Gegenstand

bezeichnet, vor der Negation (11a). Das bedeutet, dass definite Ausdrücke, die ja in der Regel Spezifisches bezeichnen, typischerweise vor der Negation erscheinen: *Anton hat einem Jungen das Comic-Heft <u>nicht</u> zurückgegeben*. Außerdem erscheinen auch sog. **generische** Ausdrücke vor der Negation. Das sind Ausdrücke, die eine Klasse von Objekten im Allgemeinen bezeichnen. Das lässt sich gut an (ausgedachten) Klischees zeigen: *Feuerwehrmann Anton sollte hier keinen Schnaps trinken, weil ein Feuerwehrmann <u>nicht</u> trinkt*. Es geht hier um Feuermänner im Allgemeinen. Ein Wort zu Warnung sei noch gesagt: Wir haben oben die Rolle der Akzentuierung erwähnt. Diese kann auch Strukturen wie (12a) verbessern, beispielsweise wenn man *nicht* stark betont. In solchen Fällen handelt es sich aber wieder um Korrekturen.

Aus Beobachtungen der obigen Art hat man geschlussfolgert, dass *kein* syntaktisch gesehen tatsächlich eine Kombination ist aus der eigentlichen **Satznegation**, nennen wir sie NEG (semantisch gesehen ist dies der Negationsoperator ¬, siehe Gutzmann 2019), und dem indefiniten Artikel *ein* (vgl. Bech 1955/1983). Wir wollen hier annehmen, dass NEG oberhalb der vP verkettet wird, und wie die Adverbiale syntaktisch nichts an dieser Phrase ändert (Repp 2009). Dass Argumente vor NEG erscheinen können – in unserem Falle betrifft dies auch das Subjekt –, wird mit der Stellungsvariabilität dieser Argumente erklärt, die wir in Kapitel 9 besprechen. Die Interpretation dieser Argumente als spezifisch oder nichtspezifisch erfolgt durch die LF. Diese berechnet aus den vorliegenden Verhältnissen im Strukturbaum die semantische Beziehung zwischen der Negation und den nominalen Ausdrücken.

Negation = NEG

Aufgaben

---

1. Überlegen Sie für folgende Sätze, um was für Adverbiale es sich handelt:
   (dass) am Nachmittag viele baden; *(dass) Maria bereitwillig Getränke einkauft*; *(dass) Amina ungern Flöte übt*; *(dass) andernorts einige lautstark demonstrieren*; *(dass) montags immer Ampeln ausfallen*; *(dass) Peter heimlich übt*; *(dass) wahrscheinlich alles zerbricht*; *(dass) im See einiges versank*; *(dass) glücklicherweise viele gerne Tango tanzen*; *(dass) zu Ostern viele ihren Kindern Ostereier schenken*

---

2. Zeichnen Sie für die o. g. Sätze die Baumstrukturen bzw. überlegen Sie, welche Baumstrukturen plausiblerweise anzusetzen sind. Achten Sie darauf, bei den intransitiven Verben zwischen unakkusativen und unergativen Verben zu unterscheiden.

---

3. Überlegen Sie, wie die Baumstruktur für folgende Sätze aussehen könnte:
   (dass) keiner gerne Kuchen isst; *(dass) wohl leider niemand die Polizei anruft*

4 Tempus, Kasus, Kongruenz

In Kapitel 2 haben wir gesehen, dass Verben sich mit Argumenten verbinden, die unterschiedliche semantische Rollen tragen. In diesem Kapitel wollen wir unter anderem betrachten, welchen Kasus die Argumente eines Verbs tragen. Beispiele wie (1a) sind uns schon aus Kapitel 2 bekannt. Hier ist das Agensargument mit dem Nominativ markiert und das Patiensargument mit dem Akkusativ. Wenn wir von dieser Konstellation abweichen – wie in (1b) und (1c) – ergeben sich inakzeptable Sätze.

(1) a. dass der Junge den Kahn versenkt
     b. *dass den Jungen den Kahn versenkt
     c. *dass der Junge der Kahn versenkt

Rein semantisch betrachtet könnte man glauben, dass die Sätze eigentlich akzeptabel sein könnten, weil die für das Prädikat nötigen Argumente ja vorhanden sind. Offensichtlich ist die Kasusmarkierung aber grammatisch notwendig, und Argumente müssen ganz bestimmte Kasusmarkierungen tragen. Betrachten wir zusätzlich zu den Beispielen in (1) das Beispiel *dass den Jungen der Kahn versenkt*, so wird deutlich, dass die Kasusmarkierung Aufschluss darüber gibt, welches Argument welche semantische Rolle trägt. Im letzten Beispiel wäre es der Kahn, der als handelndes Agens die Versenkung des Jungen verursacht. Das ist außerhalb von Fantasy- oder Märchenkontexten natürlich nicht plausibel. In diesem Kapitel wollen wir daher klären, wie genau die Grammatik Kasus vergibt und wie die Verbindung von Kasus und Rollenlesarten zu verstehen ist. Wir beginnen mit dem Kasus des Agensarguments, also dem, was man als *Subjektkasus* bezeichnen würde. Wir werden dabei unsere Überlegungen aus Kapitel 1 – dass der Begriff *Subjekt* selbst hinterfragt werden muss – ausbauen und entsprechende Konsequenzen für unsere Grammatik ziehen.

4.1 | Das ›Subjekt‹

Das Subjekt in der traditionellen Grammatik: In der traditionellen Grammatik wird davon ausgegangen, dass Subjekte Nominativ tragen. Meist nimmt man darüber hinaus an, dass das Subjekt der*die Ausführende der Handlung ist. In Kapitel 2 haben wir gesehen, dass dies ungenau ist und

J. B. Metzler © Springer-Verlag GmbH Deutschland, ein Teil von Springer Nature, 2020
S. Repp/V. Struckmeier, *Syntax*, https://doi.org/10.1007/978-3-476-04872-1_4

oft gar nicht stimmt. Schließlich geht man davon aus, dass das Subjekt dasjenige Argument im Satz ist, mit dem das finite Verb kongruiert. Man könnte das Subjekt in Bezug auf letztere Annahme also als *Kongruenzgeber* bezeichnen. In unserer Grammatik haben wir den Begriff des Subjekts bisher noch nicht definiert. Unsere Grammatik betrachtet die verschiedenen Aspekte, die mit dem Subjekt traditionell assoziiert werden, aus guten Gründen getrennt.

Nominativ ≠ Agens: Dass eine Trennung der semantischen Rolle und des Nominativkasus gut motiviert ist, haben wir bei unserer Betrachtung von unakkusativen und unergativen Verben in Kapitel 2 schon gesehen. Das Gleiche zeigt der Vergleich von Sätzen im Aktiv und im Passiv. In (2a) ist das Agens Nominativ und in (2b) ist das Patiens Nominativ. Wir können also nicht direkt von Kasus auf Rollen schließen.

Kasus vs.
semantische Rolle

(2) a. Der Junge versenkt den Kahn.
     b. Der Kahn wird (vom Jungen) versenkt.

Umgekehrt können wir auch nicht von Rollen auf Kasus schließen. Dies sehen wir in (3). Wer ist hier das Agens von *versenkt* bzw. *versenken*? Sowohl in (3a) als auch in (3b) ist das der Junge. Interessanterweise ist der Kasus dieses Agens in (3a) und (3b) aber nicht der gleiche. In (3a) ist der Kasus Nominativ und in (3b) Akkusativ.

(3) a. Anton sieht, dass der Junge den Kahn versenkt.
     b. Anton sieht den Jungen den Kahn versenken.

Nominativ – Kongruenz mit einem finiten Verb: Wenn wir die Beispiele in (3) genauer ansehen, stellen wir fest, dass sie sich in einem weiteren Aspekt unterscheiden: in der Verbform. In (3a) ist das Verb *versenkt* finit. Es kongruiert mit *der Junge* in Person und Numerus. In (3b) ist *versenken* ein Infinitiv. Es kongruiert also nicht, denn es ließe sich auch mit einem pluralischen Agens verbinden: *Anton sieht drei Jungen den Kahn versenken*. Könnte es also sein, dass ein Verb nur dann flektiert, wenn sein Agens einen Nominativ trägt bzw. – andersherum – dass das Agens eines Verbs nur dann einen Nominativ trägt, wenn es mit einem finiten Verb kongruiert?

Es gibt noch weitere Satztypen, die uns zeigen, dass diese Annahme richtig ist. In den Sätzen in (4) trägt das einzige Argument des Verbs eine Dativ- oder eine Akkusativmarkierung. Es gibt also überhaupt keinen Nominativ.

Sätze ohne
Nominativ-
argument

(4) a. Uns / Mir graut vor der Prüfung.
     b. Uns / Mich friert.

Es gibt in den Sätzen in (4) auch keine Kongruenz. Unabhängig davon, ob das einzige Argument ein Singular- oder ein Pluralpronomen ist, erscheint das Verb in der 3. Person Singular. Diese Flexionsform erscheint also offenbar dann, wenn keine Kongruenz etabliert wird, das Verb aber trotzdem finit ist. Man bezeichnet die 3. Person Singular auch als **Default-**

Form, d. h. sie wird verwendet, wenn keine *spezifische* Flexionsform gefordert ist. Das Verb *frieren* ist in diesem Zusammenhang besonders auf-
schlussreich, denn es kann auch mit einem Nominativargument erscheinen – muss dann aber mit dem Verb kongruieren: *ich friere, wir frieren,
ihr friert*. Diese Sätze zeigen uns also wie die Sätze in (3), dass Kongruenz
und Nominativ eng zusammenhängen.

Betrachten wir ein letztes Beispielpaar. Auch (5) zeigt, dass es ›das
Subjekt‹ im klassischen Sinne nicht gibt, dass aber Nominativ und Kongruenz eng zusammenhängen. Die Sätze in (5) sind bedeutungsgleich.
Sie sagen aus, dass es scheinbar so ist, dass der Kahn versenkt wird, und
dass das Agens dieser Handlung der*die Hörer*in der Äußerung ist.

(5)   a.   Es scheint, dass du den Kahn versenkst.
      b.   Du scheinst den Kahn zu versenken.

In (5a) kongruiert das Verb, das die Handlung beschreibt, *versenkst*, mit
dem Agens *du* in der 2. Person Singular. *du* trägt den Nominativ. Es erscheint im Nebensatz, in dem auch *versenkst* erscheint. In (5b) ist das
handlungsbeschreibende Verb, *versenken*, ein Infinitiv. Hier erscheint das
Agens *du* vor dem Verb *scheinst*. Dieses Verb ist für 2. Person Singular
flektiert und kongruiert offensichtlich mit *du*. In (5a) ist *scheinen* dahingegen für 3. Person Singular flektiert und kongruiert demnach mit dem
Pronomen *es*. Das Verb *scheinen* kongruiert in den beiden Beispielen also
mit verschiedenen ›Subjekten‹, je nachdem, welche Struktur vorliegt: mit
es vs. *du*. Dass diese Kongruenz nicht beliebig ist, zeigen (6a & b):

(6)   a.   *Es scheinst, dass du den Kahn versenkst.
      b.   *Du scheint den Kahn zu versenken.

Betrachten wir als Nächstes die semantische Rolle der Kongruenzgeber
von *scheinen* in (5a & b). Wir stellen fest, dass weder *es* noch *du* eine semantische Rolle von *scheinen* erhalten. Das Pronomen *es* in (5a) trägt gar
keine semantische Rolle. Es ist ein sog. **Expletivum**, ein semantisch ›lee-
res‹, d. h. bedeutungsloses Element: es gibt keinen Gegenstand, auf den
sich *es* bezieht. Welches ›es‹ nämlich sollte ›scheinen‹? Und würde dieses
›es‹ dann ›scheinen‹ wie die Sonne scheint? Auch *du* in (5b) erhält seine
semantische Rolle nicht von *scheinen*. Die Person, auf die *du* sich bezieht,
›scheint‹ nicht. *du* erhält seine Agensrolle von *versenken*. Dies ist der Fall,
obwohl das infinite *versenken* nicht mit *du* kongruiert und *du* nicht das
Nominativsubjekt von *versenken* ist. Wir sehen also, dass das Argument,
mit dem ein Verb kongruiert, nicht unbedingt das Argument sein muss,
dass die semantische Rolle von diesem Verb erhält. Weiterhin sehen wir
wieder, dass der Nominativ nur gemeinsam mit einem finiten Verb
(*scheinst*) auftritt. In der Summe fallen also die drei oben genannten Eigenschaften des traditionellen Subjekts – Kongruenzgeber, Agens, Nomi-
nativträger – wieder nicht alle zusammen (vgl. Reis 1982). Nur Nominativ und Kongruenz bzw. Finitheit scheinen recht eng aneinander gebunden zu sein. In den folgenden Kapiteln werden wir diese Erkenntnis in
unserer Grammatik modellieren.

Zur Benutzung des Begriffs *Subjekt* in diesem Buch: Im weiteren Verlauf dieses Buches werden wir trotz unserer soeben gemachten Beobachtungen immer wieder auch den Begriff *Subjekt* benutzen, um umständliche Formulierungen zu vermeiden. Wir werden damit in der Regel das Argument eines finiten Verbs bezeichnen, das mit dem Verb kongruiert. Abweichungen von dieser Verwendung werden wir deutlich kennzeichnen.

4.2 | Die Operation Agree: Kongruenz und Kasus

4.2.1 | Subjektkongruenz

Über die vP hinaus: Für die Argumentstruktur haben wir in Kapitel 2 festgelegt, dass diese in VP und vP repräsentiert wird. Nun gibt es aber natürlich syntaktische Bausteine, die mit der Argumentstruktur nichts zu tun haben, z. B. das Futurauxiliar *wird* in dem Passivsatz *(dass) der Kahn versenkt werden wird*. Das finite Auxiliar *wird* kongruiert mit dem Nominativargument *der Kahn*, hat aber nichts mit dessen semantischer Rolle zu tun. Wie wir im letzten Unterkapitel gesehen haben, gehören Nominativkasus und Kongruenz dahingegen sehr eng zusammen. Daher wollen wir annehmen, dass der Nominativkasus durch ein finites, kongruierendes Verb vergeben wird. Dieses Verb wird in einer separaten syntaktischen Position verankert. Diese bezeichnen wir als **T**. Damit ergibt sich für unseren Passivsatz folgende Struktur:

Verkettung des
T-Kopfes *wird*

(7)

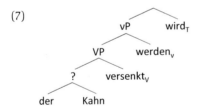

Die Bezeichnung T hat historische Wurzeln. Sie ist insofern vielleicht irreführend, als dass die Kongruenzmerkmale Person und Numerus, nicht aber Tempus – wofür T eigentlich steht – ausdrücken. Wir werden in Kapitel 4.4 genauer besprechen, dass T trotzdem keine fehlgeleitete Bezeichnung ist. In älteren syntaktischen Arbeiten wird der **T-Kopf** (im Grunde zutreffender) als **I-Kopf** (für engl. *inflection*) bezeichnet.

Merkmale und Merkmalsvaluierung: Bisher haben wir in unserer Theorie keine technische Darstellungsform für Nominativ- oder Kongruenzmerkmale definiert. Dies holen wir nun nach. Wir gehen dabei davon aus, dass Wörter mit bestimmten **Merkmalen** versehen sind. Diese Merkmale können entweder bereits im Lexikon mit einem Merkmalswert versehen sein oder nicht. Für das Merkmal **[Person]** beobachten wir z. B. folgenden Unterschied: *Kahn* ist ein Nomen, das inhärent 3. Person ist, z. B. *Der Kahn$_3$, er$_3$ ist versunken*. *Inhärent* bedeutet, dass *Kahn* niemals einen anderen Merkmalswert als [Person: 3] hat. Wir sehen darüber hinaus, dass das Verb *wird* in (7) für 3. Person flektiert. Es hat also ebenfalls den Merkmalswert [Person: 3]. Dieser Wert ist dem Verb allerdings nicht inhärent. In anderen syntaktischen Kontexten, z. B. *ich werde, du wirst*, steht das Verb *werden* in der 1. bzw. 2. Person. Verben passen sich in ihrem Wert für das Merkmal [Person] also an einen nominalen Ausdruck an, der für dieses Merkmal einen inhärenten, und deshalb unveränderlichen Merkmalswert hat. Wir sagen auch, das Merkmal des Verbs wird **valuiert**, das heißt, es bekommt einen spezifischen Wert.

Ähnliches gilt für das Merkmal **[Numerus]**, z. B. *dass der Kahn versenkt wird* vs. *dass die Kähne versenkt werden*. Das Numerusmerkmal wird für [Numerus: Singular] bzw. [Numerus: Plural] valuiert. Auch in diesem Merkmal passt sich das Verb an einen nominalen Ausdruck an. Der Numerus von Nomen ist nämlich semantisch interpretierbar, der Numerus von Verben hingegen nicht. Beispielsweise wird mit *die Frau* bzw. *die Frauen* eine verschiedene Anzahl von Frauen bezeichnet. Bei Verben ist dies nicht so klar. Wenn wir den Satz *Die Frauen treffen sich auf dem Hof* betrachten, so steht das Verb im Plural, obwohl hier ganz klar nur ein Ereignis (ein Treffen) bezeichnet wird. Die Pluralmarkierung hat also keine semantische Ursache, sondern erscheint wegen der Kongruenz mit *Frauen*.

In der traditionellen Grammatik wird die sog. **Subjekt-Verb-Kongruenz** als Fakt konstatiert. Wir wollen im Folgenden genau festlegen, unter welchen Bedingungen der Merkmalsabgleich zwischen Nominativargument und Verb erfolgt. Dieser Vorgang ist ja offenbar etwas, über das Sprecher*innen detailliertes Wissen haben, das wir in unserer Grammatik erfassen müssen. Unsere Theorie nimmt an, dass unvaluierte Merkmale an den Schnittstellen zu PF und LF nicht mehr vorhanden sein dürfen. Sie können zum Beispiel phonologisch keiner Form zugewiesen werden, denn welchem Flexionssuffix sollte ein unvaluiertes Merkmal [Person] – wir schreiben [Person?] – entsprechen? Wenn ein Merkmal unvaluiert bliebe, wäre also die Aussprache der syntaktischen Struktur ungeklärt. Um zu untersuchen, wie die Merkmalsvaluierung erfolgt, werden wir im Folgenden zwei verschiedene Szenarien betrachten. Das erste Szenario ist eine syntaktische Konfiguration, bei der Kongruenz – d. h. die Merkmalsvaluierung – erfolgen kann. Das zweite Szenario ist eine Konfiguration, wo dies nicht gelingt.

Für das erste Szenario betrachten wir wieder Struktur (7). Das finite *wird* befindet sich relativ weit entfernt von *der Kahn*. Es ist auch nicht in der vP enthalten, so dass man nicht annehmen kann, dass das Merkmal [Person?] mit dem Merkmalswert [Person: 3] auf dieselbe Weise valuiert wird, wie eine semantische Rolle vergeben wird: vom Kopf der Phrase an das Komplement oder an den Spezifizierer der gleichen Phrase. Vielmehr ist die Relation zwischen *wird* und *der Kahn* eine Relation, die ›auf Distanz‹ zu operieren scheint. Die Derivation muss gewissermaßen einen Suchprozess initiieren, damit ein Merkmalswert für das unvaluierte Merkmal gefunden werden kann, so dass ein *Crash* an den Schnittstellen verhindert wird. Dieser Prozess wird eingeleitet, sobald ein syntaktischer Baustein verkettet wird, der ein unvaluiertes Merkmal hat. Betrachten wir die Schritte, die notwendig sind, um die Markierung [Person: 3] in der Struktur in (7) abzuleiten.

Ableitungsschritte: Im ersten Ableitungsschritt wird der T-Kopf ohne valuiertes Personmerkmal (hier geschrieben als $werd_T$ [Person?]) mit der vP verkettet.

Struktur mit unvaluiertem Merkmal an T

(8)

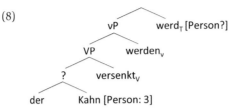

Es ergibt sich eine syntaktische Konfiguration, in der die fehlende Valuierung einen Suchprozess anstößt. Das Verb $werd_T$ sucht in der Struktur nach Kongruenzpartnern, die ein valuiertes Personmerkmal haben. Im gegebenen Fall findet $werd_T$ das Nomen *Kahn*. Da dieses inhärent für 3. Person valuiert ist, übernimmt $werd_T$ diesen Merkmalswert:

Merkmalsabgleich zwischen Kongruenzpartnern

(9)

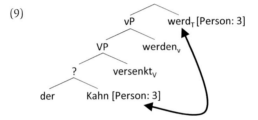

Damit ist der Suchvorgang erfolgreich abgeschlossen und der Merkmalswert für den T-Kopf ist festgelegt. (9) ist eine explizite Darstellung für das Ergebnis dieser Ableitung. Wir werden in diesem Buch meist eine abgekürzte Darstellung für den T-Kopf verwenden (etwa $wird_T$), es sei denn, Merkmalsabgleiche sind explizit Gegenstand der Diskussion.

Das zweite Szenario lässt sich an folgendem Beispiel illustrieren: *dass du den Kahn versenken wird*. Genau wie im obigen Beispiel kongruiert das finite Verb mit dem Patiensargument. Hier ist dies jedoch nicht akzeptabel. Es scheint also so zu sein, dass der Merkmalsabgleich nicht immer zwischen den gleichen Köpfen und Argumenten im Strukturbaum erfolgt. Das finite Verb (T-Kopf) hat in beiden Sätzen dieselbe Position, vgl. (9) und (10a). Dasselbe gilt für das Patiensargument (Schwester von V). Was (9) und (10a) aber unterscheidet, ist die Tatsache, dass das Patiensargument in (10a) nicht das Argument ist, das dem finiten Verb strukturell am nächsten steht. Vielmehr steht das Agensargument *du* im Spezifizierer der vP (= SpezvP) dem finiten Verb am nächsten. Mit diesem kann das finite Verb problemlos kongruieren, wie wir in (10b) sehen.

(10)
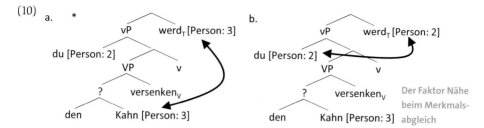

Der Faktor Nähe beim Merkmalsabgleich

Da das finite Verb mit dem Agensargument nicht nur in Person, sondern auch in Numerus kongruiert, gehen wir davon aus, dass das eben Gesagte analog auf alle Merkmale übertragbar ist, in denen das finite Verb und ein Argument kongruieren. Also nimmt das finite Verb in (10b) den Wert [Numerus: Singular] an.

Wir wollen diese Beobachtungen zusammenfassen zu einer Definition für die Kongruenzrelation. Diese Kongruenzrelation nennen wir **Agree**.

Definition

> **Agree:** Ein Kopf, der ein unvaluiertes Merkmal, den sog. **Sondierer** (engl. *probe*), enthält, darf den Merkmalswert von einem Kopf mit einem valuierten Merkmal, dem sog. **Ziel** (engl. *goal*), beziehen, wenn Folgendes gilt:
> (i)   Das Ziel ist in der Schwester des sondierenden Kopfes enthalten *und*
> (ii) es gibt kein näheres Ziel, mit dem der sondierende Kopf seinen Merkmalsabgleich durchführen könnte.

In Agree-Prozessen wird im Standardfall immer die maximale Menge von Merkmalen abgeglichen, die für Abgleiche zur Verfügung stehen – also oben Numerus und Person. Es gibt noch andere Konstellationen, die in der Forschung zur Operation Agree diskutiert werden: *Defective Agree* (partielles Agree), *Upward Agree* (Sondierer ist unterhalb des Goals) etc. Diese werden wir hier nicht besprechen.

Die Faktoren (i) und (ii) in der Definition von Agree spielen eine wichtige Rolle in vielen Bereichen der syntaktischen Strukturbildung. Dies ist in der Geschichte der Syntaxtheorie vielfach beobachtet worden, so dass es verschiedene Bezeichnungen für die Faktoren gibt:

Strukturelle Relationen und Agree

Zur Vertiefung

Das Enthaltensein in der Schwester, (i), wurde auch als **C-Kommando** (von engl. *constituent command*; dt. auch *K-Kommando*) bezeichnet. In aktuellen Theorien wird auch von **containment** (von engl. *contain* ›enthalten‹) gesprochen, weil das Ziel einer Agree-Relation in der Konstituente enthalten ist, die durch die Verkettung des sondierenden Kopfes entsteht.

Der Nähefaktor, (ii), wird auch mit Begriffen wie **Minimalität** (engl. *minimality* und *relativized minimality*) oder engl. *minimal link condition* (etwa *Bedingung der kürzesten Verbindung*) bezeichnet.

Wenn wir den Nähefaktor als wichtiges Instrument unserer Grammatik ansetzen, so müssen wir klären, was genau mit *Nähe* gemeint ist. Wie bereits mehrfach erwähnt, ist die lineare Abfolge der Wörter für unsere Syntax ohne Belang. Wenn wir uns die Beispiele oben noch einmal ansehen, sehen wir, dass mit *Nähe* stets eine hierarchische Relation gemeint ist. Ein Argument in SpezvP ist z. B. in der vertikalen Dimension des Strukturbaums näher an T als beispielsweise ein Argument innerhalb der VP. Denn der T-Kopf hat die vP als Schwester und diese enthält bereits das Argument in SpezvP. Das Argument in der VP ist hingegen durch zwei Phrasen von T getrennt, vP und VP.

Wir werden im Verlauf dieses Buches daher stets von einer strukturellen Definition von Nähe ausgehen, die keinerlei Bezug nimmt auf lineare Wortstellungsmuster:

Syntaktische Nähe: Von zwei syntaktischen Elementen X und Y ist das Element X näher an einem Element Z,
(i)   wenn es Phrasen gibt, die strukturell höher stehen als Y, nicht aber strukturell höher stehen als X und
(ii) wenn diese Phrasen nicht höher stehen als die Zielposition Z.

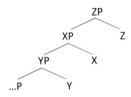

Die Phrase XP steht über X und Y. Die Phrase YP steht über Y, nicht aber über X. Damit ist X näher an Z als Y.

4.2.2 | Subjektkasus

Wenden wir uns dem zweiten Aspekt des Zusammenhangs zwischen Kongruenz und Nominativvergabe zu: der Nominativvergabe. Bei der Besprechung der Agree-Relation im letzten Unterkapitel haben wir den Merkmalsabgleich zwischen dem finiten Verb und einem nominalen Element in Bezug auf [Person] und [Numerus] diskutiert. Unvaluierte Merkmale am finiten Verb werden durch Agree mit dem valuierten Merkmal eines nominalen Kopfes abgeglichen. Um die Nominativvergabe in unserer Grammatik zu beschreiben, wollen wir davon ausgehen, dass die Agree-Relation symmetrischer ausfallen kann als bisher angenommen. Das finite Verb bezieht seine Merkmalswerte für [Person] und [Numerus] per Agree. Umgekehrt bezieht aber auch der Kongruenzpartner, d. h. das strukturell am nächsten stehende Argument, einen Wert für sein Kasusmerkmal. Dies ist in (11) und (12) für den Passivsatz (*dass*) *der Kahn versenkt werden wird* illustriert. In (11) hat das Patiensargument noch keinen Kasus – wir haben dies hier auch mit der Notation *d—* für den

Artikel dargestellt, an dem ja der Kasus sichtbar ist. In Kapitel 6 diskutieren wir, wie Artikel, Nomen sowie modifizierende Adjektive denselben Kasus bekommen.

(11)

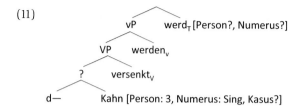

Unvaluiertes
Kasusmerkmal

(12) zeigt das valuierte Kasusmerkmal am Patiensargument.

(12)

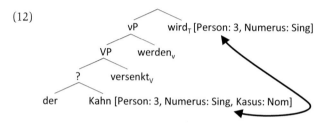

Kasusvaluierung
per Agree

Im Gegensatz zu den Kongruenzmerkmalen scheint dem Kasusmerkmal am Patiensargument kein direktes Äquivalent am finiten Verb zu entsprechen. Andererseits ist aber klar, dass mit [Person] und [Numerus] Merkmale am finiten Verb ausgedrückt werden, die auf den Kongruenzpartner (das ›Subjekt‹) verweisen. Insofern ist die Kongruenzrelation symmetrisch. Sowohl das Argument als auch das finite Verb zeigen an, dass sie in einer Kongruenzrelation zueinander stehen: das Argument per Nominativkasus und das finite Verb per Person und Numerus. Wir nennen Kongruenzmerkmale, die (wie [Person] und [Numerus]) durch einen Merkmalsabgleich mit einem anderen syntaktischen Element valuiert werden, auch **Phi-Merkmale** (engl. *phi-features*). Unvaluierte Phi-Merkmale verursachen genau wie unvaluierte Kasusmerkmale einen Crash. Für unvaluierte Kasusmerkmale war in älteren Theorien der sog. *Kasusfilter* zuständig (Chomsky 1981).

Phi-Merkmale

4.2.3 | Objektkasus: Agree mit v und V

Nachdem wir nun gesehen haben, wie die Kasusvergabe an das höchste Argument in der Struktur modelliert werden kann, wollen wir auch die Kasusvergabe für strukturell tieferstehende Argumente erklären. In Kapitel 4.2.1 haben wir gesehen, dass – z. B. beim Passiv – ein Patiensargument einen Nominativkasus tragen kann, wenn es kein strukturell höherstehendes Agensargument gibt. Wenn ein solches Agensargument vorhanden ist, also kein Passiv vorliegt, erhält das Patiensargument keinen Nominativ, sondern Akkusativ.

Burzios Generalisierung: In Kapitel 2 haben wir argumentiert, dass die vP bei unergativen, unakkusativen und transitiven Verben verschieden aufgebaut ist. Bei unergativen und transitiven Verben hat die vP einen Spezifizierer, der ein Argument oberhalb von v einführt. Bei unakkusativen oder passiven Verben gibt es dieses höhere Argument nicht. Durch die Existenz des höheren Arguments ergibt sich, dass die Nominativvergabe an tieferstehende Argumente nicht möglich ist: Das folgt aus der Minimalitätsklausel unserer Definition von Agree. Wir könnten nun davon ausgehen, dass v-Köpfe, die ein Argument in SpezvP einführen, ein Merkmal aufweisen, das die Akkusativvergabe an ein tieferstehendes Argument gestattet. Dieses Merkmal wird in Sprachen wie dem Deutschen nicht durch morphologische Markierungen ausgedrückt (wie [Person] und [Numerus] beim T-Kopf). Andererseits müssen wir repräsentieren, dass Patiensargumente nur genau dann einen Akkusativ zugewiesen bekommen, wenn es ein höher stehendes Argument in SpezvP gibt. Burzio (1986) hat gezeigt, dass dieser Zusammenhang zwar nicht logisch zwingend erscheint, sprachübergreifend aber systematisch zutrifft.

Das Merkmal [TRANS]: Wir werden diesen Zusammenhang im Folgenden durch die Markierung [TRANS] an v-Köpfen darstellen, die ein **externes Argument** (in SpezvP) und ein **internes Argument** (in der VP) haben ([TRANS] ist an *transitiv* angelehnt). [TRANS] ist ein uninterpretierbares Merkmal, das den Kasus eines internen Arguments mit [Kasus: Akk] valuiert. Da das interne Argument in der VP (der Schwester von v) enthalten ist, steht v in einer strukturellen Position, von der aus die Agree-Relation etabliert werden kann. (13a) und (13b) illustrieren dies.

Kasusvaluierung
durch v [TRANS]

(13) a.

b.

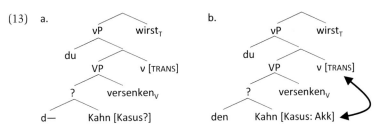

Ein v-Kopf, der kein externes Argument einführt, enthält das Merkmal [TRANS] nicht. Daher erhält das (interne) Argument eines unakkusativen Verbs keinen Akkusativ. Stattdessen wird, wie oben diskutiert, der Nominativ von T valuiert. Da der Spezifizierer der vP durch das fehlende Merkmal [TRANS] nicht verkettet wird, steht er dem Agree-Prozess zwischen T und dem internen Argument nicht im Wege. Mit dem Merkmal [TRANS] kann Burzios Generalisierung also auf einfache Weise in unserer Grammatik umgesetzt werden. Ein v-Kopf, der nur ein externes Argument einführt, enthält das Merkmal [TRANS] ebenfalls nicht. Das Argument eines solchen Kopfes wird in der Spezifiziererposition der vP verkettet und bezieht seinen Kasuswert [Nominativ] von T, sobald T mit der vP verkettet wird. Das Merkmal [TRANS] kann also wie gewünscht dafür sorgen, dass nur transitive Strukturen Akkusativargumente enthalten können und passive und unakkusative Strukturen stattdessen interne Argumente mit dem Nominativkasus ausstatten.

4.2.4 | Strukturelle vs. lexikalische Kasus

Nominativ und Akkusativ – strukturelle Kasus: Wir haben bis jetzt Fälle von Kasuslizensierung betrachtet, die folgende Eigenschaften aufweisen: Der sondierende Kopf ist eine **funktionale** Kategorie (v oder T), d. h. er hat keine lexikalische Bedeutung im engeren Sinne. Der lizensierte Kasus lässt sich direkt aus der Kategorie des sondierenden Kopfes vorhersagen: T lizensiert [Nom], v lizensiert [Akk]. Da die Kasuslizensierung hier aus den allgemeinen strukturellen Verhältnissen folgt, bezeichnet man diese Kasus als **strukturelle Kasus**.

Genitiv-, Dativ- und Präpositionalobjekte – lexikalische Kasus: Es gibt nun aber Fälle von Kasuslizensierung, die andere Eigenschaften haben. So gibt es Verben, die ein Genitivobjekt haben (*des Holocausts gedenken*), oder aber ein Dativargument einführen (*dem Kind helfen*). Auch bei Präpositionen stellen wir fest, dass der Kasus des Komplements einer Präposition von der jeweiligen Präposition abhängt (*aufgrund des Sturms*, *mit dem Kind*, *ohne den Kahn*). In diesen Fällen scheint es so zu sein, dass ein bestimmtes lexikalisches Element als Sondierer für Kasus fungiert. Dieses lexikalische Element gehört nicht zu den Kategorien v und T. Der Kasuswert hängt auch nicht an der Kategorie des sondierenden Kopfes (P oder V), sondern am konkreten lexikalischen Einzelelement. Wir nennen Kasus, die auf diese Weise von spezifischen lexikalischen Elementen lizensiert werden, **lexikalische Kasus**.

Auch lexikalische Kasus können wir durch die Operation Agree abbilden. Kasusvaluierende Verben und Präpositionen nehmen den Kasusempfänger als Argument. Wenn wir annehmen, dass solche Verben und Präpositionen ein uninterpretierbares Sondenmerkmal enthalten, so kann die Agree-Relation wie folgt etabliert werden:

(14)

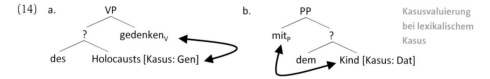

Kasusvaluierung bei lexikalischem Kasus

In (14a) wird eine Agree-Relation zwischen dem Verb *gedenken* und dem nominalen Kopf *Holocaust* etabliert. Letzterer bekommt den Kasus Genitiv zugewiesen. In (14b) weist die Präposition *mit* dem Nomen *Kind* den Dativ zu.

Sätze ohne Subjekt und andere Spezialfälle: Ein weiteres Phänomen im Bereich des Kasus, das wir hier ansprechen wollen, sind subjektlose Sätze. In Kapitel 2 haben wir besprochen, dass man mit unergativen Verben das **unpersönliche Passiv** bilden kann. In dieser Passivform gibt es kein Argument: *dass hier getanzt wird*. Unpersönliche Passivstrukturen enthalten immer ein Verb, das zwar für Person und Numerus spezifiziert ist, aber offensichtlich nicht mit einem Element im Satz kongruiert. Bei genauerem Hinsehen stellen wir fest, dass die Spezifikation immer [Person: 3, Numerus: Sing] ist.

Diese **Default**-Form kennen wir schon von **subjektlosen Sätzen** wie *Uns graut vor der Prüfung.; Mich friert*. In diesen Sätzen gibt es zwar ein Argument (*uns / mich*), dieses ist aber nicht für Nominativ markiert. Wir hatten gesagt, dass die Default-Form gewählt wird, wenn keine andere Spezifikation der Merkmalswerte verfügbar ist. Untersuchen wir dies etwas genauer. Da wir noch nicht besprochen haben, wie finite lexikalische Verben (*graut, friert*) in unserer Grammatik modelliert werden können (s. Kap. 4.4.1), betrachten wir einen Beispielsatz mit Futurauxiliar, dem wir aus Plausibilitätsgründen einige weitere Wörter hinzugefügt haben: *(Ich bin mir sicher,) dass uns vor diesen Leuten (noch) grauen wird*. Wir sehen, dass auch das Futurauxiliar *wird$_T$* die Default-Form [Person: 3, Numerus: Sing] annimmt, obwohl *uns* für [Person: 1, Numerus: Plural] spezifiziert ist. Eigentlich sollte das Auxiliar die Spezifikation [Person: 1, Numerus: Plural] prinzipiell annehmen können. Offensichtlich wird hier aber einfach keine Agree-Relation zwischen T und dem Dativargument etabliert. Wenn wir annehmen, dass ein einmal gesetzter Merkmalswert – hier [Kasus: Dativ] – nicht in einer anderen Operation überschrieben werden kann, ist sofort klar, warum kein Agree-Prozess stattfinden kann: Das Ziel des Prozesses (das Argument) hat seine Merkmale bereits in einem anderen Agree-Prozess (mit dem lexikalischen Kasuszuweiser *grauen*) valuiert. Daher muss T, das gewissermaßen zu spät verkettet wird um noch mit dem Argument zu kongruieren, die Defaultform annehmen.

Ein ganz ähnliches Phänomen beobachten wir beim **Passiv von Verben mit lexikalischem Objektkasus**. Anders als beim Passiv von Verben mit strukturellem Objektkasus (Akkusativ), behält das interne Argument den lexikalischen Objektkasus auch im Passiv. Es wird kein Nominativ lizensiert und wie erwartet kongruiert das Verb auch nicht mit dem verbleibenden Argument: *(dass) Euch$_{[Dat, 2, Pl]}$ geholfen wird$_{[3, Sing]}$*. Der Zusammenhang zwischen Subjekt-Verb-Kongruenz und Nominativvaluierung im Deutschen ist also selbst für die Spezialfälle durchgängig nachgewiesen.

4.3 | Exkurs: Bindung

Strukturelle Relationen, wie wir sie für die Operation *Agree* angesetzt haben, sind in ihrer Bedeutung für die Grammatik nicht auf Kongruenzrelationen beschränkt. Sehr viele Relationen innerhalb von Sätzen werden durch genau die gleichen strukturellen Relationen zwischen Köpfen und Phrasen etabliert, wie sie für Agree angesetzt werden müssen: Enthaltensein in der Schwester (*containment*, C-Kommando) und Minimalität. Wir werden in diesem Exkurs das Phänomen der Bindung besprechen, für das diese strukturellen Relationen auch maßgeblich sind und das eine wichtige Diagnostik für viele der Phänomene ist, die wir in späteren Kapiteln besprechen. Wir führen unsere Diskussion hier anhand von deklarativen Hauptsätzen durch und nicht anhand von verbfinalen Strukturen, da dies die Darstellung erleichtert. Sie können selbst testen, dass alle Beobachtungen in diesem Kapitel auch auf verbfinale Strukturen zutreffen.

Mit dem Begriff *Bindung* wird ein Phänomen erklärt, das die Bedeutungsgleichheit bzw. -ungleichheit von nominalen Ausdrücken betrifft. Betrachten wir die Sätze in (15). Wie leicht zu erkennen ist, kann das Reflexivpronomen *sich* in (15a) nur so verstanden werden, dass *Anton* sich selbst (also: Anton) sieht. Mit anderen Worten ist *sich* **koreferentiell** mit *Anton*: *Anton* und *sich* beziehen sich auf dasselbe Individuum in der Welt, auf denselben **Referenten**. Wir können dies im Beispiel anzeigen, indem wir beide Wörter mit einem identischen **Index** (üblich ist der Index i) versehen, siehe (15d).

(15) a.   Anton sieht sich.
    b.   Anton sieht ihn.
    c.   Anton sieht Anton.
    d.   Anton$_i$ sieht sich$_i$.
    e.   * Anton$_i$ sieht ihn$_i$.
    f.   * Anton$_i$ sieht Anton$_i$.

Mögliche und unmögliche Koreferenz

Eine koreferentielle Lesart ist für (15b & c) nicht verfügbar, siehe (15e & f). Der Stern in (15e & f) zeigt an, dass die Sätze nicht akzeptabel sind, wenn die koreferentielle Bedeutung ausgedrückt werden soll, die wir durch die Koindizierung anzeigen. Anton muss jemanden bzw. etwas anderes sehen als sich selbst: In (15b) muss eine weitere männliche Person oder ein Objekt mit männlichem Genus existieren, auf die das Personalpronomen *ihn* referieren kann, in (15c) muss eine weitere Person *Anton* heißen. Wie wir gleich sehen werden, nimmt die Position der Ausdrücke im Satz Einfluss darauf, welche Bindungslesarten verfügbar sind. Daher müssen wir eine Erklärung dafür finden, wie dieser Aspekt der Syntax reguliert wird. Wir betrachten zuerst Sätze mit Personalpronomen, dann mit Eigennamen und schließlich mit Reflexivpronomen.

Personalpronomen: Beispiel (16) zeigt, dass es für Personalpronomen nicht prinzipiell unmöglich ist, auf andere nominale Ausdrücke zurückzuverweisen – dies scheint im Gegenteil sogar ihre eigentliche Funktion zu sein.

(16) Anton$_i$ geht in den Garten. Leyla sieht ihn$_i$ dort.

Der offensichtliche Unterschied zwischen (16) und (15e) oben ist, dass das Pronomen *ihn* in (15e) im gleichen Satz auftritt wie der Name *Anton*, in (16) aber nicht. Personalpronomen können also nicht mit einem **Antezedens** (ein Vorgängerausdruck, hier *Anton*) koreferieren, das ›zu nah‹ an den Pronomen positioniert ist. Wie (17a & b) zeigen, kann es jedoch nicht immer um die Aufteilung auf mehrere selbstständige Hauptsätze gehen. In (17a & b) befinden sich Antezedens und Pronomen in Haupt-

und Nebensatz eines einzigen (komplexen) Satzes und trotzdem ist die Bindung des Pronomens akzeptabel:

(17) a. Anton$_i$ geht in den Hof, wo Leyla ihn$_i$ sieht.
    b. Anton$_i$ glaubt, dass Leyla ihn$_i$ sieht.

Bei näherer Betrachtung zeigt sich, dass nicht einmal solch eine Aufteilung notwendig ist. Antezedens und Pronomen können durchaus auch in ein und demselben Satz erscheinen:

(18) a. Die Oma von Anton$_i$ sieht ihn$_i$.
    b. Antons$_i$ Oma sieht ihn$_i$.

Was ist dann aber der Unterschied zu den Beispielen vom Anfang, in denen das Pronomen *ihn* gerade nicht mit seinem Antezedens im selben Satz erscheinen konnte?

Der Unterschied ist struktureller Art. Er betrifft die strukturellen Relationen, die auch zwischen Kongruenzpartnern für die Operation Agree angesetzt werden. Wir wechseln für die Darstellung der Struktur zu einer verbfinalen Variante (zur PP in (19b) s. Kap. 6):

Strukturelle Relationen für Bindung

(19) a. *[$_{vP}$ **Anton$_i$** [$_{VP}$ ihn$_i$ sieht] v]

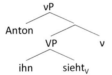

    b. [$_{vP}$ **[die Oma [$_{PP}$ von Anton$_i$]]** [$_{VP}$ ihn$_i$ sieht] v]

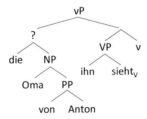

Die Beispiele zeigen, dass Koreferenz dann möglich ist, wenn das Antezedens (*Anton*) in einer Konstituente enthalten ist, die selbst nicht koreferent mit dem Pronomen ist. In (19a) bildet *Anton* eine eigene Konstituente. Man sieht dies z. B. daran, dass man *Anton* prinzipiell durch eine Proform wie *er* ersetzen könnte: *(dass) er ihn sieht*. In (19b) ist *Anton* Teil einer größeren Konstituente, nämlich von *die Oma von Anton*. Dass es sich um eine Konstituente handelt, erkennen wir wieder daran, dass sie – als Ganzes – durch eine Proform ersetzt werden kann: *(dass) sie ihn sieht*. Die Konstituente *die Oma von Anton* ist nicht koreferent mit *Anton*: Sie bezieht sich auf die Oma.

Die Baumstrukturen in (19) zeigen, dass zwischen einem Pronomen und seinem Antezedens gerade nicht die strukturelle Relation bestehen darf, die zwischen Kongruenzpartnern bestehen muss. In (19a) ist *ihn* enthalten in der Schwester des Antezedens *Anton*. Diese Konstellation ist für die Operation *Agree* erforderlich. Bei der Koreferenz von Personalpronomen und Antezedens ist sie nicht erlaubt. In (19b) ist *ihn* nicht enthalten in der Schwester des Antezedens. Hier ist Koreferenz erlaubt, Agree aber wäre ausgeschlossen. Die strukturelle Relation des Enthaltenseins in der Schwester ist also für verschiedene Prozesse in der Grammatik einschlägig. Die beteiligten Elemente stellen nur häufig die genau gegenteiligen Anforderungen, die durch die Relation des Enthaltenseins ausgedrückt werden können: Ein Personalpronomen darf nicht in der Schwester seines Antezedens enthalten sein.

Eigennamen und referentielle Ausdrücke: Für Eigennamen gelten strengere Regeln als für Personalpronomen. Zunächst einmal gilt auch für sie, dass sie nicht in der Schwester des Antezedens enthalten sein dürfen, ansonsten aber im gleichen Satz vorkommen dürfen:

(20) a. * Anton$_i$ sieht Anton$_i$.
        * [$_{vP}$ **Anton**$_i$ [$_{VP}$ *Anton*$_i$ sieht] v]
    b. Die Oma von Anton$_i$ sieht Anton$_i$.
        [$_{vP}$ **[die Oma [$_{PP}$ von Anton$_i$]]** [$_{VP}$ Anton$_i$ sieht] v]

Andererseits gilt im Normalfall, dass das Antezedens nicht im Hauptsatz erscheinen darf, wenn der Eigenname im Nebensatz erscheint:

(21) $^{??}$/*Anton$_i$ glaubt, dass Anton$_i$ schläft.

Wenn Sie Kapitel 5 durchgearbeitet haben, werden Sie sehen, dass es hier um die gleiche Enthaltensein-Relation geht wie bei den Beispielen mit Eigennamen und Antezedens im gleichen Satz. Für Eigennamen gilt also, dass sie niemals in der Schwester des Antezedens enthalten sein dürfen – auch nicht satzübergreifend. Diese Generalisierung trifft generell auf **referentielle Ausdrücke** (auch **R-Ausdrücke** genannt) zu. Sie können in den Beispielen oben *Anton* durch eine definite Nominalphrase wie *der kleine Junge* ersetzen und werden feststellen, dass die Koreferenzbeschränkungen dieselben sind.

Reflexivpronomen (Anaphern): Reflexivpronomen wie *sich* werden bei der Diskussion von Bindungsrelationen als **Anaphern** bezeichnet. Dies ist nicht zu verwechseln mit dem Begriff *Anapher*, der bei der Beschreibung von Diskursen mit mehreren Sätzen gemeint ist und generell Ausdrücke meint, die Antezedenzien im Text haben, also z.B. *er* in: *Peter gähnte. Er war müde.* Der Begriff wird in der Bindungsdiskussion verwendet, weil Reflexivpronomen – wie wir gleich sehen werden – im Normalfall nicht ohne Antezedens auftreten können (Nicht-Normalfälle besprechen wir in Kap. 7). Für Anaphern wie *sich* bedeutet dies nun, dass die umgekehrte Verteilung wie bei R-Ausdrücken vorliegt. Anaphern müssen innerhalb eines Satzes mit ihrem Antezedens auftreten (22a&b), und das Antezedens darf nicht in einer nicht-koreferentiellen Konstituente enthalten sein (22c&d). In (22c) ist die angezeigte Lesart nicht möglich, denn (22c) kann nicht bedeuten, dass Anton eben Anton sieht. Der Satz hat aber sehr wohl eine akzeptable Lesart: in (22d) sieht die Oma von Anton *sich selbst* (und nicht Anton). Dies wird durch unsere Generalisierung auch genauso vorhergesagt: *Anton* ist enthalten in *die Oma von Anton* – aber *die Oma von Anton* ist nicht enthalten in einer größeren Konstituente, die koreferent mit der Anapher sein könnte.

(22) a. Anton$_i$ schläft. Anton$_i$ / Er$_i$ / *Sich$_i$ schnarcht.

b. [$_{vP}$ ***Anton**$_i$* [$_{VP}$ *sich*$_i$ sieht] v]

c. * [$_{vP}$ **[die Oma [$_{PP}$ von *Anton*$_i$]]** [$_{VP}$ sich$_i$ sieht] v]

d. [$_{vP}$ **[die Oma [$_{PP}$ von *Anton*]]**$_i$ [$_{VP}$ sich$_i$ sieht] v]

Mit anderen Worten müssen Anaphern in der Schwester ihres Antezedens enthalten sein um von diesem Antezedens **gebunden** zu werden. Zur besseren Veranschaulichung können Sie noch einmal die Bäume in (19) betrachten. Ersetzen Sie dort das Personalpronomen *ihn* durch die Anapher *sich*.

In der Summe können wir die sog. **Bindungsprinzipien** wie folgt zusammenfassen. Mit *Satz* sind Haupt- und Nebensätze gemeint, genauer also CPs (s. Kap. 5).

Definition

Bindungsprinzipien

Prinzip A (für <u>A</u>naphern): Eine Anapher muss gebunden werden durch ein Antezedens,

- das im gleichen Satz auftritt wie die Anapher und
- das nicht selbst in einer größeren Konstituente enthalten ist, die mit der Anapher koreferent sein könnte.

Eine Anapher muss also in der Schwester des Antezedens im selben Satz enthalten sein.

Prinzip B (vermutlich nicht für <u>B</u>ronomen ...): Ein Pronomen darf nicht gebunden werden durch ein Antezedens,

- das im gleichen Satz auftritt wie die Anapher und
- das nicht selbst in einer größeren Konstituente enthalten ist, die mit der Anapher koreferent sein könnte.

Ein Pronomen darf also nicht in der Schwester des Antezedens im selben Satz enthalten sein.

Prinzip C (für referentielle Ausdrücke): Referentielle Ausdrücke (R-Ausdrücke) dürfen nicht gebunden werden durch ein Antezedens,

- das im gleichen oder in einem anderen Satz enthalten ist und
- das nicht selbst in einer größeren Konstituente enthalten ist, die mit der Anapher koreferent sein könnte.

Ein R-Ausdruck darf also nicht in der Schwester des Antezedens im selben oder in einem übergeordneten Satz enthalten sein.

Mit der Bindung haben wir ein weiteres Phänomen kennengelernt, das zentral auf die Relation des Enthaltenseins-in-der-Schwester abzielt. Nach dem derzeitigen Stand der Forschung ist diese Relation vielleicht sogar die einzige Relation, die für die Syntax und Semantik eine Bedeutung hat. Lineare Relationen würden demnach möglicherweise *gar keine* Rolle spielen – im kompletten Gegensatz zu den Annahmen der traditionellen Grammatik. Am Schluss sei noch darauf hingewiesen, dass die Bindungsverhältnisse in Sätzen natürlich viel genauer untersucht sind, als wir das hier darstellen konnten. Viele zusätzliche Restriktionen existieren und werden von der Forschung intensiv diskutiert.

4.4 | Verschiedene Zeitformen: AspP und TP

Wir haben in Kapitel 4.2 begonnen uns mit Tempus zu befassen und Beispiele betrachtet, in denen das finite Verb das Futurauxiliar *wird* war, z. B. *dass der Kahn versenkt werden wird.* Wir haben angenommen, dass dieses Auxiliar ein T-Kopf ist, der sich mit einer vP verbindet, und wir haben betrachtet, welche Rolle T für die Subjekt-Verb-Kongruenz und die Nominativzuweisung spielt. In diesem Kapitel betrachten wir T im Hinblick auf seine Rolle bei der Tempusspezifizierung. Semantisch scheint der T-Kopf $wird_T$ das Ereignis, das durch die vP ausgedrückt wird, temporal zu spezifizieren, d. h. es in der Zeit zu verorten.

Das Futur I, in dem $wird_T$ vorkommt, ist eine **analytische bzw. periphrastische Zeitform**, d. h. der temporale Bedeutungsbestandteil wird durch ein eigenes Wort ausgedrückt. In **einfachen Zeitformen**, wie dem Präsens und dem Präteritum, steht kein Auxiliar für die Besetzung von T zur Verfügung, z. B. *dass Mehmet Anton verklagt.* In diesem Kapitel werden wir diskutieren, wie diese Beobachtung mit der Grammatiktheorie, die wir bis hierher entwickelt haben, vereinbar ist. Darüber hinaus werden wir die anderen analytischen Zeitformen des Deutschen betrachten. Besonders interessant scheint hier das Futur II zu sein, bei dem mehr als ein Auxiliar erscheint, z. B. *dass Mehmet Anton verklagt haben wird.*

4.4.1 | Einfache Zeitformen: Erneute Verkettung in der TP

Eigenschaften finiter lexikalischer Verben: Bei den einfachen Zeitformen **Präsens** und **Präteritum** trägt nur das finite lexikalische Verb eine temporale Spezifikation. Der Satz *dass Mehmet Anton verklagt* steht im Präsens, weil das finite Verb *verklagt* eine Präsensform ist. Außerdem sind die Merkmale Person und Numerus an diesem Vollverb markiert, denn *verklagt* ist für [Person: 3] und [Numerus: Singular] flektiert. Diese Erkenntnis scheint nun zunächst im Widerspruch dazu zu stehen, dass mit *verklagt* auch das Prädikat vorliegt, das die Patiensrolle an Anton vergibt. Steht *verklagt* in der Position T (Tempus, Person, Numerus) oder in der Position V (Rollenvergabe)? Es scheint, als ob wir diese Frage nicht entscheiden könnten, weil das finite lexikalische Verb ja tatsächlich beide

Aufgaben hat. Jedoch ist es für unsere Theorie relativ einfach, dieses Problem zu lösen. Die Operation Merge verkettet Bausteine an Positionen, so dass an diesen Positionen Eigenschaften der verketteten Elemente **ausbuchstabiert** werden können. Wenn wir nun sehen, dass ein finites Verb zwei Typen von Eigenschaften ausbuchstabiert, so modellieren wir dies in unserer Grammatik so, dass das finite Vollverb zweimal verkettet wird – und somit in zwei Positionen erscheint. Wir sagen, dass das Verb **erneut** oder **intern verkettet** wird. Für den Satz *(dass) Mehmet Anton verklagt* nehmen wir daher (vorläufig) folgende Struktur an:

Interne Verkettung
des lexikalischen
Verbs in T

(23)

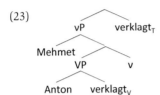

Merge von Kopien: Was zeigt die Baumdarstellung? Wir wissen schon aus Kapitel 2.1, wo wir über die Wortabfolge gesprochen haben, dass die Baumstruktur nicht den Satz ›direkt‹ darstellt. Die Baumstruktur ist eine abstrakte Struktur, die semantische auf phonologische Eigenschaften abbildet. (23) sagt also nicht aus, dass das finite Vollverb zweimal im Satz auftritt. Stattdessen besagt (23), dass das Verb *verklagt* zwei Typen von Eigenschaften ausbuchstabiert: die semantischen Eigenschaften der V-Position (Vergabe der Patiensrolle) und der T-Position (Tempus und Kongruenz). Nun scheint *verklagt* aber noch eine dritte Eigenschaft auszubuchstabieren. Es gibt ja noch eine Agensrolle. Wir haben in Kapitel 2.2 dafür argumentiert, dass das Agens durch den v-Kopf eingeführt wird (wenn dieser das Merkmal [TRANS] hat). Wir nehmen deswegen an, dass *verklagt* erneut verkettet wird, so dass eine v-Position entsteht (24). Im Spezifizierer der vP wird das Agens *Mehmet* verkettet, so dass die semantischen Rollen von *verklagt* beide strukturell repräsentiert sind. Da, wie schon ausgeführt, *verklagt* auch T-Merkmale hat, wird es dann ein drittes Mal verkettet und die T-Position resultiert. Bei der Aussprache wird meist nur die höchste Instanz eines syntaktischen Bausteins – die höchste **Kopie** – berücksichtigt. Die phonologisch nicht berücksichtigten Kopien werden durchgestrichen dargestellt. Damit sind aber keinerlei syntaktische Konsequenzen verbunden, lediglich die Aussprache der Strukturen ist zur leichteren Lesbarkeit repräsentiert.

Aussprache nur
einer Kopie

(24)

Für den Präteritumsatz *(dass) Mehmet Anton verklagte* sieht die Struktur fast gleich aus. Der einzige Unterschied liegt in der Tempusspezifikation des T-Kopfes: Präsens vs. Präteritum. Bezüglich der erneuten Verkettung des lexikalischen Verbs in v wollen wir hier noch festhalten, dass diese in Passivsätzen wie *(dass) Anton verklagt wird* nicht stattfindet, da das Passivauxiliar *wird* – welches dem Futurauxiliar zum Verwechseln ähnlich sieht – die v-Position einnimmt. Das Passivauxiliar ist dann auch das Verb, das im Passivsatz in T erneut verkettet wird (siehe auch das nächste Unterkapitel zu Sätzen mit mehreren Verben).

Zusammenfassend stellen wir fest, dass T das durch die vP ausgedrückte Ereignis / den ausgedrückten Zustand zeitlich verankert. Rein strukturell beobachten wir, dass T über vP steht. Dies ist eine Konstellation, die für die Semantik sinnvoll interpretierbar ist.

4.4.2 | Analytische Zeitformen: AspP

Wir haben oben das Futur I als Beispiel einer analytischen Zeitform des Deutschen betrachtet und gesagt, dass das Futurauxiliar *werden* eine zeitliche Verankerung des durch die vP ausgedrückten Ereignisses / Zustands vorzunehmen scheint. Es gibt nun noch weitere Auxiliare, die genau dies auch zu tun scheinen. Betrachten wir die Beispiele in (25):

Analytische
Zeitformen

(25) a. dass der Junge den Kahn versenkt hat
     b. dass der Junge den Kahn versenkt hatte
     c. dass der Kahn versunken ist
     d. dass der Kahn versunken war

(25a & c) sind Sätze im **Perfekt**, (25b & d) sind Sätze im **Plusquamperfekt**. In beiden Zeitformen erscheint ein Auxiliar – *haben* bzw. *sein* – gemeinsam mit dem lexikalischen Verb im Partizip II – *versenkt* (transitiv) bzw. *versunken* (intransitiv, unakkusativ). Im Perfekt erscheint das Auxiliar in seiner Präsensform: *hat, ist*. Im Plusquamperfekt erscheint es in seiner Präteritumsform: *hatte, war*. Deswegen wird das Perfekt auch manchmal **Präsensperfekt** genannt, und das Plusquamperfekt **Präteritumperfekt**.

Bedeutung der analytischen Zeitformen: Der semantische Unterschied zwischen Perfekt und Plusquamperfekt lässt sich an folgendem Beispielpaar gut erkennen:

(26) a. Als Maria zur Tür hereinkam, hat Leyla den Aufsatz gelesen.
     b. Als Maria zur Tür hereinkam, hatte Leyla den Aufsatz gelesen.

Im Perfektsatz in (26a) liest Leyla in dem Moment, in dem Maria zur Tür hereinkommt, den Aufsatz. Im Plusquamperfektsatz in (26b) ist Leyla in dem Moment, in dem Maria zur Tür hereinkommt, mit dem Lesen des Aufsatzes schon fertig. Das Perfekt wird also benutzt, wenn das Ereignis des Aufsatzlesens zeitgleich mit dem Hereinkommen stattfindet. Das Plusquamperfekt drückt aus, dass das Aufsatzlesen vor dem Hereinkommen stattfindet.

In der semantischen Literatur sagt man, dass die **Ereigniszeit** (die Zeit des Aufsatzlesens) beim Perfekt zeitgleich mit der sog. **Referenzzeit** (die Zeit des Hereinkommens) ist (27a). Im Plusquamperfekt liegt die Ereigniszeit vor der Referenzzeit (27b). Der Terminus *Referenzzeit* drückt dabei aus, dass das Ereignis in Bezug auf – also in Referenz auf – eine andere Zeit, eben die Referenzzeit, betrachtet wird. Beim Perfekt kann die Referenzzeit zeitgleich mit der **Sprechzeit** sein, also mit der Zeitspanne, in der der*die Sprecher*in den jeweiligen Satz äußert. Den Satz *Leyla hat den Aufsatz gelesen* können wir äußern, wenn das Aufsatzlesen im Moment des Sprechens tatsächlich erledigt ist und wenn dies im Moment des Sprechens wichtig ist. Das zeigt (27a) allerdings nicht an. Beim Plusquamperfekt muss die Referenzzeit vor der Sprechzeit liegen. Ein Satz wie *Leyla hatte den Aufsatz gelesen* drückt aus, dass das Aufsatzlesen zu einer Zeit vor der Sprechzeit erledigt war – eben zur Referenzzeit – und dass dies zu dieser Zeit wichtig war. Die Wahl zwischen der Präsens- vs. der Präteritumsform des Auxiliars entscheidet also darüber, ob die Referenzzeit zeitgleich mit der Sprechzeit ist (Präsensauxiliar), oder ob die Referenzzeit vor der Sprechzeit liegt (Präteritumauxiliar).

Zeitstrahl für
Perfekt und
Plusquamperfekt
(vereinfacht)

(27) a. Perfekt

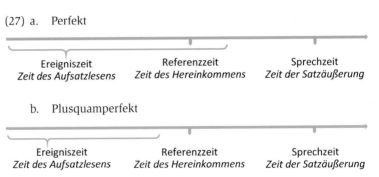

b. Plusquamperfekt

Bevor wir die Konsequenzen dieser Beobachtungen für unsere Grammatik betrachten, sehen wir uns eine weitere analytische Zeitform an, um die Relation zwischen Sprechzeit, Referenzzeit und Ereigniszeit noch klarer herauszuarbeiten. Betrachten wir das **Futur II** – auch **Futurperfekt** genannt. Hier wird eine finite Form des Futurauxiliars *werden* mit dem Infinitiv eines perfektivischen Auxiliars (*haben/sein*) sowie einem Vollverb im Partizip II kombiniert. Dies ist in (28b) illustriert. (28a) zeigt denselben Satz im Futur I zum Vergleich.

(28) a. dass der Junge den Kahn versenken wird
     b. dass der Junge den Kahn versenkt haben wird

Wir beobachten, dass das finite Futurauxiliar *wird* sowohl im Futur I als auch im Futur II das letzte Verb im Satz ist. Das nicht-finite Auxiliar *haben* im Futur II erscheint zwischen dem lexikalischen Verb und dem Futurauxiliar. Der semantische Unterschied zwischen Futur I und Futur

II lässt sich wieder gut an dem oben betrachteten komplexen Satz sehen:

(29) a.   Wenn Maria zur Tür hereinkommt, wird Leyla den Aufsatz lesen.
     b.   Wenn Maria zur Tür hereinkommt, wird Leyla den Aufsatz gelesen haben.

Im Futur I sind Ereignis- und Referenzzeit zeitgleich, wohingegen im Futur II die Ereigniszeit vor der Referenzzeit liegt. Bei beiden Futurformen liegt die Referenzzeit nach der Sprechzeit, also in der Zukunft (30). Im Futur I liegt damit auch die Ereigniszeit in der Zukunft. Im Futur II ist dies nicht nötig. Man kann sich eine Situation vorstellen, in der die Person, die (29b) äußert, zum Sprechzeitpunkt weiß, dass Leyla den Aufsatz bereits gelesen hat. Dies wird aber erst zum Zeitpunkt, in dem Maria zur Tür hereinkommt, wichtig – etwa, weil erwartet wird, dass Maria von Leylas Leseeifer im dem Moment überrascht sein wird. Wir haben diese Art von Situation allerdings nicht in der Grafik in (30) abgebildet.

(30) a.   Futur I

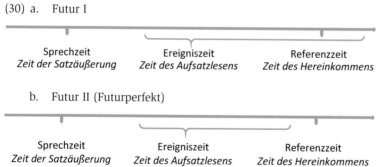

Zeitstrahl für
Futur I und Futur II
(vereinfacht)

Tempus vs. Aspekt: Die Beispiele mit den verschiedenen Varianten perfektivischer Zeitformen (Präteritum-, Präsens- und Futurperfekt) zeigen, dass Perfektauxiliare (*haben/sein*) die zeitliche Relation zwischen Ereignis- und Referenzzeit kodieren. Wir wollen diese zeitliche Relation hier **Aspekt** nennen, weisen aber darauf hin, dass dieser Begriff auch für die Beschreibung anderer zeitlicher Relationen benutzt wird. Die zeitliche Relation zwischen Sprechzeit und Referenzzeit – Vergangenheit, Gegenwart, Zukunft – nennen wir **Tempus**. Tempus verortet also nicht das Ereignis zeitlich, wie wir anfänglich vermutet hatten, sondern es verortet die Referenzzeit. Fassen wir unsere Beobachtungen zusammen, sehen wir, dass Tempus und Aspekt im Deutschen wie folgt kodiert werden:

Definition

Aspektkodierung im Deutschen **(Relation zwischen Ereigniszeit und Referenzzeit)**

- Wenn ein Perfektauxiliar erscheint, liegt die Ereigniszeit vor der Referenzzeit. Dies ist unabhängig davon, ob Ereignis- und Referenzzeit in der Vergangenheit, in der Gegenwart oder in der Zukunft liegen.
- Wenn kein Perfektauxiliar erscheint, sind Ereigniszeit und Referenzzeit zeitgleich bzw. überlappen.

Tempuskodierung im Deutschen **(Relation zwischen Sprechzeit und Referenzzeit)**

- Vergangenheit und Gegenwart werden durch Präteritums- vs. Präsensformen kodiert, und zwar durch:
  - Perfektauxiliare (*dass der Junge den Kahn versenkt* <u>hatte</u>/<u>hat</u>; *dass der Kahn versunken* <u>war</u>/<u>ist</u>)
  - das lexikalische Verb (*dass der Junge den Kahn* <u>versenkt</u>/<u>versenkte</u>; *dass der Kahn* <u>versinkt</u>/<u>versank</u>)
- Zukunft wird durch eine finite Form des Futurauxiliars *werden* kodiert (*dass der Junge den Kahn versenken* <u>wird</u>; *dass der Junge den Kahn versenkt haben* <u>wird</u>)

Syntaktische Analyse von Tempus und Aspekt – T und Asp: Wir wollen nun sehen, wie sich diese semantischen Beobachtungen auf unsere syntaktische Analyse übertragen lassen. Bisher haben wir gesagt, dass das finite Futurauxiliar *wird* ein T-Kopf ist, und dass Präteritum und Präsens Tempusspezifikationen sind, welche durch T kodiert werden. Letzteres kann durch interpretierbare Merkmale wie [PRÄT] bzw. [PRÄS] geleistet werden. Die Beobachtung, dass [PRÄT] bzw. [PRÄS] an lexikalischen Verben ausgedrückt werden, haben wir so modelliert, dass das lexikalische Verb in T erneut verkettet wird. Für die Perfektauxiliare wollen wir etwas Vergleichbares annehmen, jedoch haben wir für diese Auxiliare bisher keine Position im Strukturbaum angegeben. Dies holen wir nun nach. Wir nehmen an, dass Perfektauxiliare **Asp-Köpfe** sind (*Asp* für *Aspekt*). Diese erscheinen zwischen der vP und T. (31) illustriert dies für Futur II (31a) und Perfekt (31b). Der Asp-Kopf wird mit der vP verkettet: es entsteht eine AspP. Diese wird mit dem T-Kopf verkettet. Der T-Kopf kann das Futurauxiliar *wird* sein (31a). Beim Perfekt in (31b) wird das Perfektauxiliar *hat* in T erneut verkettet, um auch die Präsensspezifikation zu realisieren.

Asp und T bei
Futur II und
Perfekt

(31)   a.   b.

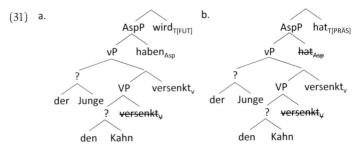

Wenn ein Satz kein Perfektauxiliar enthält, gibt es keinen Asp-Kopf und keine AspP. Der T-Kopf hat dann die vP als Schwester. Dies ist z. B. beim Futur I und beim Präteritum der Fall:

(32) a.   b.

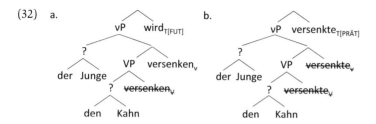

Futur I und
Präteritum
ohne Asp

Wir sehen also, dass T entweder das Auxiliar *wird* ist, oder dass derjenige verbale Kopf erneut verkettet wird, der T strukturell am nächsten ist. Im Falle von perfektivischen Formen ist dies der Asp-Kopf, also das Perfektauxiliar. Im Falle von einfachen Zeitformen ist dies das lexikalische Verb. Wir erkennen hier also einen weiteren Fall, wo der in Kapitel 4.2.1 besprochene strukturelle **Nähefaktor** (**Minimalität**) eine Rolle spielt.

Die Form der nicht-finiten Verben: Der Nähefaktor spielt auch eine Rolle bei der Form der nicht-finiten Verben. Bei den Futurformen in (31a) und (32a) erscheint das nächsttiefere Verb – *haben* beim Futur II und *versenken* beim Futur I – im **Infinitiv**. Wenn es ein perfektivisches Auxiliar in der Struktur gibt, erscheint das nächsttiefere Verb im **Partizip II**. Das ist im Perfekt in (31b) der Fall. Das Verb im Partizip II muss dabei nicht immer das lexikalische Verb sein. Es kann auch das Passivauxiliar sein, dessen Partizip-II-Form *worden* ist, wie im folgenden Satz im Futur II: *(dass) der Kahn versenkt worden sein wird*, siehe (33). Das Passivauxiliar sorgt seinerseits dafür, dass das lexikalische Verb im Partizip II erscheint (und dass es kein Agens gibt, s. Kap. 2.2).

(33)

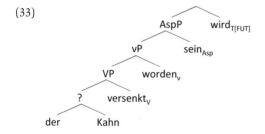

Struktur für Passiv-
satz im Futur II

Diese und die anderen eben besprochenen Abhängigkeiten bezüglich der verschiedenen nicht-finiten Verbformen werden über eine Agree-Relation geregelt.

Abschließend weisen wir noch darauf hin, dass wir davon ausgehen müssen, dass nur die Verkettung des Asp-Kopfes *haben* mit einer vP, die das Merkmal [TRANS] enthält, zu einem interpretierbaren Ergebnis führt. Wir haben im Kapitel 2.2 gesehen, dass *haben* nicht mit unakkusativen und Passivverben kompatibel ist. Das heißt, dass die Verkettung einer vP, die [TRANS] nicht enthält, mit *haben* zu Inakzeptabilität führt. Hier ist der Asp-Kopf *sein* nötig. Dies kann über eine Selektionsbeschränkung modelliert werden, d. h. der Asp-Kopf selegiert eine bestimmte vP.

Aufteilung von semantischen Merkmalen auf Positionen und ›Wörter‹

Wir haben oben darauf hingewiesen, dass unsere Darstellung der Interaktion von Syntax und Semantik bewusst vereinfachend ist. Wir haben beispielsweise nichts darüber gesagt, ob die Tatsache, dass ein **Partizip II** erscheint, durch die Semantik interpretiert wird. Mit anderen Worten: Speist sich zum Beispiel der Bedeutungsbeitrag von Perfekt nur aus der Anwesenheit und strukturellen Position des Auxiliars? Dies ist aus semantischer Sicht zu verneinen. Wir können dem hier nicht nachgehen, siehe u. a. Klein (1999), Musan (1999, 2001, 2002) oder Welke (2005). Heinold (2015) ist eine Einführung für Studierende in das deutsche Tempus- und Aspektsystem.

4.5 | Das Subjekt in der TP: SpezTP?

Sprachvergleich – finite Verben im Englischen: Zum Abschluss dieses Kapitels wollen wir uns der Frage zuwenden, ob die TP im Deutschen einen Spezifizierer hat. Dies wird für das Englische standardmäßig angenommen. Für das Deutsche ist die Frage umstritten. Im Englischen gibt es Verben, die immer finit sind: die Modalverben. Sie können beispielsweise nicht den *to*-Infinitiv bilden: **to can, *to must, *to may* (vgl. ganz anders: *können, müssen, dürfen*). Daher überrascht es auch nicht, dass in einem englischen Satz immer nur ein Modalverb vorkommen kann: es gibt ja immer nur ein finites Verb pro Satz. Wir können im Englischen also keinen Satz bilden, in dem ein finites und ein nicht-finites Modalverb vorkommen, wie in dem folgenden deutschen Satz: *Er muss das Gedicht bis morgen aufsagen können* vs. **He must can recite the poem by tomorrow*. Das Englische muss auf eine andere Form ausweichen: *He must be able to recite the poem by tomorrow*. Diese und andere Beobachtungen legen nahe, dass Modalverben im Englischen T-Köpfe sind, da T die Kategorie der Finitheit ist. Genau dies wird für das Englische auch angenommen. Es gibt pro Satz genau einen T-Kopf. Also kann ein englischer Satz genau ein Modalverb enthalten. Deutsche Modalverben besprechen wir in Kapitel 8.

Die Position des Subjekts: Wenn wir das Englische noch genauer betrachten, stellen wir fest, dass das Subjekt in Deklarativsätzen (fast) immer vor dem Modalverb erscheint. Daher nimmt man für das Englische an, dass das Subjekt erneut als Spezifizierer der TP verkettet wird (34). Beachten Sie bei der folgenden Struktur, dass die verbalen Köpfe im Englischen links von ihrem Komplement erscheinen, was die englische Wortstellung reflektiert:

(34) [$_{TP}$ Subjekt   Modalverb   [$_{vP}$ ~~Subjekt~~ v [$_{VP}$ Verb   Objekt]]]   Die TP im
    [$_{TP}$ he   can$_T$ [$_{vP}$ ~~he~~   v [$_{VP}$ recite$_V$ [the poem]]]]   Englischen

Für das Deutsche gibt es keine wirklich überzeugende Evidenz für eine Spezifiziererposition der TP. Da es keine obligatorisch finiten Verben gibt, vor denen das externe Argument erscheinen müsste, ist oft nicht erkennbar, ob das externe Argument eines Satzes in SpezvP oder SpezTP verkettet ist. Zudem ist das Deutsche eine verbfinale Sprache, so dass ein finites Verb nicht notwendigerweise zwischen das externe Argument und die anderen Argumente tritt. Auch andere Eigenschaften, die im Englischen gut mit einer SpezTP-Position modelliert werden können (etwa das Auftreten des Auxiliars *do*), weist das Deutsche nicht auf. Trotzdem wird für das Deutsche oft eine SpezTP angesetzt. Die erneute Verkettung repräsentiert dann die Tatsache, dass der erneut verkettete Baustein, also das Nominativargument, zwei Eigenschaften auf sich vereint. Zum einen wird die semantische Rolle des Arguments durch seine Verkettung in SpezvP angezeigt. Zum anderen signalisiert die Position SpezTP die enge Beziehung des Subjekts zu seinem Kongruenzpartner in T. Es ist aber klar zu sagen, dass die Relation des nominativmarkierten Arguments mit T bereits durch den Agree-Abgleich zwischen den Kongruenzpartnern abgebildet ist. Die SpezTP-Position wird also auch hierfür eigentlich nicht gebraucht. Wir werden in diesem Buch annehmen, dass es keine SpezTP-Position im Deutschen gibt.

Aufgaben

1. Weisen Sie nach – beispielsweise durch eine Diskussion anhand eines Strukturbaums –, dass T den Kasus des Arguments in den folgenden Beispielen nicht valuiert:
   (dass) mehreren Jungen geholfen wird; *(dass) einem Jungen geholfen wird*; *dass mir vor Euch graut*

2. Nennen Sie (mindestens) zwei Gründe, warum T den Kasus des Arguments im folgenden Beispiel *nicht* valuiert haben kann:
   <u>*Einen ganzen Roman*</u> *lesen? Niemals!*

3. Zeichnen Sie die TPs für die folgenden Sätze:
   a) Transitive Sätze: *(dass) Mehmet Anton anruft*; *(dass) Mehmet Anton anrief*; *(dass) Mehmet Anton anrufen wird*; *(dass) Mehmet Anton angerufen haben wird*; *(dass) Mehmet Anton angerufen hat*; *(dass) Mehmet Anton angerufen hatte*
   b) Unakkusativa und Passive: *(dass) Vasen zerbrechen*; *(dass) Vasen zerbrachen*; *(dass) Vasen zerbrochen sind*; *(dass) Vasen zerbrochen sein werden*; *(dass) Vasen zerbrochen worden sind*; *(dass) Vasen zerbrochen worden waren*

5 Der ganze Satz: Die CP

Bisher haben wir im Wesentlichen Nebensätze betrachtet. In diesen Sätzen erschien das finite Verb am Satzende, also am rechten Satzrand. Am linken Satzrand fand sich eine Subjunktion, z. B. *dass*. Für Subjunktionen haben wir bisher keine Position im Strukturbaum angesetzt. Diese Position ist das Thema dieses Kapitels. Überdies werden wir sehen, dass in anderen Satztypen Wortstellungen auftreten, in denen das finite Verb nicht in der satzfinalen Position verbleibt und auch andere Elemente ihre Position zu ändern scheinen:

(1) a.   dass Leyla Amina einen Brief geschickt hat – Leyla hat Amina einen Brief geschickt.
     b.   dass Anton einen alten Schuh geangelt hat – Einen alten Schuh hat Anton geangelt!
     c.   dass Mehmet ihm geholfen hat – Wem hat Mehmet geholfen?
     d.   dass Anton etwas geangelt hat – Hat Anton etwas geangelt?

Bei den Satzpaaren in (1) handelt es sich um verschiedene Satztypen. Die linken Sätze in jedem Paar sind Nebensätze, die rechten Sätze sind verschiedene Arten von Hauptsätzen. Dieses Kapitel wird die hier vorliegenden Strukturen vorstellen und den Zusammenhang von syntaktischen Strukturen und Satztypen diskutieren.

5.1 | Die Besetzung von C

Subjunktionen im Nebensatz: Beginnen wir mit den durch eine Subjunktion eingeleiteten Nebensätzen. Häufige Subjunktionen sind *dass, weil, ob, obwohl, nachdem* etc. Für diese Elemente wollen wir eine zusätzliche Position am linken Satzrand annehmen. Diese Position wird in der englischsprachigen Literatur als *Complementizer*-Position bezeichnet. Im Deutschen wird das Wort **Komplementierer**position benutzt. Mit dieser Bezeichnung wird ausgedrückt, dass Subjunktionen – welche entsprechend *Komplementierer* genannt werden – Sätze zu potentiellen Komplementen machen (*complement-ize*: ›zum Komplement machen‹). Dies bedeutet, dass Nebensätze als Argumente von Hauptsatzverben eingebettet werden können. So ist in (2a) das Verb *bereuen* mit einem nominalen Objekt verkettet, und in (2b) mit einem Nebensatz, der das Objekt des Verbs *bereuen* ist.

J. B. Metzler © Springer-Verlag GmbH Deutschland, ein Teil von Springer Nature, 2020
S. Repp/V. Struckmeier, *Syntax*, https://doi.org/10.1007/978-3-476-04872-1_5

(2) a. Maria bereut die Geschichte.
  b. Maria bereut, dass sie Anton angelogen hat.

Hauptsatzverben, die Nebensätze einbetten, nennt man auch **Matrixverben**. Der entsprechende Hauptsatz heißt **Matrixsatz**. Die Einbettung
eines Nebensatzes in einen Hauptsatz heißt **Subordination**.

Bei Matrixverben wie *bereuen* zeigt sich sehr deutlich, dass der Nebensatz nur durch das Auftreten des Komplementierers als Objekt des Verbs
fungieren kann: *dass* ist nicht weglassbar, vgl. **Maria bereut, sie Anton
angelogen hat.* Wir setzen daher eine strukturelle Position, **C**, an, die
Komplementierer aufnehmen kann:

Verkettung von C (3) a.

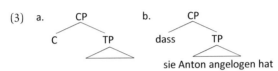

Hauptsätze: In den einfachen Hauptsätzen in (1a–d) erscheint kein Komplementierer. Jedoch beobachten wir, dass das finite Verb in diesen Sätzen nicht am rechten Satzrand erscheint, sondern weiter links. In (1d)
erscheint das Verb am linken Satzrand, in (1a–c) erscheint es nach dem
ersten Satzglied an der zweiten Stelle im Satz: Es liegen hier **Verberststellung** bzw. **Verbzweitstellung** vor. Gleichzeitig fehlen in diesen Sätzen Komplementierer, die die C-Position einnehmen würden. Es ist plausibel anzunehmen, dass das finite Verb die C-Position einnimmt. Tatsächlich gilt nämlich im Deutschen, dass die Anwesenheit einer Subjunktion
immer dazu führt, dass das Verb die Position am rechten Satzrand einnimmt, also nicht Verberst- bzw. Verbzweitstellung, sondern **Verbendstellung** vorliegt. Nur dann, wenn keine Subjunktion auftritt, ist die Verb-
position am Satzanfang verfügbar:

Das finite Verb (4) a. Hat Anton etwas geangelt?
als C-Kopf   b. *Dass hat Anton etwas geangelt?
          c. *Hat dass Anton etwas geangelt?
          d.

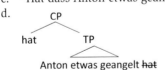

Die Verkettung des Verbs in C ist dabei die gleiche Operation der erneuten, internen Verkettung, durch die das Verb bereits in v und T verkettet
wurde.

Konjunktionen: Neben den oben gesehenen Subjunktionen – die mit
Verbendstellung einhergehen – gibt es im Deutschen auch Konjunktio-
nen, die Verbzweitsätze einleiten. Am häufigsten ist wohl das Wort *und*.
Andere Beispiele sind *oder* und *denn*. Wir können davon ausgehen, dass
Elemente wie *denn* und *und* keine Subjunktionen sind, die die C-Position
für das finite Verb blockieren. Stattdessen handelt es sich bei den Sätzen

in (5a & b) um die Kombination zweier Verbzweitsätze, d. h. eine **Koordination** (s. Kap. 12):

(5) a. Maria bereut die Geschichte und Anton freut sich darüber.
     b. Maria bereut die Geschichte, denn Anton tut ihr leid.

Zusammenfassend ist der C-Kopf also entweder mit dem finiten Verb oder mit einer Subjunktion besetzt. Tendenziell sind viele Hauptsatztypen dadurch gekennzeichnet, dass sich das finite Verb in C befindet, und viele Nebensätze dadurch, dass sie eine Subjunktion in C aufweisen. Wie wir in Kapitel 5.3 sehen werden, handelt es sich hierbei aber tatsächlich nur um eine Tendenz, zu der regelmäßige Ausnahmen aufgezeigt werden können.

Motivation für die Besetzung von C: Es bestehen mehrere Möglichkeiten, die Besetzung von C durch das finite Verb syntaktisch zu modellieren. Die erste und grundlegendste Frage ist die, ob die Besetzung von C eher syntaktisch oder eher semantisch motiviert ist. Für eine syntaktische Lösung wäre es nötig, Merkmale zu finden, die durch die Besetzung der C-Position ausgedrückt werden. Dies ist insofern ein Problem, als dass die C-Position (wie gerade gesehen) durch sehr verschiedenartige Wörter besetzt wird – was wären syntaktische Merkmale, die sowohl einer Subjunktion als auch einem Verb zur Verfügung stehen sollten? Anders als in den Positionen v (Einführung des externen Arguments) und T (Realisierung von Kongruenz und Tempus) ist für C nicht unmittelbar einleuchtend, welche Merkmale zur Verfügung stehen könnten.

Welche semantischen Unterschiede könnten für die generierten Sätze entstehen, wenn die C-Position auf verschiedene Weise besetzt wird? Mit der Unterscheidung zwischen Haupt- und Nebensätzen scheint ein wichtiger Unterschied vorzuliegen, den die Syntax abbilden sollte: Wenn ein Satz ein Argument eines Prädikats ist, ist dies etwas Anderes, als wenn ein Satz selbstständig auftritt. Jedoch besteht – wie schon erwähnt – kein eineindeutiger Zusammenhang zwischen Verberst/zweitstellung (angeblich nur in Hauptsätzen) und Verbendstellung (angeblich nur in Nebensätzen). Trotzdem hat die Verbstellung – und damit die Besetzung der C-Position – durchaus großen Einfluss auf die syntaktische Konstitution von **Satztypen** (s. Kap. 5.3). Die Forschung ist sich derzeit noch uneinig, wie dieser Zusammenhang genau modelliert werden kann (vgl. Lohnstein 2000, 2007; Struckmeier/Kaiser 2019; Truckenbrodt 2006, 2013). Diese Diskussion berührt auch sehr stark unsere theoretischen Vorstellungen davon, welche semantischen Eigenschaften Satztypen eigentlich genau haben. Diese Diskussion kann in einer Einführung in die Syntax nicht geführt werden (siehe Vertiefungskasten am Ende von Kap. 5.3).

Obwohl wir oben kritisch hinterfragt haben, ob es syntaktische Merkmale geben kann, die die C-Position aufweisen kann, ist es wichtig, sich klar zu machen, dass es durchaus morphosyntaktische Eigenschaften gibt, die für C relevant sind. Zunächst ist zu betonen, dass die Besetzung von C mit Verben ausschließlich für finite Verben verfügbar ist. Nicht-finite Verben können lediglich in den tieferen Position V und v auftreten. Auch T kann nicht-finit sein (s. Kap. 7). Dass C **Finitheit** verlangt, ist insofern einsichtig, als dass mit der verbalen Finitheit auch temporale Spezifikationen einhergehen, auf die sich der gesamte Satz beziehen kann. So würde ein finites Verb in C eine Behauptung zu einer Situation zu einem Zeitpunkt ausdrücken. Unserer Annahme, dass die C-Position mit der Satztypenkonstitution interagiert, kommt mit diesem Indiz also eine gewisse Unterstützung zu: Es geht um die Einbindung eines Satzes in den Kontext. Manche Autoren vermuten sogar, dass ausschließlich die Finitheitsmerkmale des Verbs (nicht aber die lexikalische Semantik des Verbstamms) die Besetzung der C-Position motiviert (vgl. Freitag 2018).

Es gibt **weitere Restriktionen** für die Besetzung der C-Position, die noch ganz anders geartet sind. So ist es dem lexikalischen Verb in bestimmten Konstellationen unmöglich die C-Position einzunehmen, so dass nur Sätze mit einem Auxiliar in C in diesen Konstellationen funktionieren. Beispielsweise sorgt die Verwendung einer Vergleichskonstruktion mit *mehr als* dafür, dass nur ein Auxiliar in C erscheinen kann:

(6) a. Der Gewinn der Firma hatte sich mehr als verdreifacht.
(finites Auxiliar in C)
b. Der Gewinn der Firma verdreifachte sich. *(finites Vollverb in C)*
c. * Der Gewinn der Firma verdreifachte sich mehr als.
(Vergleich problematisch)

Rein syntaktisch ist also festzuhalten, dass die C-Position durch die interne Verkettung finiter Verben ausreichend repräsentiert ist – aus semantischer Sicht aber gibt es diverse weitere Faktoren, die die Besetzung von C motivieren oder restringieren können. Damit wollen wir es an dieser Stelle bewenden lassen und widmen uns einer weiteren (letzten) verbleibenden Strukturposition im Satz, der Spezifizierer-Position in der CP.

5.2 | Die Besetzung von SpezCP

Deutsch ist eine Verbzweitsprache: Bei der Verbzweitstellung geht dem finiten Verb in deklarativen Hauptsätzen eine weitere Konstituente voran. Analog zu SpezvP gehen wir davon aus, dass auch C eine Spezifiziererposition ausbilden kann, die diese Konstituente aufnimmt (7). Wie wir in (7) klar erkennen können, ist das Deutsche eine Sprache, in der das Subjekt nicht immer dem finiten Verb vorangehen muss. Die Behauptung, das Deutsche habe die Wortstellung Subjekt-Verb-Objekt (SVO) ist falsch: Das Deutsche ist eine sog. **Verbzweitsprache (V2)**, an der ersten Position im Satz können Subjekte, Objekte oder Adverbiale auftreten – also fast *alle* Phrasen, die wir bisher verkettet haben!

(7)

Damit unterscheidet sich das Deutsche klar von sog. **Subjekt-Verb-Objekt-Sprachen (SVO)** wie zum Beispiel Englisch und Französisch. Im Englischen muss das Subjekt (bis auf sehr wenige Ausnahmen) dem Verb immer vorausgehen (s. auch Kap. 4.5):

(8) a.   Jeden Tag <u>schaut</u> Maria zwei Folgen ihrer Lieblingskrimiserie.
     b.   *Every day <u>watches</u> Maria two episodes of her favourite crime series.
(9) a.   Zwei Folgen ihrer Lieblingskrimiserie <u>schaut</u> Maria jeden Tag.
     b.   *Two episodes of her favourite crime series <u>watches</u> Maria every day.

SVO-Sprachen unterscheiden sich von Verbzweitsprachen auch darin, dass Adverbiale vor dem Subjekt am Satzanfang, direkt vor Subjekt und Verb, erscheinen können. In Verbzweitsprachen muss das finite Verb hingegen an zweiter Stelle erscheinen. Daher können Adverbial und Subjekt nicht gleichzeitig vor das finite Verb treten:

(10) a.   *Jeden Tag Maria <u>schaut</u> zwei Folgen ihrer Lieblingskrimiserie.
     b.   Every day, Maria <u>watches</u> two episodes of her favourite crime series.

Für das Deutsche halten wir also fest, dass Phrasen verschiedenen Typs in SpezCP verkettet werden können, aber nicht mehr als je eine Phrase pro CP. Diese Phrasen wurden in verschiedenen Positionen, die wir in den vorigen Kapiteln beschrieben haben, bereits in die Struktur eingeführt und werden in SpezCP erneut verkettet. Die folgenden Beispiele illustrieren die Verkettung verschiedener Phrasen in SpezCP (zur Position von *Maria* außerhalb der vP in (11b) s. Kap. 9):

(11) a.   [CP Täglich <u>streicht</u>C [TP [vP t̶ä̶g̶l̶i̶c̶h̶ [vP Maria [VP Stühle s̶t̶r̶e̶i̶c̶h̶t̶] ...]] ...]]
     b.   [CP Stühle <u>streicht</u>C [TP [vP [vP Maria [vP täglich [vP M̶a̶r̶i̶a̶ [VP S̶t̶ü̶h̶l̶e̶ s̶t̶r̶e̶i̶c̶h̶t̶] ...]]] ...]]
     c.   [CP Maria <u>streicht</u>C [TP [vP täglich [vP M̶a̶r̶i̶a̶ [VP Stühle s̶t̶r̶e̶i̶c̶h̶t̶] ...]] ...]]

Bei aller Flexibilität lassen sich allerdings bestimmte Beschränkungen für die Besetzung von SpezCP aufzeigen (s. Kap. 5.3 und 10).

Motivation für SpezCP: Man kann sich nun fragen, warum es die Position SpezCP gibt. Warum sollten Phrasen, die schon extern verkettet wurden, noch einmal intern verkettet werden? Ähnlich wie bei der Position C steht für SpezCP bisher noch keine wirklich umfassende Erklärung bereit, auf die sich das Forschungsfeld hätte einigen können.

Eine Möglichkeit ist, von einer rein syntaktisch kodierten Implementierung auszugehen. Dies würde bedeuten, dass es keine semantischen oder phonologischen Gründe für die Besetzung von SpezCP gibt. Zum Beispiel wurde vorgeschlagen, dass deklarative C-Köpfe ein sog. **EPP-Merkmal** aufweisen. Dieses Merkmal kodiert, dass ein Kopf über seine selegierten Argumente hinaus eine weitere Verkettung erfordert (*EPP* für engl. *extended projection principle*: die Projektion der Phrase soll erweitert werden). Ein deklaratives C würde also neben seiner Selektion für die TP noch eine weitere Verkettung, den Spezifizierer in Verbzweitsätzen, erfordern. Diese Lösung macht keine Aussagen darüber, warum der C-Kopf diese Anforderung stellen könnte, und ist daher keine ›tiefe‹ Erklärung des Phänomens.

Eine andere Möglichkeit ist, dass die SpezCP-Position eine **semantische Funktion** aufweist. Diese Funktion würde für V2-Deklarative und andere V2-Sätze zur Bildung der Satztypen benötigt (s. Kap. 5.3), für Verberst- und Verbletzt-Satztypen jedoch nicht. In der Literatur wurden verschiedene Vorschläge dieser Art gemacht (vgl. Lohnstein 2000, 2007; Struckmeier/Kaiser 2019; Truckenbrodt 2006, 2013). Jedoch ist momentan nicht klar, wie erfolgreich diese Vorschläge sind, die Funktion von SpezCP tatsächlich darzustellen (vgl. Reis 2000; Meibauer/Finkbeiner 2016; Struckmeier/Kaiser 2019). Wenn überzeugende semantische Gründe gefunden werden können, bedarf es keiner syntaktischen Lösung für die interne Verkettung von SpezCP: das frei anwendende Merge kann SpezCP besetzen oder nicht. Syntaktisch gesehen sind beide Möglichkeiten gegeben, beispielsweise wird in Verberstsätzen keine SpezCP-Position verkettet.

Es ist wichtig hervorzuheben, dass, wenn SpezCP in einem Satztyp verkettet wird, es **syntaktische Restriktionen** dafür gibt, was für Elemente in dieser Position verkettet werden können. Eine solche Restriktion ist, dass nur Phrasen als SpezCP verkettet werden können. Dies mag auch (je nach Analyse) der Grund dafür sein, warum bestimmte Partikeln nicht als SpezCP verkettet werden können. Wenn Modalpartikeln als Köpfe analysiert werden, so folgt automatisch, dass sie SpezCP nicht besetzen können (12). Dasselbe gilt für sog. *Fokuspartikeln* (13).

(12) a.　Anton hat den Kahn ja$_{MP}$ versenkt.
　　　b.　*Ja$_{MP}$ hat Anton den Kahn versenkt.

(13) a.　Anton hat nur$_{FP}$ Kuchen gegessen.
　　　b.　*Nur$_{FP}$ hat Anton Kuchen gegessen.

Andere, **syntaktisch-semantische** Restriktionen der SpezCP-Besetzung sind schwieriger zu erklären. So kann z. B. das Akkusativ-Pronomen *es* die SpezCP-Position nicht bekleiden, wenn das externe Argument des Verbs spezifisch ist (14a) (vgl. Meinunger 2007). Sätze mit einem unspezifischen externen Argument sind wesentlich akzeptabler (14b). Warum das so ist, ist ziemlich mysteriös.

(14) a. Gestern hatte ich ein Brötchen zum Frühstück. *Es habe ich$_{spezifisch}$ gerne gegessen.

b. Wo kommt das Buch her? – ?Es muss jemand$_{unspezifisch}$ hier verloren haben.

Weiterhin können nicht-referentielle Ausdrücke (die durch grammatische Vorschriften aber erforderlich sind) generell nicht in die SpezCP-Position gelangen. Im zweiten Satz in (15a) und (16a) besetzt ein referentielles Argument des Verbs SpezCP. In den nicht-akzeptablen (b)-Varianten erscheint das gleiche Wort, dieses ist aber in diesen Sätzen nicht referentiell.

(15) a. Ich habe mich gekämmt. – Mich habe ich gekämmt ... nicht meine Tochter.

b. Ich habe mich gefreut. – *Mich habe ich gefreut.

(echt reflexives Verb)

(16) a. Niemand hat mir geholfen – Mir hat niemand geholfen.

b. Du bist mir ja ein Schlingel! – *Mir bist Du ja ein Schlingel!

(ethischer Dativ)

Wie schon bei der Besetzung von C gibt es bei der Besetzung von SpezCP also ein Feld von potentiellen semantischen Motivationen und Restriktionen. Solange die einzige syntaktische Restriktion (Beschränkung auf Phrasen) eingehalten wird, könnte die Frage der Motivation der SpezCP-Besetzung vielleicht besser semantisch erklärt werden.

Verteilte Aussprache – Phonologisches Spellout

Zur Vertiefung

Im Kontext der Besetzung von C können wir eine interessante Beobachtung machen. Manche Wörter – genauer gesagt Partikelverben – scheinen sich aufzuspalten. Die Wurzel des Verbs erscheint in C, die Partikel jedoch nicht:

(1) a. Anton hat den Kuchen aufgegessen.

b. Anton isst den Kuchen auf.

Eine Möglichkeit, dieses Phänomen mit unserer Grammatik zu erklären, ist, dass Bestandteile von Wörtern gewissermaßen verteilt ausgesprochen werden können. Die syntaktische Derivation der Position des einzelnen Wortes ist ganz normal – sie wird aber **auf PF** verteilt **implementiert**, was wir durch Durchstreichungen andeuten wollen:

(2) [$_{CP}$ Anton ~~auf~~isst [$_{TP}$ ...den Kuchen auf~~isst~~...]

Es gibt auch andere Strukturelemente die von solchen verteilten, oder sogar von doppelten Aussprachen betroffen sein könnten. Für Phrasen in SpezCP wurde diese Möglichkeit in der Forschung diskutiert (Fanselow/ Ćavar 2002, vgl. aber auch Ott 2011), zum Beispiel:

(3) [In ~~keinen~~ Schlössern] hat er [in keinen ~~Schlössern~~] gewohnt.

Die **phonologische Implementierung**, die syntaktische Strukturen (u. a.) in eindeutige lineare Abfolgen überführt, nennt man allgemein auch **Spellout**.

5.3 | Satztypen

Wir haben in den letzten Unterkapiteln angenommen, dass es im Deutschen eine Position C gibt, in der in Nebensätzen eine Subjunktion erscheint und in Hauptsätzen das finite Verb. In Hauptsätzen resultiert daraus die Verbzweitstellung und in Nebensätzen die Verbletztstellung, da das finite Verb bei Vorhandensein einer Subjunktion in T verbleibt. Weiterhin haben wir gesehen, dass in deklarativen Hauptsätzen die Position SpezCP durch eine Phrase besetzt ist. In diesem Unterkapitel befassen wir uns mit weiteren Varianten der Besetzung von C und SpezCP in Haupt- und Nebensätzen. Teilweise korrelieren diese mit verschiedenen Satztypen, so dass man die C-Domäne als die Domäne des Satzes betrachten kann, in der die Anbindung eines Satzes an den Kontext bzw. den Diskurs geregelt wird: Die Wahl des Satztyps beschränkt die Verwendbarkeit eines Satzes als eine bestimmte Sorte von Sprechakt, oder eben die Einbindung in einen übergeordneten Satz.

Nebensätze ohne Verbletztstellung: Eine erste Beobachtung, die wir hier machen wollen, ist die, dass Nebensätze nicht zwangsläufig Verbletztstellung aufweisen. Sätze wie *Anton glaubt, Maria hat bestanden* zeigen, dass Nebensätze auch mit Verbzweitstellung vorkommen können. Die CP *Maria hat bestanden* ist das interne Argument – mithin das Objekt – von *glaubt*, also ein Objektsatz. Wir besprechen solche Sätze in Kapitel 5.4 genauer. V2-Objektsätze sind nur bei bestimmten Matrixverben möglich. So ist Folgendes kein akzeptabler Satz: **Anton bezweifelt, Maria hat bestanden*. Welche Faktoren die Möglich- bzw. Unmöglichkeit der Verbzweitstellung in Nebensätzen regulieren, ist inzwischen relativ gut erforscht. Das Thema wird u. a. unter dem Stichwort **Wurzelphänomene** (*root phenomena*) untersucht, wobei *Wurzel* den obersten Knoten in einem Strukturbaum meint. Es geht um die Frage, welche hauptsatztypischen Phänomene auch in Nebensätzen zu finden sind: Der Hauptsatz enthält die Wurzel des Strukturbaumes. Ein weiteres Wurzelphänomen ist das Vorkommen von Modalpartikeln, die eigentlich nur in Hauptsätzen vorkommen, in manchen Nebensätzen aber eben doch erlaubt sind, z. B. *Anton wunderte sich über Marias Reaktion, erinnerte sich dann aber, dass sie ja noch nicht so lange im Team war.* vs. *??Anton glaubte, dass Maria ja noch nicht so lange im Team war.*

Hauptsätze mit Verbletztstellung und Subjunktion: So wie Nebensätze keine Verbletztstellung aufweisen müssen, muss Verbletztstellung auch nicht notwendigerweise mit syntaktischer Subordination einhergehen. Es gibt mehrere Typen von Hauptsätzen, die Verbletztstellung aufweisen. Betrachten wir zunächst die Beispiele in (17).

(17) a. Ob der bei der Sitzung war?
     b. Ob der bei der Sitzung war!

Hauptsätze mit
satzinitialer
Subjunktion

(17a) kann auf mindestens zwei Arten verstanden werden. Einerseits kann es als **nachdenkliche** oder **selbstadressierende Frage** geäußert werden: Der*die Sprecher*in äußert die Frage ohne eine Antwort zu erwarten. Die andere Lesart der Frage ist die **Wiederholungsfrage**. Der*die Sprecher*in hatte die Frage in ›Normalform‹ schon einmal gestellt (*War der bei der Sitzung?*), der*die Adressat*in hatte aber nicht angemessen reagiert. Wie (17b) zeigt, kann dieselbe Wortkette auch eine nicht-fragende Lesart haben: Wir haben den Satz mit einem Ausrufezeichen versehen, was darauf hindeuten soll, dass wir es mit einem Ausruf, d. h. mit einem Exklamativ, zu tun haben. In der Tat kann (17b) so verstanden werden, dass der*die Sprecher*in entrüstet darüber ist, dass sein*ihr Gegenüber die Frage *War der bei der Sitzung?* gestellt hat. Die Gründe für eine solche Entrüstung können vielfältig sein, etwa kann beiden Sprecher*innen bekannt sein, dass der Referent von *der* zur Zeit im Urlaub ist. Bei diesem Ausruf gibt es wie bei der einen Fragelesart eine Wiederholungskomponente. Wir nennen diese Art von Satz hier daher **Wiederholungsexklamativ**. Beachten Sie, dass die Sätze in (17a & b) je nach Lesart eine sehr unterschiedliche Prosodie haben, d. h. die Sprachmelodie, mit der sie geäußert werden, ist sehr unterschiedlich.

(18) gibt die Struktur der Sätze in (17a & b) an. Wir analysieren die Subjunktion *ob* als Komplementierer – *ob* erscheint in der C-Position – obwohl *ob* hier genau genommen nicht die Funktion hat, die TP zum Komplement eines übergeordneten Satzes zu machen, oder die TP einem anderen Satz zu subordinieren. Die Anwesenheit von *ob* markiert, dass es sich um einen anderen Satztyp als einen normalen Deklarativsatz handelt, und die semantisch-pragmatischen Interpretationsmöglichkeiten des Satzes werden durch *ob* eingeschränkt. Beachten Sie, dass SpezCP leer bleibt. Im Standarddeutschen scheinen also C-Köpfe, die extern verkettet werden, niemals eine Spezifiziererposition bereitzustellen.

(18) [$_{CP}$ Ob$_C$ [$_{TP}$ der bei der Sitzung war]]

Weitere Satztypen mit dieser syntaktischen Struktur sind **Optative**, also **Wunschsätze**, z. B. *Wenn ich nur bei der Sitzung gewesen wäre!*. Optative werden durch die Subjunktion *wenn* eingeleitet und erscheinen oft mit der Modalpartikel *nur*. Wie wir weiter unten sehen werden, können Optative auch mit einer anderen Wortstellung vorkommen. Schließlich gibt es noch Exklamativsätze, die keine Wiederholungsexklamative sind, sondern Überraschung über einen Sachverhalt ausdrücken, z. B. *Dass Anton (aber auch) soviel Kuchen gegessen hat!* Man nennt diese Sätze auch *dass*-**Exklamative**. Wie wir sehen, können in diesen auch bestimmte Modalpartikeln erscheinen.

Hauptsätze mit
Verbendstellung
und W-Wort

Hauptsätze mit Verbletztstellung und satzinitialem W-Wort: Die folgenden beiden selbstständigen Sätze haben Verbletztstellung, enthalten aber scheinbar kein C-Element. Wiederum haben die Sätze eine Interpretation als Frage(n) und als Ausruf. (19a) hat wie (17a) eine Lesart als nachdenkliche Frage und eine Lesart als Wiederholungsfrage. Letztere ist weniger prominent, was an der Präsenz der Modalpartikel *wohl* liegt. Ebenso kann mit (19a) ein Wiederholungsexklamativ ausgedrückt werden. (19b) ist ein **W-Exklamativ**, mit dem der*die Sprecher*in Überraschung, Anerkennung, Entrüstung oder ähnliche Gefühle ausdrückt über die vielen Dinge, die das Gegenüber gesagt hat. Die Lesarten unterscheiden sich insgesamt wieder in der Prosodie, wie Sie selbst probieren können. Die Klammerstruktur zeigt, dass in den Sätzen in (19) kein Wort in C erscheint, wohingegen die SpezCP-Position besetzt ist.

(19) a. Was der wohl gesagt hat?/!
     $[_{CP}$ Was $[C$ $[_{TP}$ der wohl gesagt hat]]]
   b. Was du alles gesagt hast!
     $[_{CP}$ Was $[C$ $[_{TP}$ du alles gesagt hast]]]

Wir wollen hier annehmen, dass der **C-Kopf keine phonologischen Merkmale** hat und neben der (potentiell) syntaktischen Information, dass ein Spezifizierer zu besetzen ist, nur semantische Information trägt sowie wahrscheinlich Information bezüglich der jeweiligen Prosodie. Die semantische Information kann die Gestalt eines Frageoperators oder eines Exklamativoperators – wenn man so etwas ansetzen möchte – annehmen. Was die Syntax betrifft, so wollen wir hier – im Einklang mit der einschlägigen Literatur – annehmen, dass der C-Kopf in diesen Strukturen festlegt, dass SpezCP mit einem W-Element besetzt werden muss. Bei W-Elementen handelt es sich um Fragewörter bzw. Phrasen, die ein W-Fragewort enthalten. Es ist nicht abschließend geklärt, ob W-Elemente immer als Fragewörter interpretiert werden müssen (was ihr Vorkommen in Exklamativen nahelegt). Oft wird angenommen, dass es ein Merkmal gibt, das die Besetzung von SpezCP mit einem W-Wort erfordert. Dieses Merkmal heißt in der Regel [WH], da die meisten englischen Fragewörter mit *wh* (*who, what, why, ...*) beginnen. Ins Deutsche übertragen könnte man also sagen, dass der C-Kopf in Sätzen mit einem W-Wort in SpezCP ein **W-Merkmal** hat, das dafür sorgt, dass die Derivation nicht abgeschlossen ist, bevor ein W-Wort in SpezCP verkettet wurde: **C[W]**. In Anbetracht der Tatsache, dass es Sprachen wie das Mandarin-Chinesische gibt, bei denen W-Elemente keine andere als ihre Basisposition einnehmen (also in etwa: *Anton sieht wen?* statt *Wen sieht Anton?*) muss es sich um ein syntaktisches Merkmal handeln. Für die Semantik ist eine satzinitiale Position des W-Wortes scheinbar nicht nötig.

Hauptsätze mit Verbzweitstellung und satzinitialem W-Wort: Unsere bisherigen Betrachtungen machen klare Voraussagen darüber, welche Eigenschaften ein C-Kopf in normalen **Konstituentenfragen** haben muss. Diese Fragen haben Verbzweitstellung und die Phrase in SpezCP ist ein W-Element, wie in *Was hat der wohl gesagt?* oder *Welche Tassen hat er gekauft?* Die Verbzweitstellung zeigt uns, dass das finite Verb in C erneut verkettet wurde. Der C-Kopf hat dieselbe syntaktische Merkmalsspezifikation wie bei den eben gesehenen Verbletzt-Strukturen, außer dass er durch das finite Verb ausbuchstabiert werden muss. Was die semantische Spezifikation von C betrifft, so muss es auch eine Variante von C[W] geben, die die Interpretation nicht als Frage, sondern als W-Exklamativ erlaubt. W-Exklamative sind nämlich auch mit Verbzweitstellung möglich, vgl. *Was hat der für coole Schuhe an!*. Natürlich haben diese Exklamative wieder eine andere Prosodie als die Fragen.

Hauptsätze mit Verberststellung: Neben der Verbzweit- und der Verbletztstellung erlaubt das Deutsche wie schon gesehen auch Verberststellung. Diese ist z. B. möglich in **polaren Fragen** (= **Entscheidungsfragen**) wie in (20a). In Anbetracht der Tatsache, dass in unserer Diskussion bis hierher für jede Form von Frage auch ein entsprechender Exklamativ existierte, sollte es inzwischen wenig überraschen, dass es auch **polare Exklamative** gibt, siehe (20b). Darüber hinaus gibt es **Optative** mit Verberststellung, siehe (20c), wo auch wieder die Modalpartikel *nur* erscheint, und natürlich **Imperative** (20d). In Letzteren nimmt das finite Verb einen anderen Modus an als in den anderen Satztypen.

(20) a.　Hat Anton etwas geangelt?
　　 b.　Hat die einen Quatsch erzählt!
　　 c.　Hätte Anton nur etwas geangelt!
　　 d.　Erzähl keinen Quatsch!

Hauptsätze mit
Verberststellung

Der C-Kopf dieser Sätze muss semantisch wieder dahingehend spezifiziert sein, dass er den entsprechenden semantischen Operator kodiert. Da er phonologisch implementiert werden muss, wird der nächstliegende Kopf erneut verkettet, also der T-Kopf.

Fazit: Wir stellen fest, dass die C-Domäne durch das Zusammenspiel der Besetzung von C und von SpezCP der Schnittstelle zur Semantik bestimmte Beschränkungen auferlegt, wie die jeweiligen Sätze interpretiert werden und welche Sprechakte durch die jeweiligen Strukturen ausgedrückt werden können. Es ist wichtig hervorzuheben, dass es keine Eins-zu-eins-Beziehung zwischen Wortstellung und Satztyp gibt. Stattdessen spielen weitere Faktoren, wie die Prosodie oder die Anwesenheit bestimmter Modalpartikeln, eine sehr große Rolle bei der Verwendung bestimmter syntaktischer Strukturen zur Ausführung bestimmter Sprechakte. In diesem Zusammenhang sei auch erwähnt, dass ein Verbzweit-Deklarativsatz viele der oben besprochenen sprechaktlichen Funktionen ausführen kann, wenn eine bestimmte Prosodie oder bestimmtes lexikalisches Material (Modalpartikeln, Verbform) gewählt werden, z. B. als polare Frage (*Anton hat etwas geangelt?*), als W-Frage (*Anton hat wie viele Fische geangelt?*) als Optativ (*Lang lebe die Revolution!*), als Aufforderung (*Du gehst bitte sofort schlafen!*), als Ausruf (*Das ist aber cool!*), als Drohung, d. h. als Kommissiv (*Du hast momentan noch sehr schöne Zähne...*) etc.

Wir wiederholen zum Schluss noch einmal die offene Frage zur Besetzung der Strukturpositionen C und SpezCP, die wir in den Kapiteln 5.1 und 5.2 schon diskutiert haben: Was genau bestimmt die Besetzung von

C und SpezCP? Angewendet auf die Befunde in diesem Unterkapitel lautet die Frage: Sind Satztypen im Deutschen durch syntaktische Derivationen nicht nur technisch repräsentierbar, sondern auch umfassend erklärbar? Es liegt in der Natur von Wissenschaften, dass sie manche Fragen (noch) nicht vollständig erklären können. Mit den Satztypen liegt ein Feld vor, in dem sich die Sprachwissenschaft noch nicht auf einen Standard hat einigen können.

Zur Vertiefung **Was ist eigentlich ein Satztyp?**

Wir haben in diesem Kapitel von unterschiedlichen Satztypen gesprochen, sobald sich entweder die Syntax und/oder der sprechaktliche Charakter eines Satzes unterscheiden ließen. Es ist jedoch durchaus umstritten, was genau ein Satztyp ist. Man geht meist davon aus, dass Deklarative, Interrogative und Imperative eigene Satztypen sind. Daneben gibt es noch Exklamative und Optative. Die verschiedenen Interrogative (also Fragen), die wir gesehen haben, werden nicht als genuine Satztypen differenziert, obwohl ihre Form ja teilweise sehr unterschiedlich ist. Andererseits wird für das Deutsche darüber gestritten, ob polare Exklamative und W-Exklamative nicht eigentlich selbstbeantwortende Fragen sind. Ein Satz wie *Was hat der für coole Schule an!* sagt ja nichts Anderes, als dass ›der‹ sehr coole Schuhe anhat (vgl. D'Avis 2001). Es ist also noch unklar, welche Rolle Form, Bedeutung und sprechaktliche Funktion einer Äußerung beim Konzept Satztyp spielen.

5.4 | Nebensätze

Wir haben in den letzten Unterkapiteln gesehen, dass mit C und mit der CP strukturelle Positionen verfügbar sind, die Einfluss auf den Satztyp des derivierten Satzes nehmen. Viele selbstständige Sätze weisen in der C-Position ein finites Verb auf, Nebensätze hingegen oft einen Komplementierer. Im Folgenden werden wir einige typische Nebensätze vorstellen, die unser System gut erfassen kann. Dann werden wir kurz erörtern, welche Eigenschaften Nebensätze generell haben und wie sich verschiedene Nebensatztypen unterscheiden.

In Kapitel 2 haben wir angenommen, dass in der vP Argumentrollen vergeben werden. Auch Sätze, d. h. CPs, können als Argumente eines Prädikats fungieren, wie wir oben schon gesehen haben. Die folgenden Satzpaare illustrieren dies erneut. In (21b) ist das interne Argument des Verbs *glauben* ein Nebensatz (= **Objektsatz**). Die Phrase *[den Bericht]* bezeichnen wir im Vorgriff auf Kapitel 6.3 als DP. In (22) ist das externe Argument einmal solch eine DP und einmal ein Nebensatz (= **Subjektsatz**):

DPs und Sätze als Argumente (21) a.   Anton glaubt [$_{DP}$ den Bericht].

b.   Anton glaubt [$_{CP}$ dass die Welt eine Scheibe ist].

(22) a. [$_{DP}$ Der Bericht] ärgert Amina.
b. [$_{CP}$ Dass Leyla unzuverlässig ist] ärgert Amina.

Die DP- vs. CP-Argumente der Verben *glauben* bzw. *ärgern* sind offensichtlich recht verschieden. Zum Beispiel enthält ein CP-Argument alle Strukturelemente, die ein Satz enthält, während eine DP oft weniger, auf jeden Fall aber andere Bausteine enthält. Weiterhin ist ein DP-Argument kasusmarkiert, wohingegen ein CP-Argument scheinbar keinen Kasus trägt. Aus diesen Beobachtungen ergibt sich die Frage, ob CP-Argumente auf dieselbe Art und Weise in die Struktur eines (anderen) Satzes integriert werden wie DP-Argumente. Diese Frage wollen wir im folgenden Unterkapitel diskutieren.

5.4.1 | Satzwertige Argumente: Subjekt- und Objektsätze

Semantische Rollen: Satzwertige Argumente können genau wie DP-Argumente Thetarollen tragen. Betrachten wir dazu noch einmal Beispiel (22): (a) *Der Bericht ärgert Amina.* (b) *Dass Leyla unzuverlässig ist, ärgert Amina.* In beiden Sätzen wird semantisch ausgedrückt, was die Ursache von Aminas Ärger ist. Es scheint hier keinen Unterschied zu machen, dass diese Ursache in (22a) durch eine DP und in (22b) durch einen Satz ausgedrückt wird. Mit anderen Worten sind DPs und CPs zwar semantisch (bei weitem) nicht das Gleiche, beide können aber Thetarollen tragen.

Kasus: Anders verhält es sich mit der Kasuslizensierung. Die DP *der Bericht* ist in (22a) klar als Nominativ zu analysieren. Was die satzwertigen Argumente betrifft, stellen wir fest, dass es sinnlos erscheint, diesen einen Kasus zuschreiben zu wollen. Weder wäre dieser Kasus morphologisch sichtbar (wie er es bei Artikel- oder Pronomenformen eindeutig ist), noch erscheint es vor der Hand klar, ob ein Satz überhaupt einen Kasus tragen kann. Wir sollten daher die Möglichkeit in Betracht ziehen, dass Nebensätze als Argumente tatsächlich keinen Kasus tragen. Genau diese Annahme wird durch eine Beobachtung gestützt, die die Subjekt-Verb-Kongruenz bei Subjektsätzen betrifft. Schauen wir uns diese näher an.

Subjekt-Verb-Kongruenz bei Subjekt-CPs: Wir hatten in Kapitel 4.2 angenommen, dass T nur dann erfolgreich sondieren kann, wenn in der Struktur unterhalb von T ein Argument gefunden werden kann, das ein nicht-valuiertes Kasusmerkmal aufweist. Dies war – zur Erinnerung – z. B. bei solchen Verben nicht der Fall, die ihrem Argument einen lexikalischen Kasus zuweisen, wie z. B. den Dativ in Beispielen wie (23):

(23) a. Uns$_{[Dat, 1, Pl]}$ graut$_{[3, Sg]}$ vor Euch.
b. Euch$_{[Dat, 2, Pl]}$ ist$_{[3, Sg]}$ kalt.

Dass hier kein Agree-Abgleich zwischen T-Kopf und Dativargument stattfinden konnte, haben wir daran erkannt, dass der T-Kopf in diesen Fällen eine Default-Form annimmt. So ist in (23a) das Argument *uns* als Dativ 1. Person Plural zu analysieren, das Verb *graut* aber tritt in der 3. Person Singular auf. In (23b) weist das Argument *euch* zwar die Merkmale Dativ

2. Person Plural auf, die Form *ist* tritt aber wiederum als 3. Person Singular auf. Wir hatten daher angenommen, dass die 3. Person Singular als Default-Form immer dann von T gewählt wird, wenn die Sondierung von T fehlschlägt.

Wenn nun bei satzwertigen Argumenten ebenfalls keine Kasusmerkmale für Subjekte zu finden sind, dann sollten wir davon ausgehen, dass auch hier das Verb nicht mit der Subjekt-CP kongruieren kann und daher zur Default-Form übergeht. Genau das ist auch der Fall. (24) zeigt zunächst, dass es unerheblich ist, ob innerhalb einer Subjekt-CP Elemente auftreten, die pluralische Merkmale aufweisen (z. B. *Kinder, schlafen*): Das Verb des einbettenden Satzes *freut* tritt in der 3. Person Singular auf. Das ist natürlich insofern zu erwarten, als dass das externe Argument im Nebensatz (*Kinder*) seinen Kasus im Nebensatz valuiert hat, nämlich mit dem T-Kopf dieses Satzes (*schlafen*). Die DP *Kinder* steht daher für einen weiteren Agree-Abgleich mit dem T-Kopf des einbettenden Satzes (*freut*) nicht mehr zur Verfügung.

Keine Plural-
kongruenz bei
Subjektsätzen

(24) [$_{CP}$ Dass die Kinder$_{[Nom, 3, Pl]}$ schlafen$_{[3, Pl]}$] freut$_{[3, Sg]}$ den Papa.

Wir können aber auch an einem weiteren Vergleich sehen, dass CP-Argumente keinen Agree-Abgleich mit T-Köpfen gestatten. So ist es bei DPs so, dass sie mit *und* koordiniert auftreten können, z. B. *Amina und Leyla*. Die Koordination bezeichnet eine pluralische Menge von Individuen. Auf diese Menge kann der Agree-Abgleich von T zugreifen:

(25) a. Amina$_{[Sg]}$ schläft$_{[Sg]}$.
b. [Amina$_{[Sg]}$ und Leyla$_{[Sg]}$]$_{[Pl]}$ schlafen$_{[Pl]}$.

Auch satzwertige Argumente lassen sich koordinieren. Jedoch wird hier scheinbar keine pluralische Menge erzeugt. Die Kongruenz des finiten Verbs unterbleibt, wenn satzwertige Nebensätze koordiniert werden und als Subjekt dienen:

(26) [$_{CP}$ Dass die Kinder schlafen] und [$_{CP}$ dass im Fernsehen Fußball läuft] freut$_{[3, Sg]}$ /*freuen$_{[3, Pl]}$ die Mama.

Es ist also vernünftig, davon auszugehen, dass satzwertige Nebensätze zwar Thetarollen tragen können, aber für Kasus- und Kongruenzabgleiche nicht zur Verfügung stehen.

Typen von Subjekt- und Objektsätzen: Neben der Thetarolle eines Arguments gibt es eine weitere semantische Eigenschaft, die vom Prädikat abhängt und die bei Subjekt- und Objektsätzen zum Tragen kommt: die Funktion des Satzes als **Frage**- oder **Deklarativsatz**. Subjekt- und Objektsätze können genau wie Hauptsätze beide Funktionen innehaben. So liegt in (27a) ein deklarativer Nebensatz vor, in (27b) ein interrogativer, also ein Fragesatz:

Verschiedene
Objektsätze

(27) a. Anton glaubt, [$_{CP}$ dass Maria schläft].
b. Anton fragt sich, [$_{CP}$ ob Maria schläft].

Es ist auch möglich, Fragefunktionen mit DPs auszudrücken – wenn auch auf etwas versteckte Art und Weise. In den Satzpaaren in (28) und (29) ist jeweils ein Interrogativsatz eingebettet bzw. eine DP, die etwas ganz Ähnliches bedeutet. In der semantischen Literatur wird die Bedeutung solcher DPs als **versteckte Frage** (engl. *concealed question*) bezeichnet.

(28) a. Sie haben bekanntgegeben, [wer der Gewinner des Wettbewerbs ist].
b. Sie haben [den Gewinner des Wettbewerbs] bekanntgegeben.
(29) a. [Wie die Wassertemperatur ist], hängt von der Jahreszeit ab.
b. [Die Wassertemperatur] hängt von der Jahreszeit ab.

5.4.2 | Satzwertige Modifikatoren: Adverbial- und Relativsätze

Adverbial- und Relativsätze sind neben den eben besprochenen Subjekt- und Objektsätzen weitere Nebensatztypen, die das Deutsche aufweist. Adverbialsätze entsprechen in ihrer Satzgliedfunktion Adverbialbestimmungen. Relativsätze sind in der Regel Attribute und damit Satzgliedteile.

Adverbialsätze werden, wie andere Adverbialbestimmungen auch, nicht als Argumente eines Verbs eingeführt. Sie stellen vielmehr Ergänzungen dar, die bestimmte Aspekte des Satzes genauer beschreiben. Der Adverbialsatz *[während sie Aminas Wohnung aufräumte]* in (30a) etwa ist ein temporales Adverbial. Auch andere semantische Funktionen lassen sich mit Adverbialsätzen ausführen. (30b) enthält einen kausalen Adverbialsatz, (30c) einen konsekutiven und (30d) einen konzessiven.

(30) a. Leyla hat, [während sie Aminas Wohnung aufräumte], ihren Ring wiedergefunden.
b. Leyla hat die Dokumente gefunden, [da sie Aminas Wohnung aufgeräumt hat].
c. Leyla hat Aminas Wohnung aufgeräumt, [so dass sie die Dokumente fand].
d. Leyla hat die Wohnung aufgeräumt, [obwohl Amina das gar nicht mag].

Verschiedene
Adverbialsätze

Auch bei Adverbialsätzen zeigt sich, dass sie dem generellen Bauplan von vollständigen Sätzen folgen. Dem Verb in Letztposition steht ein einleitendes Element gegenüber: die Subjunktion, in (30) also *während, da, so dass* und *obwohl*.

Relativsätze sind Modifikatoren. Sie beschreiben in der Regel ein sog. **Bezugselement** näher. Das typische Bezugselement ist das Nomen, z. B. *Mann* in (31). Die Beschreibung, die im Relativsatz in (31) ausgedrückt wird, dient der näheren Beschreibung des Mannes. Es kann nur ein Mann gemeint sein, der die Eigenschaft hat, am Tresen zu stehen. Der Relativsatz in (31) ist somit ein *Attributsatz*, der für die Modifikation eines Nomens eingesetzt wird (s. Kap. 6.2). Das modifizierte Nomen nennt man auch **Kopfnomen**.

Relativsatz mit
Kopfnomen

(31) [Der Mann [der dort am Tresen steht]] trägt einen Revolver im Mantel.

Es gibt noch andere Bezugselemente als Nomen, z. B. Pronomen oder Adverbien, siehe (32a & b). Bei sog. *freien Relativsätzen* fehlt das Bezugselement, vgl. (32c) vs. (32d).

Verschiedene
Bezugselemente

(32) a. [Derjenige [der manipuliert]] ist erfolgreich aber unbeliebt.
    b. [Dort [wo das Gedränge besonders dicht ist]] müssen wir aufpassen.
    c. Ich glaube [das [was man mir überzeugend erklärt]].
    d. Ich glaube [was man mir überzeugend erklärt].

Als Attribute sind Relativsätze fast immer optional, d. h. ein Satz wird typischerweise nicht dadurch inakzeptabel, dass ein Relativsatz aus ihm ausgelassen wird. Ausnahmen von dieser Faustregel gibt es jedoch durchaus, weil bestimmte Satzkontexte den Relativsatz zwingend voraussetzen (33). Hierbei handelt es sich um eine semantisch-pragmatische Restriktion, der wir nicht weiter nachgehen wollen.

(33) a. Die Stadt ist nicht mehr [das Paris [das ich kannte]].
    b. ^{??}Die Stadt ist nicht mehr das Paris.

Das Relativpronomen: Auch in ihrer inneren Struktur sind Relativsätze etwas anders aufgebaut als andere Nebensätze. Im Relativsatz wird das Bezugselement – sofern vorhanden – immer durch ein **Relativpronomen** (z. B. *der, welcher*) oder ein **Relativadverb** (*wo, worüber*) vertreten. Dieses tritt im Deutschen in einer Position vorn im Relativsatz auf. Eine plausible Annahme ist, dass es SpezCP besetzt bzw. Teil einer Phrase ist, die SpezCP besetzt. In (34) sehen wir Relativsätze, in denen das Relativpronomen ein externes Argument (34a) oder ein internes Argument (34b & c) ist, bzw. Teil eines Adverbials ist (34d). Das relativierte Element hat in diesen Strukturen zwei Aufgaben. Einerseits ist es ein Bestandteil des Relativsatzes und wird semantisch dort mit einigen Eigenschaften versehen. So fungiert das Relativpronomen *den* in (34b) als internes Argument der vP *[ich [den grüße] v]* und erhält eine entsprechende thematische Rolle. Es trägt auch den Akkusativkasus, der internen Argumenten zukommen kann. Die Argumentlesart des Relativpronomens ist andererseits auch wichtig für das Bezugselement. Dem Kopfnomen *Mann* kommt genau die Eigenschaft zu, die *den* im Relativsatz erworben hat: für den *Mann* gilt, dass ich ihn grüße.

Relativierte Elemente mit unterschiedlichen Kasus,
Rollen, Kategorien

(34) a. der Mann [$_{CP}$ der C ... [$_{vP}$ d̶e̶r̶ mich grüßt] ...]
    b. der Mann [$_{CP}$ den C ... [$_{vP}$ ich d̶e̶n̶ grüße] ...]
    c. der Mann [$_{CP}$ dem C ... [$_{vP}$ ich d̶e̶m̶ das sage] ...]
    d. der Hof [$_{CP}$ in dem C ... [$_{vP}$ i̶n̶ d̶e̶m̶ [$_{vP}$ sie spielt]] ...]

Unsere Theorie hat für die beschriebene Form der Eigenschaftszuschreibung bisher keinen Mechanismus vorgesehen. Tatsächlich ist die Forschungsliteratur gespalten darüber, wie der Mechanismus der Attribution tatsächlich funktioniert. Betrachten wir zwei Analysen.

Matching-Analysen: Einige Autoren (z. B. Borsley 1997; Struckmeier 2007, 2012) gehen davon aus, dass das Relativpronomen tatsächlich ein vom modifizierten Nomen unabhängiges Element ist. Die ›Übertragung‹ der Argumentlesart des Relativpronomens auf das modifizierte Nomen wird folgendermaßen erklärt. Wenn die Logische Form eine Struktur mit Relativsatz zugeführt bekommt, interpretiert sie das Relativpronomen so, dass seine Eigenschaften mit den Eigenschaften des modifizierten Nomens vereint werden (zur semantischen Operation Mengenvereinigung siehe Gutzmann 2019). Für (34b) oben gilt demnach, dass mit *der Mann den ich grüße* das Individuum gemeint ist, das sowohl die Eigenschaft hat ein Mann zu sein, als auch die Eigenschaft von mir gegrüßt zu werden. Die Eigenschaften, die dem Relativpronomen durch den Relativsatz zugeschrieben werden, ›passen‹ damit (engl.: *match*) zu denen, die das Nomen semantisch auszeichnen.

Raising-Analysen: Andere Theorien nehmen an, dass das modifizierte Nomen selbst als Bestandteil des Relativsatzes eingeführt wird (vgl. Kayne 1994; Bianchi 2000). Damit wäre sofort klar, warum das Kopfnomen die semantischen Eigenschaften hat, die einem Bestandteil des Relativsatzes zukommen. Das Nomen *Mann* wird lt. diesen Theorien zunächst als internes Argument des Verbs *grüße* verkettet (35a). Es weist somit ohne Weiteres die benötigte Argumentlesart auf. (35b) zeigt, wie durch weitere Verkettungen der Relativsatz gebildet wird. Das Relativpronomen fungiert hier als Komplementierer, der die CP-Projektion abschließt, und nicht als eigentliches Pronomen. Im nächsten Schritt wird *Mann* erneut verkettet, als Spezifizierer der CP (35c). Schließlich wird der Artikel verkettet (35d).

(35) a. [$_{VP}$ ~~Mann~~ grüße]
    b. [$_{CP}$ den$_C$ ... [$_{vP}$ ich ~~Mann~~ grüße] ...]
    c. [$_{CP}$ Mann [$_{CP}$ den$_C$ ... [$_{vP}$ ich ~~Mann~~ grüße] ...]]
    d. [der [$_{CP}$ Mann [$_{CP}$ den$_C$ ... [$_{vP}$ ich ~~Mann~~ grüße] ...]]]

Beispiel
Raising-Analyse

Da das modifizierte Nomen *Mann* in Analysen dieser Art durch erneute Verkettung in seine zu beobachtende Position gewissermaßen ›angehoben‹ wird, bezeichnet man diese Analysen als **Raising-Analysen** (Vorsicht: nicht zu verwechseln mit Raising im Sinne von Anhebung; s. Kap. 7). Raising-Analysen von Relativsätzen benötigen die semantische Operation der Vereinigung nicht. Jedoch werfen sie andere, z. B. syntaktische und morphologische Fragen auf. Betrachten wir einige davon.

Zunächst ergibt sich folgendes Problem. Wenn das modifizierte Nomen als internes Argument im Relativsatz verkettet werden kann, warum können Nomen dann nicht auch an anderer Stelle ohne Artikel als Argumente fungieren, vgl. (36a) vs. (36b)?

(36) a.　[der [Mann [den$_C$ ... [$_{vP}$ ich ~~Mann~~ grüße] ...]]]
　　　b. * [dass$_C$ ... [$_{vP}$ ich Mann grüße] ...].

Auch die interne, d. h. erneute Verkettung von *Mann* wirft Fragen auf ((35c) oben): Welche Beschränkungen gelten für die Anbindung des Nomens *Mann* an den Relativsatz, aus dem es stammt? Wieso gibt es keine vergleichbaren Phänomene in Sätzen, die durch andere Komplementierer – z. B. *dass* in (37b) – eingeleitet werden, vgl. (37a) mit (37b)?

(37) a.　Da steht [der [Mann [den$_C$ ... [$_{vP}$ ich ~~Mann~~ grüße] ...]]]
　　　b. * Da steht [der [Mann [dass$_C$ ... [$_{vP}$ ich ~~Mann~~ grüße] ...]]]

Zu guter Letzt stellt sich die theoretische Frage, wie die Argumentzuweisung des modifzierten Nomens in der extern verketteten Position erfolgt. Wir gehen ja davon aus, dass DPs genau eine thematische Rolle tragen können. Selbst wenn der Determinierer *der* sich mit der Relativsatz-CP verbinden kann, wirkt es so, als ob dem modifizierten Nomen nun zwei Rollen zugewiesen werden müssten, nämlich die Rolle aus dem Relativsatz (Argument von *grüße*), und die, die der gesamten DP *[der Mann [der ...]]* durch das Verb des Matrixsatzes zukommt, in (37a) also die Rolle, die durch *steht* zugewiesen wird.

Fazit: Zusammenfassend ist zu konstatieren, dass eine umfassende syntaktisch-semantische Erklärung für das Phänomen der Relativsatzbildung noch nicht zur Verfügung steht. Weiterführende Darstellungen finden Sie bei Kayne (1994), Borsley (1997, 2001), Bianchi (2000) und Struckmeier (2007, 2012).

Aufgaben

1. Zeichnen Sie Baumstrukturen für die folgenden Sätze:
   Der Bäcker hat Chilitörtchen gebacken.; Der Bäcker verkauft Chilitörtchen.; Chilitörtchen hat der Bäcker gebacken.; Hat der Bäcker Chilitörtchen gebacken?; Dass der Bäcker Chilitörtchen gebacken hat!; Was hat der Bäcker gebacken?; Was der Bäcker gebacken hat!; Ob der Bäcker Chilitörtchen gebacken hat?

2. Zeichnen Sie die Baumstrukturen für die folgenden Relativsätze nach den Mustern in (34) und (35): *(der Mann,) der im Garten steht; (der Mann,) dem ich folge; (der Kuchen,) der gegessen wurde; (der Zug,) der ankam*

3. Was scheint das Besondere an den folgenden Relativsätzen zu sein? Beschreiben Sie Unterschiede der folgenden Beispiele zu den Beispielen in Aufgabe 2: *(der Garten,) in dem ich sitze; (der Mann,) dessen Tochter ich kenne*

6 Weitere syntaktische Kategorien: Adjektive, Adverbien, Präpositionen, Nomen und Determinierer

Wir haben mit dem letzten Kapitel alle wesentlichen Phrasen kennengelernt, die das syntaktische Gerüst eines Satzes ausmachen. In diesem Kapitel setzen wir uns genauer mit den Bestandteilen des Satzes auseinander, aus denen die Argumente und Adverbialbestimmungen, mit denen sich ein Verb bzw. die VP und die vP verbinden, aufgebaut sind. Wir werden uns also mit Adjektivphrasen, Adverbphrasen, Präpositionalphrasen und Nominalphrasen befassen. Wir gehen dabei ähnlich vor wie bei den verbalen Kategorien. Wir betrachten jeweils einen Kopf und untersuchen, ob er sich mit bestimmten Ergänzungen – also Argumenten, auch im weiteren Sinne – verbindet (s. Kap. 6.1), dann prüfen wir, welche Modifikatoren hinzukommen können (6.2). Zuletzt stellen wir die Frage nach funktionalen Kategorien, ähnlich der TP oder CP (6.3).

6.1 | Ergänzungen

Adjektive und Nomen sind Köpfe, die wie Verben auch Argumente nehmen können. Allerdings sind diese Argumente fast immer fakultativ.

Adjektive: Aus traditioneller Sicht können prädikative Adjektive null bis drei Argumente nehmen:

(1) a. Es ist *sonnig / hitzefrei*.
    b. [Der Apfel] ist *rot / rund*.
    c. [Leyla] ist [als Programmiererin] *tätig*.
    d. [Mehmet] ist [Amina] [im Rechnen] *überlegen*.

Argumente von Adjektiven

Diese Zählweise schließt das externe Argument des Satzes ein, jedoch ist dieses genau genommen kein Argument des Adjektivs: Das Kopulaverb, d. h. der V-Kopf, nimmt das Adjektiv als Komplement, und das externe Argument des Satzes wird durch den v-Kopf eingefügt. Deswegen betrachten wir hier attributive Adjektive, die ohne Kopula vorkommen. Wie (2) zeigt, kommen attributive Adjektive mit bis zu zwei Argumenten vor. Bezüglich der Fakultativität dieser Argumente lässt sich sagen, dass (2a) wohl eher inakzeptabel ohne *als Programmiererin* ist. Auch bei (2c) lässt sich *Maria* nicht wirklich weglassen. Die Klammerstrukturen in (2) zeigen, dass **Adjektivphrasen (APs)** genauso aufgebaut sind wie VPs: das

J. B. Metzler © Springer-Verlag GmbH Deutschland, ein Teil von Springer Nature, 2020
S. Repp/V. Struckmeier, *Syntax*, https://doi.org/10.1007/978-3-476-04872-1_6

Adjektiv ist der Kopf der AP und nimmt bis zu zwei Argumente. Das zeigt auch die Baumstruktur für die AP in (2c), siehe (2d). Die AP als Ganzes modifiziert dann das Nomen.

Strukturen ver-
schiedener APs

(2) a. die [$_{NP}$ [$_{AP}$ [$_{PP}$ als Programmierin] tätige$_A$] Informatikstudentin$_N$]
   b. der [$_{NP}$ [$_{AP}$ [$_{PP}$ mit dem Ergebnis] zufriedene$_A$] Lehrer$_N$]
   c. der [$_{NP}$ [$_{AP}$ [$_{NP}$ Maria] [[$_{PP}$ in Vielem] ähnliche$_A$]] Anton$_N$]
   d.

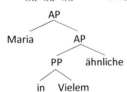

Als Kopf der AP bestimmt das Adjektiv sowohl die semantische Rolle als auch die syntaktische Kategorie und den Kasus seiner Argumente. So verbinden sich alle Adjektive in (2) mit einem Präpositionalobjekt. Das Adjektiv in (2c) verbindet sich zusätzlich mit einem Dativobjekt. Nicht wenige Adjektive verbinden sich auch mit Genitiv, wie in *Anton ist sich [der Zustimmung aller]$_{Gen}$ sicher*. Akkusativ ist selten: *Das ist [den Aufwand]$_{Akk}$ wert*.

Nomen: Auch Nomen können Argumente nehmen. Dies sieht man besonders gut bei sog. **relationalen Nomen**, die verwandtschaftliche oder andere Beziehungen beschreiben (wie *Sohn, Tochter, Mutter, Chef, Nachbar von jemandem* etc.), und bei **deverbalen Nomen**. Letztere enthalten morphologisch eine verbale Wurzel, die eine bestimmte Argumentstruktur mitbringt, welche beim nominalen Gebrauch wiederzufinden ist. In (3b) drückt eine **Nominalphrase (NP)** mit relationalem Nomen die Relation aus, die in (3a) im Satz beschrieben wird. Der Satz in (4a) beschreibt eine Situation, auf die sich die Nominalphrase in (4b), die das entsprechende deverbale Nomen enthält, beziehen kann. Dabei ist die semantische Rolle des Arguments des Nomens dieselbe wie die des Arguments des Verbs: Patiens. Das deverbale Nomen weist genau wie das Verb einen Kasus zu – allerdings ist dies der Genitiv und nicht der Akkusativ.

Vergleich NP
und Satz

(3) a. Der Metzger hat einen Sohn.
   b. [$_{NP}$ Sohn$_N$ [des Metzgers]]
(4) a. Die Uni entlässt die Professorin.
   b. (die) [$_{NP}$ Entlassung$_N$ [der Professorin]]

Es ist hier wichtig zu erkennen, dass Nomen immer Genitiv zuweisen oder sich mit einer Präpositionalphrase verbinden (*Sohn vom Metzger*). Die jeweilige semantische Rolle ist dabei sehr flexibel. Dies ist auch bei Nomen so, die nicht relational oder deverbal sind. Bei einer Nominalphrase wie *(das) Foto Marias*, kann Maria z. B. die Fotografin sein (Agens), die Besitzerin (Possessor) oder die abgebildete Person (Thema), oder auch andere semantische Relationen zum Foto einnehmen, die durch die NP nicht spezifiziert werden.

Präpositionen sind Köpfe, die strenge Selektionsbeschränkungen für eine bestimmte Schwester haben, deren Kasus sie bestimmen. Sie vergeben aber nicht unbedingt eine klare semantische Rolle. Insofern möchte man die Schwestern von Präpositionen vielleicht nicht als Argumente im engeren Sinne bezeichnen. Betrachten wir die semantischen Rollen bei der Präposition *vor*. Diese kann genutzt werden, um eine Lokalangabe zu machen (*vor der Mensa* stehen), eine Richtungsangabe (*vor die Mensa gehen*), eine Temporalangabe (*vor Jahren*), eine Kausalangabe (*vor Angst zittern*), oder sie kann mit gar keiner klaren Rolle assoziiert sein, d. h. eine rein syntaktische Funktion haben (*sich vor Angriffen schützen*). Wie die Beispiele auch zeigen, selegieren Präpositionen Nominalphrasen mit oder ohne Artikel.

Was den Kasus betrifft, so sehen wir, dass *vor* in allen Fällen außer bei der Richtungsangabe den Dativ zuweist. Bei der Richtungsangabe erscheint der Akkusativ. So wie *vor* vergeben viele Präpositionen nicht immer denselben Kasus. Eine wichtige Alternation betrifft die eben gesehene zwischen dem Dativ bei Lokalangaben und dem Akkusativ bei Richtungsangaben. Diese ist bei sehr vielen Präpositionen zu finden, z. B. *auf dem/den Tisch, unter dem/den Tisch, über dem/den Tisch*. Es gibt darüber hinaus eine Reihe Präpositionen, die mit dem Dativ oder dem Genitiv erscheinen können, ohne dass ein klarer Bedeutungsunterschied markiert wird, etwa *statt dem/des Sessel(s), trotz dem/des Wetter(s), während dem/des Sturm(es), wegen dem/des Streit(s)*.

Die syntaktische Modellierung von **Präpositionalphrasen (PPs)** ist denkbar einfach (die Kasusalternation ist eine Festlegung im Lexikon):

(5) a. [$_{PP}$ vor$_P$ [Jahren]]
     b. [$_{PP}$ auf$_P$ [dem Tisch]]

Strukturen von PPs

Andere Wortarten als die bisher diskutierten, z. B. Adverbien (die **Adverbphrasen**, **AdvPs** bilden) oder Partikeln, nehmen keine Argumente. Jedoch können Adverbphrasen, genau wie die bisher gesehenen Kategorien, mit Modifikatoren verkettet werden.

6.2 | Modifikatoren anderer Köpfe

Wie wir schon bei unserer Diskussion der Adverbialbestimmungen in Kapitel 3 gesehen haben, werden Modifikatoren von dem Element, das sie modifizieren, nicht selegiert. Sie erhalten auch keine semantische Rolle vom modifizierten Element. (6) bis (9) illustrieren die Modifikation von APs, NPs, PPs und AdvPs. Wie bei den Adverbialbestimmungen wird die Modifikation bei diesen Phrasen durch Adjunktion modelliert. Das Adjunkt ist jeweils unterstrichen. Wir analysieren Partizipien, die adjektivisch gebraucht werden, als Adjektive.

Modifikation
in APs

(6) a. [$_{AP}$ <u>sehr</u> schöne$_A$] Blumen
b. der [$_{AP}$ [$_{AdvP}$ <u>schon gestern</u>] vereinbarte$_A$] Termin
c. die [$_{AP}$ <u>oft</u> [$_{AP}$ [$_{PP}$ als Programmiererin] tätige$_A$]] Informatik-
studentin

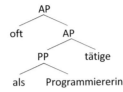

Modifikation
in NPs

(7) a. [$_{NP}$ Vögel$_N$ [$_{CP}$ <u>die auf dem Dach sitzen</u>]]
b. [$_{NP}$ [$_{AP}$ <u>sehr sorgfältige</u>] [$_{NP}$ Analysen$_N$ [von Bakterienkul-
turen]]]

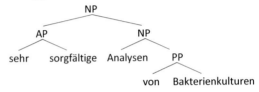

Modifikation in PPs

(8) a. [$_{PP}$ <u>knapp</u> [$_{PP}$ hinter$_P$ [Maria]]]
b. [$_{PP}$ [$_{AdvP}$ <u>ziemlich genau</u>] [$_{PP}$ um$_P$ [7 Uhr]]]

Modifikation
in einer AdvP

(9) [$_{AdvP}$ <u>besonders</u> schön$_{Adv}$] singen

Modifikatoren lassen sich in unserem Grammatikmodell also ganz ein-
heitlich darstellen.

6.3 | Referentialität und Quantifikation: Die DP

Phrasen wie *ein langer Brief, der lange Brief, dieser lange Brief, jener
lange Brief, lange Briefe, die langen Briefe* etc. scheinen intuitiv Nominalphrasen zu sein, d. h. dass das Nomen der Kopf der Phrase ist. Das Nomen weist das grammatische Merkmal [Genus] auf, das von kongruieren-
den Adjektiven und Artikeln (= **Determinierern**) aufgegriffen wird: *der
Becher* ist grammatisch immer maskulin, *die Tasse* feminin, und *das Glas*
neutrum, unabhängig von Attributen und Determinierern. Auch das
Merkmal [Numerus] hat einen engen semantischen Bezug zum Nomen.
Bei *die Tasse* versus *die Tassen* geht es offenbar darum, wie viele Gegen-
stände es gibt, die man als Tasse bezeichnen kann. Der zählbare Gegenstand wird durch das Nomen bezeichnet, das somit als semantischer Kopf
der Phrase zu fungieren scheint. Ganz generell scheint die Semantik der
Phrase also in höchstem Maße vom Nomen abzuhängen und wir könnten
daher annehmen, dass das Nomen der Kopf der Phrase ist. Diese Annahme war lange Standard und wird auch heute noch teilweise vertreten.
Allerdings gehen viele Syntaktiker*innen inzwischen davon aus, dass
Phrasen wie die obigen keine Nominalphrasen sind, sondern **Determi-**

niererphrasen. Das heißt, dass zum Beispiel der Kopf der Phrase *[das Glas]* der Determinierer *das* ist, nicht das Nomen *Glas*. Diese sog. **DP-Hypothese** wird (mindestens) seit Abney (1987) verfolgt und ist inzwischen gewissermaßen eine Standardannahme. In diesem Unterkapitel wollen wir kurz zeigen, welche strukturellen Eigenschaften DPs aufweisen und wieso man für die Syntax davon ausgehen kann, dass der Determinierer Kopf einer Phrase DP ist, die die NP enthält.

6.3.1 | Motivation für die DP-Hypothese

Eine Motivation für die DP-Hypothese ist die Beobachtung, dass es eine Reihe von Parallelen zwischen der verbalen Domäne (d. h. Sätzen) und der nominalen Domäne gibt.

Verbale Kaskaden: Verben fungieren als lexikalische Kerne einer ganzen Kaskade von funktionalen Projektionen: VP – vP – (AspP) – TP. Das sehen wir am besten, wenn wir die Funktionen, die die Köpfe v, Asp und T ausführen, betrachten. Der v-Kopf bestimmt, inwieweit die Projektion der Argumente des Verbs auch ein externes Argument umfassen muss. Auch der T-Kopf hat offensichtliche Bezüge zum Verb. Einerseits buchstabiert er die Flexion des Verbs (nach Tempus, Numerus und Person) aus. Andererseits realisiert er mit dem Tempus eine semantische Kategorie des Verbs, da er das Ereignis, das durch das Verb beschrieben wird, in Relation zur Referenzzeit verortet (s. Kap. 4.4). Der Asp-Kopf hat mit der Spezifikation der Relation von Ereignis- und Referenzzeit eine ganz ähnliche semantische Funktion. Diese zeitlichen Verortungen betreffen, wie gesagt, vorrangig das durch das Verb spezifizierte Ereignis – die am Ereignis beteiligten Referenten (die als Argumente in der vP verkettet werden), können auch außerhalb des Ereignisses existieren.

In der verbalen Kaskade türmen sich also gewissermaßen mehrere Köpfe oberhalb der lexikalischen Projektion VP auf, die für die verbale Domäne relevante Merkmalspezifikationen vornehmen. Es stellt sich nun die Frage, ob es sinnvoll ist, für Nomen eine ähnliche Aufschichtung von Phrasenstrukturen anzunehmen. Wir werden im Folgenden keine vollständige Analyse der DP vornehmen (siehe z. B. Abney 1987). Jedoch werden wir einige Aspekte einer solchen Analyse besprechen.

Ausdruck nominaler Eigenschaften: Als lexikalischer Kern eines nominalen Arguments fungiert die NP. Sie enthält einen Kopf: das Nomen, mit dem verschiedene Funktionen und Eigenschaften verknüpft sind. So fungiert das Nomen – ähnlich wie Verben in der VP – als grundlegende Beschreibung für die Referenten, auf die sich die nominalen Strukturen beziehen: *Tische, kleine Tische, alte weiße Tische, chinesische bemooste Tische* sind offenbar allesamt – *Tische*. Allerdings können Nomen im Deutschen nicht alle Eigenschaften von nominalen Argumenten selbst ausführen, d. h. die Eigenschaften werden nicht am Nomen ausgedrückt. Nomen selbst flektieren z. B. häufig nicht oder nicht gut sichtbar nach Kasus. Diese Aufgabe wird im Deutschen häufig (und zunehmend, vgl. Gallmann 1996) von anderen Bestandteilen der nominalen Struktur übernommen. Wie (10) zeigt, wird nicht das Wort *Tisch*, sondern der Artikel flektiert, um die verschiedenen Kasus auszudrücken. Diese Aufgabe kann auch von attributiven Adjektiven ausgeführt werden, z. B. dann, wenn es (bei indefiniten Pluralen) keine Artikelform gibt (11). (11c) ist ein Beispiel, wo der Kasus auch am Nomen zu sehen ist.

Kasusmarkierung
an Artikel
und Adjektiv

(10) a. Der Tisch brennt.   (*Tisch* im Nominativ)
    b. Den Tisch verbrennt der Junge.   (*Tisch* im Akkusativ)
    c. Dem Tisch gibt der Junge einen Tritt.   (*Tisch* im Dativ)
(11) a. Kleine Kinder sagen oft lustige Sachen.   (*Kinder* im Nominativ)
    b. Die Aussagen kleiner Kinder sind oft lustig.   (*Kinder* im Genitiv)
    c. Kleinen Kindern kann man amüsiert zuhören.   (*Kinder* im Dativ)

Das Gleiche gilt auch für die grammatische Kategorie Genus. Den meisten Nomen können wir nicht ansehen, welches Genus sie haben. Wir erkennen das maskuline Genus von *Tisch* am Determinierer *der* bzw. an den attributiven Adjektiven. Dasselbe gilt für (12a–c):

Genusmarkierung
am Adjektiv

(12) a. Dreibeiniger Yeti gesichtet!   (*Yeti* ist grammatisch maskulin)
    b. Zweibeinige Kröte attackiert Strandpromenade!   (*Kröte* ist grammatisch feminin)
    c. Schreckliches Monster terrorisiert Monte Carlo!   (*Monster* ist grammatisch neutrum)

Attributive Strukturen und Determinierer buchstabieren also Eigenschaften des Nomens aus – ganz ähnlich wie v-, T- und Asp-Elemente Eigenschaften des Verbs ausbuchstabieren.

Darüber hinaus ist es so, dass viele Nomen für bestimmte Verwendungen gar nicht einsatzfähig sind, wenn ihnen kein Determinierer zur Seite gestellt wird. Zwar beschreibt *Tisch* eine Menge von Gegenständen (die die Eigenschaften aufweisen, die ein Tisch zu haben hat), aber tatsächlich kann man mit *Tisch* alleine gar nicht auf einen entsprechenden Gegenstand verweisen: *Da vorne steht Tisch. Setzen wir einen definiten Determinierer ein, so kann der Gesamtausdruck *der Tisch* referieren. Der Typ des Determinierers legt dabei fest, um welche Arten von Referenten es sich handeln muss. Während in (13a) von einem einzigen Tisch die Rede ist (der sowohl auf der Straße steht, als auch Sperrmüll ist), scheinen in (13b) zwei Tische zu existieren: einer steht auf der Straße und der andere ist Sperrmüll. Ähnlich also, wie z. B. T- und Asp-Köpfe Situationen ausweisen, auf die sich ein konkreter Satz bezieht, scheinen D-Köpfe einzugrenzen, ob die Referenten im Diskurs schon bekannt sind (13a), oder aber ob der*die Hörer*in sich einen neuen Referenten vorstellen soll (13b).

Determinierer und
Referentialität

(13) a. Ein Tisch steht auf der Straße. Der Tisch gehört zum Sperrmüll.
    b. Ein Tisch steht auf der Straße. Ein Tisch gehört zum Sperrmüll.

Insgesamt haben wir also Grund zu der Annahme, dass die Kategorie Determinierer sich in ähnlicher Weise um semantische und morphosyntaktische Eigenschaften des N kümmert, wie es v, T und Asp für das V tun.

6.3.2 | Syntaktische Analyse der DP

Struktur der DP: Wir nehmen an, dass oberhalb der NP ein funktionaler Kopf D existiert, der eine gewisse Ähnlichkeit mit dem T-Kopf aufweist. Die D-Position kann wie die T-Position jeweils von verschiedenen Elementen besetzt werden. So wie T durch ein finites Verb, ein Auxiliar oder ein Modalverb besetzt werden kann, kann D durch Artikel (*der, die, das*), Possessivartikel (*mein, dein, ...*), Demonstrativartikel (*dieser, jener, ...*) oder andere Elemente besetzt werden. Darüber hinaus ergeben die Eigenschaften von D so wie die Eigenschaften von T nur semantischen Sinn, wenn man sie auf die Schwester des Kopfes bezieht (NP bzw. AspP/vP). Der Determinierer führt semantische Merkmale wie den referentiellen Bezug (s. o.) ein und buchstabiert morphosyntaktische Merkmale wie Person, Numerus (= phi-Merkmale), Kasus und Genus aus. Beide Merkmalsarten beziehen sich auf die NP, da sie nur so interpretierbar sind. Die syntaktische Analyse der DP ist somit diese:

(14) a. [$_{DP}$ der$_D$ [Brief]]

Struktur der DP

Kongruenz innerhalb der DP: Zwischen dem D-Kopf und dem Nomen bestehen Kongruenzbeziehungen, die wir durch Merkmalsabgleiche sicherstellen können:

(15) a. Wir gedenken dieser$_{[Pl, Mask, Gen]}$ Männer$_{[Pl, Mask, Gen]}$.
  b. Ich helfe dieser$_{[Sg, Fem, Dat]}$ Frau$_{[Sg, Fem, Dat]}$.

Kongruenz
in der DP

Es ist hier wichtig anzumerken, dass manche grammatischen Eigenschaften keinen erkennbaren semantischen Sinn haben. Beispielsweise bezeichnet das grammatisch feminine Wort *Lehrerin* nur Frauen und damit biologisch weibliche Referenten (der semantische Terminus *Referent* hat keine weibliche Form!). Das grammatisch feminine Wort *Telefonzelle* bezeichnet hingegen einen Gegenstand – und damit keinen Referenten, der ein biologisches **Geschlecht** haben kann. Was das Sprachsystem des Deutschen angeht, ist es daher nicht vernünftig, davon auszugehen, dass das grammatische **Genus** immer einem biologischen Geschlecht entspricht. Anders liegt die Situation, wenn die diskutierten Nomen Menschen bezeichnen. Hier wird aktuell eine intensive Debatte darüber geführt, mit welchen Wörtern man Menschen auf faire und nicht-diskriminierende Art und Weise bezeichnen kann. Hier versteht es sich von selbst, dass wir Menschen so anzusprechen haben, dass sie sich fair und gleichberechtigt angesprochen fühlen. Aus Sicht des Sprachsystems bleibt die

Unterscheidung zwischen grammatischem Genus und biologischem Geschlecht aber in jedem Falle bestehen. Es gibt im Deutschen kaum Belege dafür, dass z. B. Kongruenzprozesse sich am biologischen Geschlecht orientieren. Es scheint fast immer nur um das grammatische Genus zu gehen, was z. B. die Wahl des Artikels und attributiver Kongruenzsuffixe anbelangt:

Grammatisches
Genus vs. biolo-
gisches Geschlecht

(16) a. das Mädchen grammatisch: Neutrum

    biologisch: weiblich

  b. Anton hat eine$_{Fem}$ kluge$_{Fem}$ Tochter$_{Fem}$. Das Mädchen heißt Amina.

  c. Anton hat eine$_{Fem}$ kluge$_{Fem}$ Tochter$_{Fem}$. *Die$_{Fem, Sg}$ Mädchen heißt Amina.

  d. eine$_{Fem}$ kluge$_{Fem}$ Frau$_{Fem/weiblich}$, *eine$_{Fem}$ kluge$_{Fem}$ Mädchen$_{Neutrum/weiblich}$

Die Debatte über die Verwendung von (generischen?) Maskulina versus die Verwendung auch explizit femininer oder anderer Formen kann also unabhängig von grammatischen Vorgaben geführt werden. Das grammatische System – das ja nicht das Gleiche wie ›die Sprache‹ ist – operiert erkennbar nicht auf der Basis von biologischem Geschlecht.

Kongruenz – Analyse: Wir wollen die Verbindungen zwischen D- und N-Elementen wie folgt in unserer Grammatik analysieren. Da der D-Kopf die NP als Schwester verkettet, sind die strukturellen Voraussetzungen gegeben um Merkmale wie Genus und Numerus zwischen D und NP abzugleichen. Nun ist das Genus, wie wir gesehen haben, eine lexikalische Eigenschaft des Nomens. Auch der Numerus ist ein Merkmal des Nomens, denn für Nomina ergibt die Numerusmarkierung einen semantischen Sinn. Wenn wir nun aber Determinierer per Agree mit dem Numerus- und Genusmerkmal eines Nomens ausstatten wollten, so würde dies bedeuten, dass die Agree-Relation ›von unten nach oben‹ applizieren müsste: das Element mit den Merkmalswerten (das Nomen) steht strukturell tiefer als das Element, das die Merkmalswerte empfängt (der Determinierer). Dies ist anders als bei den Fällen von Agree, die wir oben besprochen haben: bei der Kasusvergabe steht der Sondierer höher als das Ziel der Operation.

Wir können auf diese Beobachtung prinzipiell auf zwei Arten und Weisen reagieren. Entweder formulieren wir die Agree-Operation so um, dass sie auch ›Aufwärts‹-Konstellationen ermöglicht, oder aber wir gehen davon aus, dass die Kongruenz zwischen Artikel und Nomen durch eine andere Operation bewerkstelligt wird. Wir entscheiden uns hier für die zweite Möglichkeit. Wir statten Determinierer, die ein bestimmtes Genus oder Numerus aufweisen, mit einer **Selektion für Nomen** mit dem gleichen Genus und Numerus aus. Auf diese Weise werden die Kongruenzzusammenhänge geklärt, ohne dass wir die Operation Agree verkomplizieren müssten. Determinierer mit einem bestimmten Genus sind demnach nur kompatibel mit Nomen mit dem entsprechenden Genus, Determinierer mit einer bestimmten Numerusmarkierung nur mit Nomen mit passenden Merkmalen.

In allen Strukturbäumen, in denen wir bisher ein Fragezeichen gesetzt hatten, können wir dieses nun also durch *DP* ersetzen. Die Merkmalsspezifikationen beispielsweise für Kasus (s. Kap. 4) sehen dann wie folgt aus: zu valuierende Kasusmerkmale stehen an D. Zwischen D und N muss ein Merkmalsabgleich erfolgen, da Kasus zwar selten, aber grundsätzlich eben doch auch am Nomen markiert wird.

Im Falle von adjektivischen und partizipialen Attributen (z. B. *ein/e stolze/r, lachende/r, beeindruckte/r Chef/in*) müssen wir sicherstellen, dass die Kongruenzflexion, die D und N verbindet, auch diese Elemente erreicht. Da die AP Modifikator der NP ist (s. Kap. 6.2), sind die Merkmale, die sich in der AP und der NP befinden, allesamt in der Schwester von D enthalten, und können daher von der Selektion von D miterfasst werden.

(17) [$_{DP}$ eine$_D$ [$_{NP}$ [$_{AP}$ stolze$_A$] Chefin$_N$]]

In der Summe haben wir nun einen Gesamtaufbau, der Attribute und Argumente des Nomens in der NP verortet und die gesamte NP in einer DP einbettet, beispielsweise:

(18)

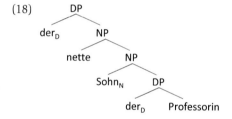

Struktur einer komplexen DP

Adjektivflexion

Zur Vertiefung

Wir haben die Adjektivflexion in der DP nur wenig besprochen, insbesondere, was ihre genaue morphophonologische Form und morphosyntaktische Steuerung anbelangt. Adjektive kongruieren mit dem Kopfnomen in Numerus, Kasus und Genus – welche konkrete Form das Adjektiv aber aufweist, hängt zusätzlich vom Determinierer ab. Man unterscheidet die starke (pronominale) Flexion von der schwachen (adjektivischen) Flexion. Die **starke Flexion** tritt auf, wenn es keinen Determinierer gibt, oder wenn der Determinierer kein Suffix hat. Letzteres kann bei indefiniten Artikeln, Possessivpronomen und Negationsartikelwörtern der Fall sein: *ein/mein/kein/Ø kaltes Mineralwasser*. Die **schwache Flexion** tritt auf, wenn der Determinierer ein Suffix hat. Bei definiten Artikeln beginnt das Suffix nach *d-*: *das kalte Mineralwasser*. Man sieht den Unterschied auch an folgendem Beispiel gut. Stark: *mit Ø kaltem Mineralwasser*; schwach: *mit dem/ einem/meinem/keinem kalten Mineralwasser*.
Zusätzlich scheint die **Distanz des Adjektivs zum Nomen** eine Rolle zu spielen, z. B. *mit kühlem frischen Bier* (erstes Adjektiv stark, zweites schwach), *mit kühlem frischem Bier* (beide Adjektive stark), **mit kühlen*

frischem Bier (erstes Adjektiv schwach, zweites stark). Oder: *Grüne Autos habe ich keine gesehen* (schwach). *Ich habe keine grünen Autos gesehen.* Dies weist darauf hin, dass die Phonologische Form hier relevant ist. Da wir die genaue Rolle der Schnittstelle der Syntax zur PF in diesem Einführungsbuch nicht besprechen, stellen wir in diesem Kapitel keine Analysen zur Adjektivflexion vor. Eine Diskussion findet sich zum Beispiel bei Struckmeier (2007, 2010, 2012).

DPs ohne D

In einigen der obigen Beispiele gab es keinen Determinierer. Eine Frage, die sich hier stellt, ist, ob es sich bei solchen Strukturen um NPs oder DPs handelt. Die Antwort auf diese Frage fällt unterschiedlich aus. Bei Eigennamen kann man davon ausgehen, dass sie referentiell sind, was einer DP entsprechen würde. Auch andere artikellose Nomen z. B. im Plural können referieren, z. B. *Blumen* in *Auf dem Tisch stehen Blumen.* Man geht daher manchmal davon aus, dass es einen **Nulldeterminierer** gibt. Das ist ein Determinierer, der nicht ausgesprochen wird, aber den referentiellen Bezug regelt. Genauere Analysen zur DP finden Sie in Alexiadou/ Haegeman/Stavrou (2008).

Aufgaben

1. Zeichnen Sie folgende Phrasen (ohne Merkmale).
   a) *hinter dem Tor; knapp neben das Tor; genau zu dieser Uhrzeit*
   b) *überaus glücklich; besonders schön; sehr pfiffig; über die Maßen pfiffig*
   c) *der Vogel; der kleine Vogel; der Vogel auf dem Dach; der sehr kleine Vogel; der niedliche kleine Vogel*
   d) *der Vater; der Vater des Jungen; der strenge Vater; der strenge Vater des Jungen; der sehr strenge Vater des frechen Jungen; der sehr strenge Vater des Jungen aus der Parallelklasse; der laut schreiende Vater des Jungen aus der Parallelklasse; der schwer enttäuschte Vater des Jungen aus der Parallelklasse*
   e) *die singende Köchin; die unser Lieblingslied trällernde Köchin; der humpelnde Mann; der das Fahrrad schiebende Mann; der stehende Mann; der an der Ecke stehende Mann*

2. Die folgenden beiden Phrasen unterscheiden sich strukturell, obwohl sie an der Oberfläche sehr ähnlich aussehen. Zeichnen Sie die Baumstrukturen.
   a) *nach der eiligen Bearbeitung der Akten in der letzten Woche*
   b) *nach der eiligen Bearbeitung der Akten in der letzten Schublade*

7 Nicht-finite Nebensätze

7.1 Kontrollsätze
7.2 Anhebung

Im Kapitel 5.4 haben wir Nebensätze besprochen. Diese enthielten neben der Subjunktion ein finites Verb sowie alle Argumente, die das Verb erfordert. In diesem Kapitel werden wir sehen, dass Nebensätze nicht notwendigerweise ein finites Verb enthalten. Der Inhalt eines finiten Nebensatzes kann nämlich oft auch mit einer sog. **Infinitivgruppe** ausgedrückt werden, wie die (a)- und (b)-Varianten in (1) bis (3) zeigen: sie sind jeweils bedeutungsgleich.

(1) a. Leyla verspricht Mehmet, dass sie den Kahn repariert.
     b. Leyla verspricht Mehmet, den Kahn zu reparieren.
(2) a. Leyla sieht, dass/wie der Junge den Kahn repariert.
     b. Leyla sieht den Jungen den Kahn reparieren.
(3) a. Es scheint, dass Leyla den Kahn repariert.
     b. Leyla scheint den Kahn zu reparieren.

Sätze mit Infinitivgruppen

Obwohl (1b) bis (3b) recht ähnlich zu sein scheinen – sie alle enthalten eine Infinitivgruppe –, unterscheiden sie sich in wesentlichen Punkten. In der Forschung werden üblicherweise zwei Punkte als definierende Charakteristiken herangezogen: die Realisierung des externen Arguments der Infinitivgruppe und die Vergabe der semantischen Rollen.

Realisierung des externen Arguments: Während in allen finiten Nebensätzen in (1) bis (3) das Agens des Verbs *reparieren* mit einer Nominativ-DP ausgedrückt ist, erscheint dieses Agens in (1b) und (3b) gar nicht, wohingegen es in (2b) scheinbar mit einer Akkusativ-DP ausgedrückt wird. Trotzdem wird es in allen (b)-Varianten mitverstanden, sonst wären diese ja nicht bedeutungsgleich mit den (a)-Varianten. Wir haben das Phänomen, dass der Nominativ nur in finiten Sätzen erscheint, schon in Kapitel 4.1 diskutiert. Auch Sätze wie (2b) und (3b) haben wir dort schon gesehen. (1b) begegnet uns hier zum ersten Mal.

Vergabe der semantischen Rollen: Wir hatten in Kapitel 4.1 auch festgestellt, dass *scheinen* in (3) keine semantische Rolle an die DP, mit der es kongruiert, vergibt. Das Pronomen *es* in (3a) ist ein Expletivum. Es gibt kein ›es‹, das scheint. Genauso wenig scheint Leyla in Satz (3b). Vielmehr ist Leyla in (3b) das Agens des Verbs *reparieren*. Im Gegensatz dazu vergibt das finite Verb in (1b), *verspricht*, eine semantische Rolle: Leyla ist das Agens der Versprechenshandlung. Darüber hinaus ist Leyla aber offensichtlich auch – gleichzeitig – das Agens von *reparieren*. Dies steht in klarem Widerspruch zu unserer Annahme, dass Argumente maximal eine thematische Rolle aufweisen können. In (2b) vergibt *sehen* eine semantische Rolle an Leyla. Dies ist hier die einzige Rolle, die Leyla hat.

Tabelle 7.1 fasst die Eigenschaften von (1b) bis (3b) bezüglich der

J. B. Metzler © Springer-Verlag GmbH Deutschland, ein Teil von Springer Nature, 2020
S. Repp/V. Struckmeier, *Syntax*, https://doi.org/10.1007/978-3-476-04872-1_7

Struktur	Externes Argument des Infinitivs ausgedrückt	Finites Verb vergibt Rolle	Beispiel
Kontrollinfinitiv	✗	✓	(1b)
Anhebungsinfinitiv	✗	✗	(3b)
Accusativus cum infinitivo (a. c. i.)	✓ (Akkusativ-NP)	✓	(2b)

beiden genannten Punkte zusammen und benennt die in der Literatur verwendeten **Termini** für die drei Strukturen.

In den folgenden Unterkapiteln werden wir zwei der drei Infinitivgruppen genauer betrachten: **Kontrollinfinitive** und **Anhebungsinfinitive**. Für die jeweilige Gesamtstruktur bestehend aus Haupt- und Nebensatz verwenden wir die Begriffe **Kontrollsatz** und **Anhebungssatz**. Die Matrixverben heißen **Kontrollverben** bzw. **Anhebungsverben**. Inwiefern es überhaupt sinnvoll ist, von **Haupt- und Nebensatzstrukturen** zu sprechen, werden wir bei unserer Untersuchung auch betrachten. Für eine Nebensatzanalyse der Infinitivgruppe scheint zunächst zu sprechen, dass es sowohl im finiten Nebensatz als auch in der Infinitivgruppe ein lexikalisches Verb gibt, *reparieren*, welches semantische Rollen, *Agens* und *Patiens*, vergibt. Ob das Verb finit oder infinit ist, ob das Agens nur mitverstanden oder ausgedrückt wird, scheint unerheblich zu sein, da sich die Bedeutung des Gesamtsatzes nicht ändert. Trotzdem ist diese Frage umstritten. Bei Kontrollinfinitiven geht man tatsächlich davon aus, dass es sich um Nebensätze handelt. Bei Anhebungsinfinitiven ist dies nicht so klar, wie wir in Kapitel 7.2 sehen werden.

Das ›Wort‹ *zu*: Es sei hier noch darauf hingewiesen, dass Kontroll- und Anhebungsinfinitive mit *zu* erscheinen, wohingegen a. c. i.-Infinitive das nicht tun. *Zu* ist insofern interessant, als dass es mit dem Infinitiv manchmal orthographisch verschmilzt und manchmal nicht: *Anton schien wiederzukehren* (= ›zurückzukommen‹) – *Anton schien wieder zu kehren* (= ›erneut zu fegen‹). Die Wahl der Schreibweise ist regelhaft, geht sie doch mit dem Status von *wieder* als verbale Partikel oder als Adverb einher. Trotzdem zeigt uns die Variabilität der Orthographie, dass der kategorielle Statuts von *zu* nicht in dessen Orthographie reflektiert sein kann: *zu* hat immer dieselbe ›Funktion‹ – nämlich den Infinitiv einzuleiten. Vergleicht man *zu* mit dem englischen *to*, welches immer separat vom Infinitiv geschrieben wird, so stellt man fest, dass *zu* niemals durch andere syntaktische Bausteine vom Infinitiv getrennt werden kann, *to* aber schon. Dies illustriert (4) für die Positionierung von Adverbialen zwischen *zu/to* und dem Infinitiv, welche im Englischen zwar präskriptiv vermieden werden soll, aber deskriptiv vorhanden ist: Man findet diese Trennung ständig im tatsächlichen Sprachgebrauch.

zu ≠ to

(4) a. Maria decided to carefully remove the bigger splinter.

   b. Maria beschloss den größeren Splitter vorsichtig zu entfernen / *zu vorsichtig entfernen.

Wir nehmen hier an, dass *zu* kein separates lexikalisches Element ist und dass Infinitive mit *zu* eine eigenständige nicht-finite Form neben dem Partizip II (*gearbeitet*) und dem einfachen Infinitiv (*arbeiten*) sind. Diese drei Formen werden seit Bech (1983; Erstausgabe 1955) auch als **1. Status** (Infinitiv), **2. Status** (*zu*-Infinitiv) und **3. Status** (Partizip II) bezeichnet.

7.1 | Kontrollsätze

Bei Kontrollsätzen geht man davon aus, dass sie aus einem finiten Hauptsatz und einem nicht-finiten Nebensatz bestehen. Wir werden dies hier ohne Argumentation so annehmen, kommen aber im Kapitel zu Anhebungssätzen (7.2) auf diese Frage zurück.

Subjekt- und Objektkontrolle: Wir haben oben gesehen, dass in Kontrollsätzen das Agens des Kontrollinfinitivs zwar nicht ausgedrückt aber mitverstanden wird. In (1b) – *Leyla verspricht Mehmet, den Kahn zu reparieren* – schien das Agens des Kontrollinfinitivs dasselbe Agens zu sein wie das Agens des Matrixverbs: Leyla. In (5), das sich von (1b) nur im Matrixverb unterscheidet, ist nicht Leyla das Agens des Kontrollinfinitivs, sondern Mehmet:

(5)   Leyla bittet Mehmet, den Kahn zu reparieren.

Da das Agens des Kontrollinfinitivs in (1b) dieselbe Person zu sein scheint wie der Referent des Subjekts des Matrixsatzes, spricht man bei (1b) von **Subjektkontrolle**. Bei (5) spricht man von **Objektkontrolle**, da das Agens des Kontrollinfinitivs dieselbe Person zu sein scheint wie der Referent des Objekts des Matrixsatzes. Der Begriff *Kontrolle* ist vielleicht irreführend, wenn man ihn so versteht, dass das Subjekt bzw. das Objekt des Matrixsatzes kontrolliert, wer das Agens des Kontrollinfinitivs ist. Wie wir gleich sehen werden, sind das Matrixverb und bestimmte Charakteristiken des Kontrollinfinitivs entscheidend dafür, welches Individuum das Agens des Kontrollinfinitivs ist. Wir müssen den Kontrollbegriff also als rein technischen Begriff verwenden. Fernerhin werden wir noch sehen, dass das, was wir bisher als *Agens des Kontrollinfinitivs* bezeichnet haben, keineswegs immer ein Agens sein muss. Es gibt auch Kontrollinfinitive im Passiv, wo es kein Agens gibt. Wir werden deswegen ab jetzt vom **kontrollierten Argument** sprechen und nicht mehr vom ›Agens‹.

PRO: Bezüglich des kontrollierten Arguments wird weithin angenommen, dass es in der syntaktischen Struktur vorhanden ist, dass es also nicht einfach fehlt. Konkret nimmt man an, dass es ein Pronomen gibt, das nicht ausgesprochen wird: **PRO** (für *pronominales kontrolliertes Argument*). Obwohl PRO kein ›normales‹ Pronomen ist – es ist ja kein hörbares Wort –, ist wie bei normalen Pronomen, z. B. *er*, vom Kontext abhängig, worauf es sich bezieht. In (1b) bezieht PRO sich ja auf Leyla und in (5) auf Mehmet. Auch wird PRO hier wie andere Subjektpronomen in der vP verkettet. (6) und (7) illustrieren skizzenhaft, wie die Strukturen für (1b) und (5) aussehen. Die Indizes i und k zeigen die jeweilige Referenz von PRO und den referentiellen Ausdrücken an (s. Kap. 4.3). So sind beim Subjektkontrollsatz in (6) *Leyla* und PRO koreferent. Beim Objektkontrollsatz in (7) sind *Mehmet* und PRO koreferent.

PRO in Kontroll-
sätzen

(6) [$_{\text{Hauptsatz}}$ ...Leyla$_i$ ... Mehmet$_k$ verspricht [$_{\text{Nebensatz}}$...
[$_{\text{vP}}$ PRO$_i$ den Kahn zu reparieren]]]

(7) [$_{\text{Hauptsatz}}$ ...Leyla$_i$ ... Mehmet$_k$ bittet [$_{\text{Nebensatz}}$...
[$_{\text{vP}}$ PRO$_k$ den Kahn zu reparieren]]]

Wir werden weiter unten diskutieren, warum es sinnvoll sein könnte anzunehmen, dass es ein syntaktisches Element PRO gibt. Zunächst wollen wir uns aber etwas genauer mit den referentiellen Möglichkeiten in Kontrollsätzen befassen.

7.1.1 | Arten von Kontrolle

Neben Subjekt- und Objektkontrolle gibt es weitere Arten von Kontrolle (vgl. z. B. Stiebels 2007), siehe Tabelle 7.2. Das Schema in Spalte 2 gibt an, welche Elemente koreferieren und welche nicht. In dem Schema steht *S* für *Subjekt* und *O* steht für *Objekt* des Matrixsatzes.

Welche Art von Kontrolle vorliegt, hängt, wie oben schon erwähnt, einerseits vom Matrixverb ab, und andererseits von bestimmten Eigenschaften des Kontrollinfinitivs selbst.

Subjekt- und Objektkontrolle: Bei der **Subjektkontrolle** ist, wie gesehen, PRO koreferent mit dem Subjekt des Hauptsatzes. Subjektkontrolle

Typ	Schema	Beispiel
Subjektkontrolle	[S$_i$ O$_k$ [PRO$_i$ Infinitiv]]	Amina sichert Anton zu ihn zu berücksichtigen.
Objektkontrolle	[S$_i$ O$_k$ [PRO$_k$ Infinitiv]]	Amina beschuldigt Anton zu lügen.
Gemeinsame Kontrolle	[S$_i$ O$_k$ [PRO$_{i+k}$ Infinitiv]]	Amina verabredete mit Anton zusammen ins Kino zu gehen.
Variable Kontrolle	[S$_i$ O$_k$ [PRO$_{i/k/i+k}$ Infinitiv]]	Amina schlägt Anton vor hinauszugehen.
Kontrollwechsel	[S$_i$ O$_k$ [PRO$_k$ Infinitiv]] $\Rightarrow$ [S$_i$ O$_k$ [PRO$_i$ Infinitiv$^+$]]	Amina bittet Anton anzurufen. Amina bittet Anton anrufen zu dürfen / angerufen zu werden.
Partielle Kontrolle	[S$_i$ [PRO$_{i+m}$ Infinitiv]]	Amina befürwortet ins Kino zu gehen.
Implizite Kontrolle	[S$_i$ [PRO$_m$ Infinitiv]]	Der Major befahl mit der Marschmusik zu beginnen.
Implizit-Generische Kontrolle	[S [PRO$_{gen}$ Infinitiv]]	Es ist schwer immer zuzuhören.
Implizit-Arbiträre Kontrolle	[S [PRO$_{arb}$ Infinitiv]]	Es wurde versucht abzuhauen.

Tab. 7.2:
Arten von
Kontrolle

finden wir, wenn das Matrixverb ein kommissives Verb oder ein Ankündigungsverb ist. Kommissive Verben sind Verben, deren Agens sich auf eine zukünftige Handlung verpflichtet, z. B. *versprechen, sich verpflichten, geloben* und *zusichern*. Ankündigungsverben sind z. B. *verkünden* und *bekanntgeben*. **Objektkontrolle** finden wir bei Verben des Bittens und bei Verben, die Verantwortung zuweisen, z. B. *bitten, ankreiden, bezichtigen, anlasten* und *beschuldigen*. Es ist auch möglich, dass Subjekt und Objekt des Hauptsatzes gemeinsam die Referenz von PRO kontrollieren. Wir sprechen dann von **gemeinsamer** oder auch **geteilter Kontrolle** (engl. *shared control*). Gemeinsame Kontrolle ist typisch für Verben kooperativen Verhaltens wie *vereinbaren, verabreden* oder *ausmachen*. Zusätzlich erscheint im Kontrollinfinitiv oft noch das Adverb *zusammen*, das die Gemeinsamkeit der Handlung direkt markiert.

Variable Kontrolle und Kontrollwechsel: Die gerade genannten Kontrolltypen basierten ausschließlich auf im Hauptsatz genannten Referenten. Es gibt noch zwei Phänomene, die man als Varianten dieser Typen betrachten kann.

Variable Kontrolle bezeichnet das Phänomen, dass eine Struktur Subjektkontrolle, Objektkontrolle und gemeinsame Kontrolle erlaubt. Nach der Äußerung des Satzes *Anton schlägt Amina vor hinauszugehen* ist offen, ob Anton, ob Amina, oder ob beide zusammen hinausgehen sollen. Matrixverben, die variable Kontrolle erlauben, beschreiben meist gemeinsame Vorhaben, z. B. *verabreden, empfehlen* und *anbieten*.

Beim **Kontrollwechsel** ändert sich die ›normale‹ Kontrolle durch eine Veränderung in der Infinitivgruppe. Beim Satz *Amina bittet Anton anzurufen* liegt Objektkontrolle vor, d. h. Anton ist das Agens der Anrufhandlung. Erscheint im Kontrollinfinitiv zusätzlich zum lexikalischen Verb das Modalverb *dürfen*, liegt Subjektkontrolle vor. Ganz ähnlich verhält es sich beim Modalverb *können*. Außerdem kann ein Kontrollwechsel erfolgen, wenn das lexikalische Verb im Kontrollinfinitiv passiviert wird, wie in der Tabelle illustriert ist. Man beachte, dass PRO in diesen Fällen als Schwester von V verkettet wird und nicht in der Position SpezvP, da es sich um ein Patiensargument handelt.

Kontrolle ›von außen‹: PRO kann sich nicht nur auf Referenten beziehen, die es auch im Hauptsatz gibt. Bei der **partiellen Kontrolle** umfasst die Referenz von PRO zusätzlich (einen) weitere(n) Referenten, in der Tabelle durch das Subskript m dargestellt. Das Beispiel *Amina befürwortet ins Kino zu gehen*, kann so verstanden werden, dass der Kinogang mindestens eine weitere Person außer Amina betrifft. Partielle Kontrolle finden wir bei Matrixverben, die Bezug nehmen auf eine Proposition, also im weitesten Sinne eine Aussage, etwa *befürworten, dafür/dagegen sein, ablehnen*.

Bei der **impliziten Kontrolle** umfasst die Referenz von PRO nur Referenten, die nicht im Hauptsatz genannt sind. Beispielsweise kann das einzige Argument des Hauptsatzes selbst ein referentieller Ausdruck sein, ohne dass PRO koreferent mit ihm ist. Im Beispiel in der Tabelle referiert das Argument des Matrixsatzes auf einen Major, der in der Situation bekannt ist. Dieser Major ist an der Handlung, die im Kontrollinfinitiv beschrieben ist – der Beginn der Marschmusik – jedoch nicht beteiligt: Die

Referenz von PRO schließt den Major nicht mit ein. Diese Art der impliziten Kontrolle finden wir bei Matrixverben, die ein fakultatives Objekt haben. In dem Major-Beispiel sind es diejenigen, die den Befehl vom Major erhalten, die mit der Marschmusik beginnen. Letztlich handelt es sich also um implizite Objektkontrolle. Neben *befehlen* erlauben z. B. *anordnen* und *anweisen* diese Art von Kontrolle.

Bei den anderen Arten der impliziten Kontrolle gibt es kein referentielles Argument im Hauptsatz. Das Pronomen *es* in den Sätzen in der Tabelle ist ein Expletivum. Bei der **implizit-generischen Kontrolle** wird eine allgemeingültige Aussage gemacht (*generisch*: ›allgemeingültig‹). Bei dem Satz *Es ist schwer immer zuzuhören* sind diejenigen, die versuchen zuzuhören, nicht unbedingt konkrete Personen. Es geht um das Zuhören im Allgemeinen. Implizit-generische Kontrolle finden wir bei adjektivischen Prädikaten in einer Kopulastruktur im Hauptsatz, z. B. *schwer, leicht, schön* und *aufregend sein.*

Bei der **implizit-arbiträren Kontrolle** ist die Referenz von PRO *arbiträr* (›willkürlich‹). Dies bedeutet hier, dass es sich bei den Referenten von PRO zwar um konkrete Individuen handelt, jedoch ist irrelevant, wer diese Individuen genau sind. In dem Satz *Es wurde versucht abzuhauen* gibt es Personen, die abhauen wollten, aber um wen oder auch um wie viele Personen es sich handelt, bleibt offen. Implizit-arbiträre Kontrolle kommt vor, wenn es im Hauptsatz ein unpersönliches Passiv etwa von Subjektkontrollverben gibt. Weitere Beispiele sind demnach *es wurde versprochen..., es wurde zugesichert....*

Syntax und Semantik: Unsere Übersicht über die Kontrollarten zeigt, dass die Referenz von PRO nicht rein syntaktisch geregelt sein kann. Wenn im Hauptsatz kein Element vorhanden ist, das PRO kontrolliert, muss die Bedeutung von PRO aus dem Kontext erschlossen werden. Das heißt, dass auch semantisch-pragmatische Aspekte Teil einer angemessenen Beschreibung des Phänomens Kontrolle sein müssen. Diese sind nicht Bestandteil dieses Buches. Wir werden uns im Folgenden aber Eigenschaften von Kontrollsätzen zuwenden, die für die Syntax relevant sind – oder umgekehrt – für die die Syntax relevant ist (vgl. Landau 2013). Zwei wichtige Fragen, die in diesem Zusammenhang aufkommen – eine davon haben wir schon erwähnt – sind die folgenden. Erstens, gibt es PRO wirklich, d. h. als Element in der Syntax? Bis jetzt haben wir nur semantische Argumente für PRO gesehen. Zweitens, wie viel Struktur hat ein Kontrollinfinitiv? Wenn es PRO gibt, könnte die Infinitivgruppe eine vP sein – es gibt kein finites Verb, welches in T stehen würde, und es gibt keine Verbzweitstellung. Beginnen wir unsere Diskussion mit der zweiten Frage.

7.1.2 | Kontrollinfinitive: vP-TP-CP?

Wie viel Struktur enthält ein Kontrollinfinitiv? In diesem Kapitel wollen wir drei Aspekte betrachten, die uns in Bezug auf diese Frage Aufschluss geben können.

Adverbiale: Der erste Aspekt betrifft die Art von Adverbialen, die in Kontrollinfinitiven vorkommen können. Wir haben in Kapitel 3 gesehen, dass unterschiedliche Adverbiale im Deutschen an unterschiedliche Konstituenten adjungieren. Satzadverbiale wie *wahrscheinlich* oder *überraschenderweise* adjungieren beispielsweise sehr hoch im Satz. Es wurde verschiedentlich argumentiert, dass sie über der TP positioniert sind (Frey 2004). Dies ist plausibel, weil sie eine Sprechereinstellung bezüglich eines temporal verankerten Ereignisses ausdrücken. Die Beispiele in (8) zeigen, dass solche Adverbiale in Kontrollinfinitiven vorkommen können. Kontrollsätze scheinen also mindestens TPs zu sein.

(8)   a.   Maria gab zu, den Termin wahrscheinlich / bedauerlicherweise verpasst zu haben.
      b.   Das Team verkündete, die Ausschreibung glücklicherweise gewonnen zu haben.

Koordinierbarkeit: Ob Kontrollinfinitive auch CPs sind, wurde in der Forschung damit überprüft, ob sie mit Sätzen, die ganz eindeutig CPs sind, koordiniert werden können. Wie wir in Kapitel 12 zur Koordination noch sehen werden, gibt es eine starke Tendenz, dass nur gleichartige Konstituenten miteinander koordiniert werden können. Wenn Kontrollinfinitive CPs sind, sollten sie sich mit eindeutigen CPs koordinieren lassen, also z.B mit Sätzen, die eine Subjunktion wie *dass* enthalten. Dass dies möglich ist, zeigt (9).

(9)   Anton verspricht der kleinen Leyla [PRO mit ins Kino zu kommen] und [$_{CP}$ dass sie ein besonders großes Eis haben darf].

Betrachten wir jedoch (10), stellt sich heraus, dass die Koordinierbarkeit nicht besonders aussagekräftig zu sein scheint. In (10) ist eine DP mit einem *dass*-Satz koordiniert. Das würde nun heißen, dass eine DP ebenfalls eine CP ist, was natürlich nicht plausibel ist.

(10) Anton verspricht der kleinen Leyla [$_{DP}$ ein Eis] und [$_{CP}$ dass sie mit ins Kino kommen darf].

Der Koordinationstest liefert also keine verlässlichen Ergebnisse bezüglich unserer Frage. Andererseits wissen wir schon, dass CPs ganz regelmäßig in syntaktischen Positionen stehen, in denen DPs stehen. Dies ist z. B. bei Subjekt- und Objektsätzen so (s. Kap. 5.4).

Subjunktionen: Der Koordinationstest basierte auf der Annahme, dass finite Nebensätze mit Subjunktion CPs sind. Gibt es eigentlich auch Subjunktionen, die Kontrollinfinitive einleiten? Die gibt es in der Tat: *um, ohne, anstatt* und *außer*. Diese Subjunktionen leiten jedoch keine Kontrollinfinitive ein, die die Objektfunktion im Hauptsatz übernehmen – wie alle bisher betrachteten Kontrollinfinitive – sondern Adverbialsätze, siehe (11a–d). Darüber hinaus gibt es noch *als*, welches einen Vergleichssatz einleitet, siehe (11e).

(11) a. Anton verließ den Raum, um die Anderen nicht zu stören.
    (Finalsatz)
  b. Anton verließ den Raum, ohne sich zu verabschieden.
    (Modalsatz)
  c. Anton verließ den Raum, anstatt weiter zu diskutieren.
    (Adversativsatz)
  d. Anton verlässt den Raum nicht, außer um Kaffee zu holen.
    (Restriktivsatz)
  e. Anton fiel nichts Besseres ein, als den Raum zu verlassen.
    (Vergleichssatz)

Bezüglich der Frage, ob Kontrollinfinitive CPs sind, ist nun interessant, dass fast alle diese Subjunktionen auch *dass*-Sätze einleiten können. Bedeutungsgleichheit ist allerdings nicht immer gegeben, weswegen wir in (12c & d) einen anderen Matrixsatz gewählt haben:

(12) a. Anton verließ den Raum, ohne dass er sich verabschiedet hätte.
  b. Anton verließ den Raum, anstatt dass er weiterdiskutiert hat.
  c. Anton macht nichts Sinnvolles, außer dass er manchmal Kaffee holt.
  d. Anton fällt nichts Besseres ein, als dass er den Raum verlassen könnte.

Diese Sätze werfen natürlich einige Fragen auf. Zum Beispiel haben wir Subjunktionen als C-Köpfe analysiert und hier scheint es jetzt zwei C-Köpfe zu geben. Um dies zu modellieren, würden wir annehmen, dass die obigen Sätze zwei unterschiedliche C-Köpfe enthalten, die jeweils ihre eigene Phrase bilden. Dies ist aber nicht unser Hauptinteresse. Was für uns relevant ist, ist, dass die genannten Subjunktionen eine CP als Schwester zu haben scheinen. Dies spricht dafür, dass Kontrollinfinitive CPs sind.

7.1.3 | Evidenz für PRO

Kommen wir zur zweiten Frage: Gibt es PRO als syntaktisch verkettetes Element? Wir betrachten hier eine kleine Auswahl von Argumenten, weisen aber darauf hin, dass diese Frage in der Forschung nicht abschließend geklärt ist. Die Analyse von Kontrollinfinitiven ist in der (umfangreichen) Forschungsliteratur umstritten.

Reziproke Pronomen: Ein erstes Indiz für die Existenz von PRO ist das Vorkommen des reziproken Pronomens *einander*. Dieses benötigt ein pluralisches Satzglied im Satz, z. B. ein Pluralsubjekt: *Die Kinder sprachen übereinander* aber **Das Kind sprach übereinander*. Auch koordinierte Singularnomen bilden ein Pluralsubjekt: *Mehmet und Anton sprachen übereinander*. Dahingegen genügt es für die Lizensierung von *einander* nicht, dass zwei Satzglieder, die durch je ein Singularnomen ausgedrückt werden, im Satz vorkommen: **Mehmet sprach mit dem Polizisten übereinander*. Wenn wir nun Kontrollinfinitive betrachten, so stellen wir fest, dass diese bei gemeinsamer Kontrolle durch Subjekt und

Objekt ein reziprokes Pronomen enthalten können (13a). Um dies zu erklären, ist es nötig anzunehmen, dass es PRO gibt: nur dieses kann das pluralische Satzglied sein (13b).

(13) a. Mehmet schlug Anton vor, nichts Schlechtes mehr übereinander zu sagen.

b. [Mehmet$_i$ schlug Anton$_k$ vor [PRO$_{i+k}$ nichts Schlechtes mehr übereinander zu sagen]]

PRO lizensiert Reziprokpronomen

Die Pluralkongruenz bei prädikativen Nomen in Kopulastrukturen ist ein zweites Indiz für die Existenz von PRO. Wenn ein Kopulasatz ein pluralisches Subjekt enthält, erscheint sowohl die Kopula als auch das prädikative Nomen im Plural: *Anton und Mehmet wurden Freunde.* Wie bei dem Pronomen *einander* genügt es nicht, dass zwei Einzelindividuen im Satz genannt werden: **Anton wurde mit Mehmet Freunde.* In Kontrollsätzen lassen sich vergleichbare Strukturen aber bilden. PRO kann hier als pluralisches ›Subjekt‹ fungieren:

(14) [Anton$_i$ hat Mehmet$_k$ vorgeschlagen [PRO$_{i+k}$ Freunde zu werden]]

PRO lizensiert Plural

Der Kontrollinfinitiv mit pluralischem prädikativen Nomen scheint nun nicht ganz so gelungen zu sein wie ein bedeutungsgleicher finiter Nebensatz: *Anton hat Mehmet vorgeschlagen, dass sie Freunde werden.* Wir werden über die Gründe dafür an dieser Stelle nicht spekulieren. Wir halten fest, dass Strukturen wie (14) zwar einigermaßen akzeptabel sind, aber keine ideale Evidenz für die Existenz von PRO sind.

Die sekundäre Prädikation betrachten wir hier als drittes Indiz für die Existenz von PRO. Bei der sekundären Prädikation wird ein Nomen durch ein Adjektiv modifiziert, z. B. in *Maria aß das Fleisch roh.* Das Adjektiv *roh* ist hier unflektiert, wird aber nicht adverbial gebraucht wie das Adjektiv *schnell* in *Maria aß das Fleisch schnell,* wo die Essenshandlung modifiziert wird. In *Maria aß das Fleisch roh* modifiziert *roh* das Objekt *das Fleisch.* Aus dem Satz folgt, dass *Das Fleisch war roh* wahr ist. Man kann also einen Kopulasatz mit prädikativem Adjektiv bilden, um diese Bedeutung auszudrücken. Daher spricht man von *sekundärer Prädikation: roh* ist ein sekundäres Prädikat. Das Verb *essen* in unserem Satz ist ein Verb mit fakultativem Objekt. Man kann sagen *Maria aß,* wobei ein nicht weiter spezifiziertes Objekt – das Patiens der Handlung – ›mitgedacht‹ wird. Solch ein mitgedachtes Patiens kann nicht mit einem sekundären Prädikat modifiziert werden: **Maria aß roh.*

Diese Beobachtung können wir uns für die Untersuchung von PRO in Kontrollinfinitiven zunutze machen, da PRO ein stilles Satzglied ist. Wenn es nur mitgedacht ist und nicht syntaktisch repräsentiert, sollte es nicht durch ein sekundäres Prädikat modifiziert werden können. Dies ist aber sehr wohl möglich, wie (15), in dem PRO ein Patiensargument im passivischen Kontrollinfinitiv ist, zeigt.

(15) Das Fleisch war nicht frisch genug, um PRO roh gegessen zu werden.

PRO lizensiert sekundäres Prädikat

Man könnte nun einwenden, dass *roh* nicht PRO modifiziert, sondern direkt das Subjekt des Hauptsatzes. Dagegen spricht jedoch die Beobachtung, dass sekundäre Prädikate nicht auf Nomina innerhalb von Präpositionalphrasen angewendet werden können. Im folgenden Satz kann es nur der Arzt sein, der nüchtern ist, nicht der Patient, obwohl unser Weltwissen etwas Anderes nahelegt: *Der Arzt hat diese Sache mit dem Patienten nüchtern vereinbart.* Wenn *nüchtern* in einem Kontrollinfinitiv erscheint, ergibt sich (bevorzugt) die Lesart, dass der Patient nüchtern ist: *Der Arzt hat mit dem Patienten vereinbart, nüchtern zum Termin zu kommen.* Dies ist gute Evidenz für PRO.

Thetarolle: Ein theorieinternes Argument für die Existenz von PRO ist, dass ein Argument nur genau eine **Thetarolle** bekommen kann. Wir erinnern uns, dass das kontrollierte Argument eine Thetarolle vom Verb des Kontrollinfinitivs erhält. Wenn dieses Argument PRO ist, ist dies vollkommen unproblematisch.

PRO, Kasus und Agree: Wenn es PRO gibt, sollten wir die Frage nach dem Kasus stellen. Wir hatten ja gesagt, dass alle DPs ein Kasusmerkmal [Kasus?] haben, welches valuiert werden muss, d. h. einen Wert erhalten (s. Kap. 4.2). Subjekt-DPs erhalten den Wert [Kasus: Nom] in einer Agree-Relation mit dem finiten Verb in T, welches im Gegenzug seine Werte für [Person] und [Numerus] erhält. Welchen Kasus hat nun PRO? Und was für Merkmale hat T?

In der Literatur fällt die Antwort auf die Frage nach dem Kasus von PRO unterschiedlich aus. Zunächst mag das überraschen, weil PRO ja gar nicht ausgesprochen wird. Wie könnte es also überhaupt Kasus anzeigen? Es wäre wohl vernünftiger anzunehmen, dass PRO gar kein Kasusmerkmal hat. Dies würde erklären, warum das Verb in Kontrollinfinitiven nicht finit ist: Es kann keine Agree-Relation hergestellt werden, da der Kongruenzpartner fehlt. Andererseits sollte die Derivation in diesem Falle nicht konvergieren, da T ja die Merkmale [Person?] und [Numerus?] hat, welche valuiert werden müssen. Obwohl – müssen diese Merkmale in Kontrollinfinitiven wirklich valuiert werden? Bzw. welchen Wert sollen sie annehmen? Das Verb ist ja nicht-finit. Es könnte doch sein, dass T in Kontrollinfinitiven die Merkmale [Person?] und [Numerus?] gar nicht hat: es wird ein anderes T verkettet – ein nicht-finites. Somit würde T keinen Sondierungsprozess anstoßen und es müsste keine Agree-Relation hergestellt werden. So könnte die Derivation dann konvergieren. Dies kann aber nur dann geschehen, wenn im Gegenzug das Subjekt kein Kasusmerkmal valuiert bekommen muss – wie es bei PRO, gemäß unserer Annahme, der Fall ist. Diese Beschreibung erklärt die Fakten für deutsche Kontrollinfinitive recht gut. Es wurde auch vorgeschlagen, dass PRO einen NULL-Kasus hat, was letztlich eine Repräsentation der fehlenden Phonologie von PRO ist, d. h. der Tatsache, dass PRO nicht ausgesprochen wird.

Zur Vertiefung | **Weiterführende Literatur**

Unsere Darstellung in diesem Kapitel baut u. a. auf Stiebels (2007) und Landau (2013), siehe auch Wurmbrand (2001) und Reis/Sternefeld (2004). Landau (2013) bietet einen umfassenden aktuellen Überblick auch über andere Sprachen sowie über Kontrolltheorien.

7.2 | Anhebung

Wie wir schon gesehen haben, unterscheiden sich Anhebungssätze wie *Leyla scheint den Kahn zu versenken* von Kontrollsätzen dadurch, dass die DP, die mit dem finiten Verb (*scheint*) kongruiert, keine semantische Rolle von diesem Verb erhält. Da die Kongruenz in diesem Satz nicht wirklich zu erkennen ist, schauen wir uns einen weiteren Satz an: *Die Jungen scheinen den Kahn zu versenken*. Hier flektiert *scheinen* für 3. Person Plural, weil die DP, die vor dem Matrixverb erscheint, Plural ist. Diese DP ist also tatsächlich das ›Subjekt‹ von *scheinen* – aber eben nur in dem Sinne, dass sie Kongruenzgeber ist. Sie erinnern sich, dass wir in Kapitel 4.1 den Subjektbegriff problematisiert hatten: Kongruenzgeber und die semantische Rolle des Agens sind nicht immer vereint. Andere Verben, die sich in dieser Hinsicht wie *scheinen* verhalten, sind *pflegen* (*Ich pflege donnerstags spazieren zu gehen.*), *drohen* (*Der Kahn droht zu versinken.*), *versprechen* in einer unpersönlichen Lesart (*Die Ferien versprechen schön zu werden.*) und *haben* (*Du hast die Gebühr rechtzeitig zu bezahlen.*). Jedoch können diese Verben nicht alle auch einen finiten Nebensatz einbetten, wie das bei *scheinen* der Fall ist. Wir werden uns hier nicht mit den feineren Unterschieden zwischen diesen Verben befassen (z. B. Reis 2004) und konzentrieren uns auf *scheinen*.

7.2.1 | Die Frage der Kohärenz: Haupt- und Nebensatz?

Da die Argumentstruktur von Anhebungssätzen weniger ›normal‹ ist als die von Kontrollsätzen, stellt sich die Frage nach der Haupt- und Nebensatzstruktur neu. Bisher haben wir informell angenommen, dass ein Satz eine Handlung oder eine Situation mit ihren Beteiligten beschreibt. Es gibt aber eine ganze Reihe von Überlegungen, die in die Entscheidung einfließen müssen, ob eine sog. **biklausale**, d. h. aus zwei Sätzen bestehende, oder eine sog. **monoklausale**, d. h. aus einem Satz bestehende Struktur vorliegt. Viele dieser Überlegungen sind zuerst von Bech (1955) vorgelegt worden. Bech unterschied Konstruktionen mit Infinitivgruppen in **inkohärente** und **kohärente** Konstruktionen. Erstere sind biklausal, d. h. die Infinitivgruppe ist **satzwertig**. Letztere sind monoklausal, d. h. die Infinitivgruppe ist nicht satzwertig. Im Folgenden wollen wir zwei von Bechs Überlegungen auf Anhebungs- wie auch auf Kontrollsätze anwenden.

Extraposition: Die erste Überlegung betrifft die Möglichkeit der Extraposition, d. h. der Positionierung einer Konstituente an den rechten Satzrand, noch hinter das lexikalische Verb (s. Kap. 11). Laut Bech kann eine Infinitivgruppe nur bei inkohärenten Konstruktionen extraponiert werden. (16) zeigt Kontrollinfinitive (a & b) und Anhebungsinfinitive (c & d) ohne Extraposition (a & c) und mit Extraposition der Infinitivgruppe (b & d).

(16) Wir müssen uns beeilen, da...
    a. ...die Jungen den Kahn zu versenken <u>versuchen</u>.
    b. ...die Jungen <u>versuchen</u>, den Kahn zu versenken.
        (extraponierte Infinitivgruppe)

Extraposition bei Kontrolle und Anhebung

c. ...die Jungen den Kahn zu versenken <u>scheinen</u>.
d. * ...die Jungen <u>scheinen</u>, den Kahn zu versenken.
    (extraponierte Infinitivgruppe)

Anhebungsinfinitive sind nach diesem Test monoklausal. Jedoch werden wir in Kapitel 11 sehen, dass die Extraposition vielfältigen syntaktischen und auch prosodischen Bedingungen unterliegt und nicht nur Sätzen vorbehalten ist. So ist im folgenden Beispiel eine PP extraponiert: *Daraufhin wollte die Polizei Druck <u>machen</u> auf die Geiselnehmer.* Es kann also ganz andere Gründe haben, dass ein Anhebungsinfinitiv nicht extraponiert werden kann. Es wurde z. B. vorgeschlagen, der Unterschied zwischen Anhebungs- und Kontrollinfinitiven bestünde darin, dass Erstere TPs sind und Letztere CPs.

Scrambling: Die zweite Überlegung betrifft die Veränderlichkeit der Wortstellung im Mittelfeld (Scrambling, s. Kap. 9): Bestandteile der Infinitivgruppe können die Infinitivgruppe nicht ›verlassen‹, wenn sie satzwertig ist. Das heißt, dass ein solcher Bestandteil nicht an einer Stelle im Mittelfeld erscheinen kann, die außerhalb der Infinitivgruppe ist. Diese Überlegung wurde vor allem beim Vergleich von Sätzen mit Modalverben (s. Kap. 8) und von Kontrollinfinitiven vorgebracht, siehe (17) und (18) aus Stechow/Sternfeld (1988: 408). Modalverben bilden kohärente Infinitivgruppen. In (17), das das Modalverb *wollen* enthält, kann das Reflexivpronomen *sich*, welches das Objekt von *rasieren* ist, vor dem Subjekt *der Oberförster* erscheinen. Bei den Kontrollsätzen in (18b–c), ist dies – zumindest laut Stechow/Sternefeld – nicht möglich.

Wortstellung im Mittelfeld bei Kontrolle

(17) weil *sich* der Oberförster rasieren wollte
(18) a. weil der Oberförster [*sich* rasiert zu haben] bezweifelte
     b. * weil *sich* der Oberförster [rasiert zu haben] bezweifelte
     c. * weil *sich* der Oberförster bezweifelte [rasiert zu haben]

Betrachtet man nun aber die Kontrollsätze in (19), fällt das Urteil anders aus. Das Objekt von *überholen*, *uns*, kann vor dem Subjekt erscheinen. (20) mit *scheinen* ist ganz ähnlich.

(19) Wir müssen uns beeilen, da...
     a. ...die Jungen [*uns* zu überholen] versuchen.
     b. ...*uns* die Jungen [zu überholen] versuchen.

Wortstellung im Mittelfeld bei Anhebung

(20) Wir müssen uns beeilen, da...
     a. ...die Jungen [*uns* zu überholen] scheinen.
     b. ...*uns* die Jungen [zu überholen] scheinen.

Auch dieser Test bietet also keine klare Evidenz in Bezug auf die Mono- vs. Biklausalität von Anhebungs- vs. Kontrollsätzen. Dies gilt für viele der in der Literatur diskutierten Tests zu Kohärenz. Für die Zwecke dieses Buchs werden wir annehmen, dass sowohl Kontroll- als auch Anhebungsinfinitive satzwertig sind. Kontrollinfinitive sind CPs, wie oben argumentiert. Für Anhebungsinfinitive wollen wir annehmen, dass sie TPs sind, um den Unterschied zwischen (16b) und (16d) erklären zu können. Dass Anhebungs-

infinitive nicht nur vPs sind, wird durch Sätze der folgenden Art nahege-
legt: *Der Außenseiter schien die Ausschreibung vom Freitag überraschenderweise gewonnen zu haben.* Was laut diesem Satz überraschend ist, ist das
Gewinnen, nicht die Einschätzung des Anscheinens. Da *überraschenderweise* ein Satzadverbial ist, und wohl an die TP adjungiert, wollen wir dies
als Evidenz für den TP-Status von Anhebungsinfinitiven akzeptieren.

7.2.2 | Analyse

Wie kann unsere Grammatik beschreiben, dass in Anhebungssätzen ein
Argument des nicht-finiten Nebensatzes im Hauptsatz erscheint und dort
mit dem finiten Verb kongruiert? Bevor wir diese Frage beantworten, wollen wir festhalten, dass Anhebungssätze nicht immer ein Argument enthalten, z. B. beim unpersönlichen Passiv: *Heute scheint getanzt zu werden.* Bilden wir diesen Satz mit einem finiten Nebensatz, enthält dieser
kein Argument: *Es scheint, dass heute getanzt wird.* Das ist das Kennzei-
chen des unpersönlichen Passivs. Gibt es also in der Infinitivgruppe kein
Argument, so gibt es auch im Hauptsatz keines. Betrachten wir als
Nächstes einen Nebensatz mit nur einem Dativ- und einem PP-Argument:
Es scheint, dass euch vor der Prüfung graut. Es gibt zwei Möglichkeiten
dies als Anhebungssatz zu formulieren: *Euch scheint vor der Prüfung zu
grauen* bzw. *Vor der Prüfung scheint euch zu grauen.* Hier erscheint also
das Dativ- bzw. das PP-Argument im Hauptsatz. Alternativ kann in allen
Fällen das Expletivum *es* vor das finite Verb treten: *Es scheint heute getanzt zu werden. / Es scheint euch vor der Prüfung zu grauen.*

Wir können diese Beobachtungen in unserer Grammatik wie folgt beschreiben. Wir wissen schon aus Kapitel 6, dass in deutschen Deklarativsätzen SpezCP gefüllt sein muss. Da *scheinen* kein Argument bereitstellt,
das diese Position einnehmen könnte, wird eine phrasale Konstituente
des Nebensatzes erneut verkettet, z. B.:

(21)   Der Junge scheint den Kahn zu versenken.

Struktur eines
Anhebungssatzes

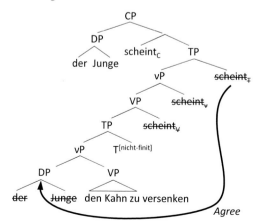

In (21) erhält das externe Argument des Nebensatzes, *der Junge*, vom nicht-finiten *versenken* keinen Nominativkasus, hat also ein unvaluiertes Kasusmerkmal. Das finite T des Hauptsatzes sucht seinerseits einen Kongruenzpartner, dem es im Gegenzug den Nominativ zuweisen kann. Die am nächsten stehende DP mit dem passenden Merkmal ist *der Junge [Kasus?]* – *scheinen* führt ja keine nominalen Argumente ein. Dementsprechend findet ein Merkmalsabgleich zwischen *scheint* und *der Junge [Kasus?]* statt. Die DP *der Junge* wird dann als Spezifizierer der Hauptsatz-CP erneut verkettet.

Betrachten wir als Nächstes *Euch scheint vor der Prüfung zu grauen.* Hier gibt es keine DP mit unvaluiertem Kasusmerkmal, da *euch* lexikalischen Kasus hat und *der Prüfung* den Kasus von der Präposition *von* erhält. Das finite Verb des Hauptsatzes, *scheint*, erhält deswegen die Default-Merkmale [Person: 3] und [Numerus: Sing] (s. Kap. 4.2.4). *Euch* oder die PP können als phrasale Konstituente als Spezifizierer der Hauptsatz-CP erneut verkettet werden. Alternativ kann ein expletives *es* verkettet werden (s. o.). Bei Sätzen mit externem Argument steht *es* nicht so leicht zur Verfügung: *?Es scheint der Junge den Kahn zu versenken.* Dies ist aber wohl eher eine stilistische als eine grammatische Frage. Sätze dieser Art (vgl. auch den Einsatz von expletivem *es* in einfachen Sätzen: *?Es versenkt der Junge den Kahn*) kann man sich gut in Poesie oder Belletristik vorstellen.

Aufgaben

1. Suchen Sie in einem Korpus Ihrer Wahl (z. B. https://www.dwds.de) nach Kontrollsätzen (z. B. indem Sie nach *zu* suchen oder nach passenden Matrixverben). Bestimmen Sie die Art der Kontrolle, die jeweils vorliegt. Wenden Sie Indizes an, um die Referenzverhältnisse zu verdeutlichen (fügen Sie dafür PRO in die Sätze ein).

2. Wir haben hier keine Baum- oder Klammerstrukturen für Kontrollsätze angegeben. Überlegen Sie, wie solche Strukturen für die folgenden Sätze aussehen könnten: *Amina verspricht Leyla, das Buch zu kaufen.*; *Die Hausaufgaben macht Anton, um die Klausur zu bestehen.*

3. Zeichnen Sie eine Baumstruktur für den Satz *Der Hund scheint zu schlafen.*

8 Modalverben

Wir haben uns in diesem Buch schon öfter mit Sätzen befasst, die mehrere Verben enthalten, z. B. bei der Diskussion von analytischen Zeitformen, wie in *Maria wird den Aufsatz gelesen haben*. Dieser Satz enthält ein finites Futurauxiliar, ein lexikalisches Verb im Partizip II und ein Perfektauxiliar im Infinitiv. Wir können dem Satz ein weiteres Verb hinzufügen, so dass eine recht komplexe Verbgruppe entsteht: *Maria wird den Aufsatz gelesen haben müssen*. Das hinzugefügte Verb *müssen* ist ein Modalverb. Modalverben unterscheiden sich syntaktisch von lexikalischen Verben und von Verben, die Tempus und Aspekt markieren (s. Kap. 4). Sie unterscheiden sich auch von Verben, die Kontrollinfinitive einbetten, oder von Anhebungsverben (s. Kap. 7). Zumindest erscheint dies auf den ersten Blick so. In diesem Kapitel nehmen wir Modalverben genauer unter die Lupe.

Zu den Modalverben zählen wir *müssen, können, wollen, sollen, dürfen, mögen* und *brauchen*. Außer *brauchen* verbinden sich alle Modalverben mit einem Verb im Infinitiv (1. Status, s. Kap. 7) und eventuellen Argumenten des Infinitivs, z. B. *Anton muss draußen <u>sein</u>*. Das Verb *brauchen* verbindet sich meist mit einem *zu*-Infinitiv (2. Status, aber siehe Reis 2005) und erscheint typischerweise mit einer Negation, z. B. in *Anton braucht nicht draußen <u>zu sein</u>*. Weiter unten werden wir sehen, dass es noch andere Möglichkeiten der Kombination gibt. Dies hängt jedoch zum Teil von semantischen Aspekten ab. Deswegen werden wir zuerst betrachten, was Modalverben semantisch gesehen zum Satz beitragen.

8.1 | Verschiedene Lesarten von Modalverben

Die Bedeutung von Modalverben: Modalverben modifizieren die Bedeutung eines Satzes dahingehend, dass nicht eine Tatsache behauptet oder z. B. erfragt wird, sondern die Möglichkeit oder die Notwendigkeit dieser Tatsache zur Debatte steht. So drücken wir mit dem Satz *Anton ist im Kino gewesen* aus, dass wir es für wahr halten, dass Anton im Kino war. Fügen wir ein Modalverb hinzu, ändert sich das. Mit *Anton kann im Kino gewesen sein* drücken wir aus, dass wir es für möglich halten, dass Anton im Kino war. Wir legen uns aber nicht darauf fest, dass Anton tatsächlich im Kino war. Mit *Anton soll im Kino gewesen sein*, drücken wir aus, dass es die Behauptung gibt, dass Anton im Kino war, wir uns aber selbst nicht völlig auf die Wahrheit dieser Behauptung verlassen wollen.

Verschiedene Lesarten: Es gibt verschiedene Domänen, auf die sich

J. B. Metzler © Springer-Verlag GmbH Deutschland, ein Teil von Springer Nature, 2020
S. Repp/V. Struckmeier, *Syntax*, https://doi.org/10.1007/978-3-476-04872-1_8

unsere Einschätzung der Möglichkeit oder Notwendigkeit einer Tatsache bezieht. In den obigen Beispielen ging es um Einschätzungen, die auf Sprecher*innenwissen beruhen. Wenn wir also zugrundlegen, was wir als Sprecher*in wissen, halten wir es für möglich oder notwendig, dass Anton im Kino war. Man nennt diese Verwendungsweise von Modalverben **epistemisch** (von griechisch: *epistēmē, Wissen*). Die Lesart, die das Modalverb *sollen* ausdrückt – nämlich dass es externe Hinweise für das Sprecher*innenwissen gibt – wird oft als **evidentielle** Lesart bezeichnet.

Nicht-epistemische Verwendungsweisen finden wir z. B. in *Anton kann schwimmen* oder *Anton muss niesen*. Hier wird eingeschätzt, ob es für Anton psychisch oder physisch möglich bzw. notwendig ist zu schwimmen oder zu niesen. Es handelt sich hier um **dynamische** Modalität (von griechisch: *dynamis, Kraft*). Weiterhin gibt es die **deontische** Modalität (von griechisch: *déon, das Nötige, Angemessene*). Beispiele sind *Anton kann auf den Spielplatz gehen* oder *Anton muss aufräumen*. Hier geht es um Regeln, die eine Sache erlauben, d. h. möglich machen (bei *können*) bzw. um Regeln, die eine Sache erfordern, d. h. notwendig machen (bei *müssen*). Wir können uns für unsere Beispiele vorstellen, dass Antons Eltern die entsprechenden Regeln aufgestellt haben. Bei anderen Beispielen handelt es sich um gesellschaftliche Regeln, z. B. *An der Kasse muss sich Anton hinten an der Schlange anstellen*. Grundsätzlich geht es bei deontischer Modalität also um Erlaubnisse, Gebote und Verbote.

8.2 | Syntaktische Eigenschaften der verschiedenen Lesarten

8.2.1 | Lesartabhängige Komplemente

Die eingangs erwähnte Kombinationsfähigkeit der Modalverben ist eine lesartabhängige syntaktische Eigenschaft dieser Verben. In allen bisher besprochenen Beispielen verband sich das Modalverb mit einer Infinitivgruppe. In der **epistemischen** und in der **evidentiellen Lesart** ist dies die einzig mögliche syntaktische Verbindung. In der dynamischen und in der deontischen Lesart können Modalverben auch andere Komplemente nehmen.

Dynamische Lesart: Dynamische Modalverben sind sehr kombinationsfreudig, siehe (1) für Beispiele mit *wollen* und *können*. Um das Verb *können* in (1) tatsächlich dynamisch zu interpretieren, stellt man sich am besten einen Kontext vor, in dem es physische oder psychische Hindernisse für die Möglichkeit gibt, die *können* ausdrückt. So könnte es in (1b) so sein, dass die Zaunlücke besonders eng ist, oder in (1c), dass Anton sich ein Bein gebrochen hat. Wir geben in diesem Kapitel immer Folgesätze an, damit die Bedeutung der Sätze, die uns interessieren, klar wird. (1) zeigt, dass *wollen* sich mit finiten CPs, (direktionalen) PPs, AdvPs sowie DPs verbinden kann; *können* ist ähnlich flexibel, finite CPs sind jedoch ausgeschlossen.

(1) a. CP: Anton will/ *kann, [CP dass Mehmet mit ihm ins Kino geht].

    b. PP: Anton will / kann [PP durch die Zaunlücke].

           ... Er ist dünn genug.

    c. AdvP: Anton will / kann [AdvP runter].... *Sein Bein ist wieder ok.*

    d. DP: Anton will [DP die große Salamipizza].

           ... Er liebt Salamipizza.

    e. DP: Anton kann [DP das kleine Einmaleins].

           ... Er hat viel geübt.

Komplemente dynamischer Modalverben

Das Verb *müssen* kann sich auch mit direktionalen PPs oder AdvPs verbinden, z. B. *Anton muss raus / zum Sport. ... Er bekommt sonst Beklemmungen*, aber nicht mit DPs, vgl. **Anton muss die Pizza. ... Sein Appetit ist riesig.* Das Verb *brauchen* ist – je nach individueller Sprecherintuition – mit PPs akzeptabel: %*Mehmet braucht nicht dahin / zum Sport. ... Er hat nicht so einen Bewegungsdrang wie Anton.* Die anderen Modalverben haben keine dynamische Lesart.

    Deontische Lesart: In der deontischen Lesart sind CP-Komplemente unmöglich. Direktionale PPs und AdvPs sind möglich. Jüngere Sprecher*innen benutzen deontische Modalverben auch mit DPs, und zwar typischerweise in Gesprächssituationen, in denen es um das Erteilen von Erlaubnissen oder Verpflichtungen geht, siehe (2c & d). Ältere Sprecher*innen empfinden solche Sätze als unvollständig – ihnen fehlt quasi das Verb.

(2) a. PP: Anton kann / muss /darf [PP zur Schule].

           ... Er ist jetzt sechs Jahre alt.

    b. AdvP: Anton kann / muss / darf [AdvP runter].

           ... Sein Opa erlaubt/will das.

    c. DP: %Kann / %Darf ich [DP die Salamipizza]?

           ... Die ist so lecker.

    d. DP: %Muss ich [DP den Salat]?   *... Ich mag kein Grünzeug.*

Komplemente deontischer Modalverben

Ob Sätze mit PP-, AdvP- und DP-Komplementen unvollständig oder vollständig sind, ist eine Frage, die man ganz grundsätzlich stellen kann. Bei genauerer Betrachtung fällt nämlich auf, dass – fügt man ein Verb hinzu – dessen Bedeutungsspektrum recht eng ist. Bei PPs und AdvPs würde man Bewegungsverben wie *gehen* hinzufügen. Bei DPs könnte man etwa das sehr allgemeine *haben* hinzufügen. Insofern könnten die Verben hier einfach weggelassen sein, weil sie leicht erschließbar sind (s. Kap. 13 zu Ellipsen). Jedoch gilt dies nicht für alle Beispiele. So kann man das Einmaleins nicht haben. Weiterhin müssen wir fragen, warum die Weglassbarkeit von der Lesart des Modalverbs abhängen sollte. Warum sollte man bei der epistemischen Lesart nicht Verben wie *gehen* oder *haben* weglassen können? Wir nehmen hier daher an, dass die unterschiedlichen Komplemente der Modalverben tatsächlich einen lesartbedingten syntaktischen Unterschied widerspiegeln.

8.2.2 | Lesartabhängiger Bezug zum ›Subjekt‹

Mehrere syntaktische Eigenschaften von Modalverben haben mit deren Bezug zum Nominativargument des Satzes zu tun. Dieser sog. **Subjektbezug** ist bei epistemischen vs. nicht-epistemischen Modalverben verschieden.

Mit dem Satz *Anton kann schwimmen* wird in der dynamischen Lesart ausgesagt, dass es <u>für Anton</u> möglich ist zu schwimmen – dass er also physisch und psychisch dazu in der Lage ist. Etwas allgemeiner ausgedrückt geht es darum, ob es für den Referenten, der durch das höchste Argument des Satzes (für den ›Subjektreferenten‹) möglich oder nötig ist, etwas zu tun. Ausschlaggebend sind physisch-psychische Aspekte.

Mit *Anton kann zur Schule gehen ... Er ist sechs Jahre alt* wird in der deontischen Lesart ausgesagt, dass es <u>für Anton</u> möglich ist zur Schule zu gehen – es ist ihm erlaubt. Bei der deontischen Lesart scheint es also darum zu gehen, ob es nach den existierenden Regeln, Geboten und Verboten für den Subjektreferenten möglich oder notwendig ist, etwas zu tun. Dieser Subjektbezug ist jedoch nicht obligatorisch. Es gibt Sätze, in denen es keinen Subjektbezug gibt (Reis 2001), z. B. geht es beim folgenden Satz nicht um die Verpflichtung für den Fabrikbesitzer: *Der Fabrikbesitzer muss die Treppe runterfallen und es muss wie ein Unfall aussehen.* Der Subjektbezug ist bei deontischen Modalverben also typisch aber nicht notwendig.

Da mit epistemischen Modalverben Aussagen über Sprecher*innenwissen gemacht werden, beschreibt *Anton kann im Kino gewesen sein* keine Eigenschaft von Anton, die ihn dazu befähigt, ins Kino gegangen zu sein. Vielmehr drücken wir aus, dass es laut unserem eigenen Wissen möglich ist, dass Anton im Kino gewesen ist. Die epistemischen Verwendungen von Modalverben haben also einen Bezug zum*zur Sprecher*in, nicht zum Subjekt.

Persönliches Passiv transitiver Verben: Den unterschiedlichen Subjektbezug der drei Lesarten erkennt man gut, wenn das Passiv von transitiven Verben gebildet wird. Bei diesem wird das Agensargument weggelassen und das Patiensargument ist das ›Subjekt‹. Demnach sollte bei recht festem Subjektbezug eine Bedeutungsveränderung im Passiv verglichen mit dem Aktiv stattfinden. Prüfen wir dies für die drei Lesarten. (3) illustriert die dynamische Lesart. Hier scheint keine Bedeutungsgleichheit vorzuliegen. Vielmehr ist die Passivvariante (3b) des Aktivsatzes in (3a) eigenartig, weil sie auszudrücken scheint, dass es eine Notwendigkeit für das Computerspiel gäbe, von Anton gespielt zu werden. Die ist in normalen Situationen natürlich nicht plausibel. Diese Beobachtung unterstützt die Annahme, dass dynamische Modalverben einen festen Subjektbezug haben. (4) und (5) illustrieren, dass bei deontischen und bei epistemischen Modalverben bei Aktiv und Passiv Bedeutungsgleichheit vorliegt. Wir deuten dies als Evidenz für den fehlenden bzw. im Falle der deontischen Verben für den nicht zwingend notwendigen Subjektbezug.

Bedeutung bei
Aktiv und Passiv

(3) a. Anton muss ständig dieses Computerspiel spielen. ≠
  b. ??Dieses Computerspiel muss ständig von Anton gespielt werden.
                        (dynamisch)

(4)   a. Anton muss die Hausaufgaben erledigen. =
     b. Die Hausaufgaben müssen von Anton erledigt werden.
(deontisch)

(5)   a. Anton muss Maria gesehen haben. =
     b. Maria muss von Anton gesehen worden sein.   (epistemisch)

Sperrsatzbildung: Der unterschiedliche Subjektbezug schlägt sich in der Akzeptabilität einer Reihe von syntaktischen Konstruktionen nieder. Zum Beispiel ist das bei sog. **Sperrsätzen** der Fall. Sperrsätze sind eine Art von Kopulasätzen, bei denen das Subjekt ein freier Relativsatz ist, z. B. *Was mich am meisten freut, ist die bestandene Prüfung.* Man bezeichnet diese Sätze auch als **unechte Spaltsätze**. Der Terminus *Spaltsatz* (engl.: *cleft*) drückt aus, dass die Information sozusagen in zwei Teile gespalten wird. Man könnte sie auch kompakter präsentieren: *Die bestandene Prüfung freut mich am meisten.* Für unsere Zwecke relevant ist, dass nur die deontische Lesart und die dynamische Lesart der Modalverben die Sperrsatzbildung erlauben. Die epistemische Lesart tut das nicht:

(6)   a. Maria muss den Hund gesehen haben. ... *Sie stand hinter ihm.*   Sperrsatzbildung
(epistemisch)
     b. *Was Maria muss, ist den Hund gesehen haben.
     c. Maria kann den Hund gesehen haben. ... *Sie war nah genug.*
     d. *Was Maria kann, ist den Hund gesehen haben.

7.   a. Anton muss den Gast bedienen. ... *Der Kellner ist krank.*
(deontisch)
     b. Was Anton muss, ist den Gast bedienen.
     c. Anton kann den Gast bedienen. ... *Der Chef hat nichts dagegen.*
     d. Was Anton kann, ist den Gast bedienen.

(8)   a. Leyla muss jeden Lügner verteidigen. ... *Sie kann nicht anders.*
(dynamisch)
     b. Was Leyla muss, ist jeden Lügner verteidigen.
     c. Leyla kann jeden Lügner verteidigen. ... *Sie ist skrupellos.*
     d. Was Leyla kann, ist jeden Lügner verteidigen.

Unpersönliches Passiv: Eine weitere Konstruktion, bei der der Subjektbezug eine Rolle spielt (Erb 2001), ist das unpersönliche Passiv, in dem es kein thematisches Subjekt gibt. Das unpersönliche Passiv kann von unergativen Verben (z. B. *diskutieren*) gebildet werden (s. Kap. 2.2). Dies ist in einem Satz mit einem epistemischen Modalverb möglich: *Gestern muss (unter den Anwesenden) wirklich intensiv diskutiert worden sein. ... Die Sitzung hat ewig gedauert.* Auch die deontische Lesart erlaubt das unpersönliche Passiv: *Heute Abend muss (von den Anwesenden) noch intensiv diskutiert werden. ... Es gibt noch viele Streitpunkte.* In der dynamischen Lesart empfinden manche Sprecher*innen das unpersönliche Passiv als inakzeptabel. Für diese Sprecher*innen kann es sich bei den folgenden Sätzen nicht um eine physisch-psychische Möglichkeit oder Notwendigkeit handeln, so dass die jeweilige Fortsetzung inkohärent ist: *Heute Nachmittag kann (von Paul) jongliert werden. ... #Er hat jetzt einen besseren*

Trainer. (körperliche Fähigkeit). *In diesem Moment musste (von Paul) ge-niest werden.* #*Ihm juckte es in der Nase.* (körperliche Notwendigkeit).

8.2.3 | Morphosyntaktische Unterschiede der Lesarten

Neben den syntaktischen Unterschieden gibt es auch morphosyntakti-sche Unterschiede zwischen den Lesarten der Modalverben. Diese be-treffen einerseits den Infinitiv und andererseits das Partizip. Sie sind je-doch umstritten, d. h. es ist nicht ganz klar, ob die empirischen Generali-sierungen korrekt sind. Schauen wir uns als Erstes (9) an, welches drei Lesarten für einen Satz mit *müssen* zeigt:

(9) a. Maria muss die Händelarie singen.
        ... Sie ist ganz vernarrt in das Stück.   (dynamisch)
     b. Maria muss die Händelarie singen.
        ... Puccini mag hier keiner.   (deontisch)
     c. Maria muss die Händelarie singen.
        ... Die Katzen laufen alle weg.   (epistemisch)

Bilden wir das Futur von diesem Satz, so steht *müssen* im Infinitiv:

Infinitiv bei
Modalverben

(10) a. Maria wird die Händelarie singen müssen.
         ... Sie ist ganz vernarrt in das Stück.
      b. Maria wird die Händelarie singen müssen.
         ... Puccini mag hier keiner.
      c. Maria wird die Händelarie singen müssen.
         ... #Die Katzen werden alle weglaufen.

Die missglückte Fortsetzung (10c) zeigt, dass die epistemische Lesart nicht zur Verfügung steht. Hier hat *müssen* bestenfalls eine deontische Lesart: In der Zukunft wird Maria verpflichtet sein, die Händelarie zu singen. Für *können* lassen sich ganz ähnliche Beispiele konstruieren. Diese Beobachtungen (vgl. Erb 2001) scheinen zunächst ein klares Bild zu zeichnen, nach denen epistemische Modalverben keinen Infinitiv ha-ben, aber Reis (2001: 295) bringt u. a. folgende Belege für die Existenz von epistemischen Infinitiven:

(11) a. Nach allem, was ich weiß, hätte er dann zu Hause sein müssen.
      b. Hans wies die Unterstellung, wahnsinnig sein zu müssen, zu-rück.

Reis merkt an, dass Sätze mit epistemischen Infinitiven entweder kontra-faktische Konditionalsätze sind (11a) oder aber Sätze mit *zu*-Infinitiv, also mit dem 2. Status des Verbs und nicht mit 1. Status (11b). Allerdings handelt es sich bei (11a) um einen sog. *Ersatzinfinitiv*, der bei Modal-verben unter bestimmten Bedingungen anstatt des Partizip II erscheint. Diese Beobachtungen bedürfen natürlich genauerer Untersuchung. Wir halten für unsere Zwecke fest, dass das morphosyntaktische Paradigma von epistemischen Modalverben eingeschränkter einsetzbar ist als das der anderen Lesarten, den Infinitiv grundsätzlich aber mit zu beinhalten scheint.

8.3 | Analyse

Die syntaktische Analyse der Modalverben ist umstritten und es hat sich bisher kein klarer Konsens herausgebildet. Es wurde jedoch vielfach beobachtet, dass manche Eigenschaften der verschiedenen Lesarten auch auf Kontroll- und Anhebungssätze zutreffen. Deswegen wurde vorgeschlagen, dass Kontroll- und Anhebungsanalysen für Sätze mit Modalverben anwendbar sind. In diesem Kapitel wollen wir Parallelen zwischen Sätzen mit Modalverben einerseits und Kontroll- und Anhebungssätzen andererseits untersuchen. Wir werden eine Analyse annehmen, die die bestehenden Parallelen gut abbildet. Unsere Analyse vereint dabei Annahmen aus verschiedenen Ansätzen in der Literatur.

8.3.1 | Parallelen zwischen Modalverben und Kontroll-/ Anhebungsverben

Subjektbezug im Allgemeinen: Wir haben in Kapitel 8.2.2 festgestellt, dass dynamische Modalverben einen recht festen Subjektbezug aufweisen, da die psychisch-physische Möglichkeit/Notwendigkeit, die durch das Modalverb ausgedrückt wird, eine Eigenschaft des Subjekts beschreibt. Bei epistemischen Modalverben ist dies nicht so, da es um eine Sprechereinschätzung geht. Bei deontischen Modalverben kann es Subjektbezug geben oder nicht. Bezüglich Kontrolle und Anhebung hatten wir in Kapitel 7 festgestellt, dass das Matrixverb in einem Kontrollsatz dem Matrixsubjekt eine semantische Rolle zuweist. So ist im folgenden Satz Maria das Agens von verspricht: *Maria verspricht aufzuräumen.* In Anhebungssätzen weist das Matrixverb dem Matrixsubjekt keine semantische Rolle zu: *Maria scheint aufzuräumen.* Maria führt hier keine Handlung aus, die man als *scheinen* bezeichnen könnte. Dynamische Modalverben ähneln somit also Kontrollverben, und epistemische Modalverben Anhebungsverben. Betrachten wir, ob sich diese Beobachtung auch für die einzelnen subjektbezugsrelevanten Konstruktionen machen lässt.

Sperrsatzbildung ist bei dynamischen und deontischen Modalverben möglich (*Was Leyla muss, ist, jeden Lügner verteidigen. Was Anton muss, ist, den Gast bedienen*). Bei epistemischen Modalverben ist Sperrsatzbildung unmöglich (**Was Maria muss, ist, den Hund gesehen haben*). Kontrollverben erlauben Sperrsatzbildung: *Was Leyla versucht, ist, jeden Lügner zu verteidigen.* Anhebungsverben tun dies nicht: **Was Leyla scheint, ist jeden Lügner zu verteidigen.* Dynamische Modalverben zeigen also wiederum eine Parallele zu Kontrollverben und epistemische Modalverben zu Anhebungsverben. Deontische Modalverben zeigen eine Parallele zu Kontrollverben.

Das unpersönliche Passiv vom nicht-finiten lexikalischen Verb ist nach der Intuition mancher Sprecher*innen bei dynamischen Modalverben nicht zugelassen. Deontische und epistemische Modalverben erlauben dies aber wohl generell (*Es muss intensiv diskutiert werden* bzw. *Es muss intensiv diskutiert worden sein*). Bei Kontrollverben kann das unpersönliche Passiv nicht gebildet werden: *Nebenan wird versucht, intensiv diskutiert zu werden*. Bei Anhebungsverben ist die Passivbildung dahingegen möglich: *Nebenan scheint intensiv diskutiert zu werden*. Auch hier zeigen dynamische Modalverben also eine Parallele zu Kontroll-, und epistemische Modalverben zu Anhebungsverben. Deontische Modalverben zeigen eine Parallele zu Anhebungsverben.

Die Bedeutungsgleichheit bei Aktiv und persönlichem Passiv ist, wie wir oben gesehen haben, bei dynamischen Modalverben wegen des festen Subjektbezugs eher nicht gegeben. Bei deontischen und bei epistemischen Modalverben liegt aufgrund des fehlenden Subjektbezugs Bedeutungsgleichheit vor. Bei Kontrollverben sind Aktiv und Passiv nicht bedeutungsgleich (12), bei Anhebungsverben aber schon (13):

Aktiv und Passiv
bei Anhebung und
Kontrolle

(12) Leyla versucht, Anton zu umarmen.
   ≠ Anton versucht, von Leyla umarmt zu werden.
(13) Leyla scheint Anton zu umarmen.
   = Anton scheint von Leyla umarmt zu werden.

Die folgende Zusammenfassung zeigt, dass dynamische Modalverben klare Parallelen zu Kontrollverben, und epistemische Modalverben zu Anhebungsverben aufweisen. Deontische Modalverben verhalten sich anders bezüglich der untersuchten Eigenschaften.

	dynamisch	deontisch	epistemisch	Kontrolle	Anhebung
Subjektbezug allgemein	%✓	✓/✗	✗	✓	✗
Unpersönliches Passiv	✗	%✓	✓	✗	✓
Sperrsatzbildung	✓	✓	✗	✓	✗
Bedeutungsgleichheit Aktiv-Passiv	✗	✓	✓	✗	✓

Tab. 8.1:
Eigenschaften von
Modal-, Kontroll-,
Anhebungsverben
im Vergleich

Kohärente und nicht-kohärente Infinitive: Eine andere Domäne, in der man Modal-, Kontroll- und Anhebungsverben vergleichen kann, ist die Frage der Kohärenz. In Kapitel 7.2 haben wir das Konzept von kohärenten (monoklausalen) und nicht-kohärenten (biklausalen) Strukturen mit Infinitiven eingeführt und einige Unterschiede zwischen Anhebungs- und Kontrollsätzen geprüft. Modalverben zeigen bei Kohärenztests – egal welcher Art – immer kohärentes Verhalten. Das bedeutet, dass es sich immer um monoklausale Strukturen handeln sollte. Diese Annahme ist aber nicht in jedem Fall mit den Ergebnissen der obigen Tests zum Subjektbezug vereinbar. Unsere Analyse soll jedoch die Ergebnisse der obigen Tests berücksichtigen.

8.3.2 | Syntaktische Analyse der Lesarten

Analyse der dynamischen Lesart: Wie wir gesehen haben, zeigen dynamische Modalverben klare Parallelen zu Kontrollsätzen. Daher wollen wir auch eine parallele Analyse annehmen. Dies gilt natürlich nur für Sätze, in denen sich das Modalverb mit einer Infinitivgruppe verbindet. Wir erinnern uns, dass dynamische Modalverben auch mit anderen Phrasen auftreten: *dass*-CPs, PPs, AdvPs und DPs. Für diese Fälle nehmen wir einfach an, dass das Modalverb direkt mit der jeweiligen Phrase verkettet wird, wie in (14a & b). (14c) zeigt eine Kontrollanalyse für einen Satz mit Infinitiv, jedoch anders als bei Kontrollsätzen ohne CP, da Sätze mit Modalverben niemals Subjunktionen enthalten. Wir müssen annehmen, dass das Modalverb *können* eine Agree-Relation mit dem nicht-finiten lexikalischen Verb eingeht, in der die Form des Infinitivs festgelegt wird: Anders als ›richtige‹ Kontrollverben ist das nicht-finite Verb ein Infinitiv ohne *zu*, d. h. hat den 1. Status.

(14)

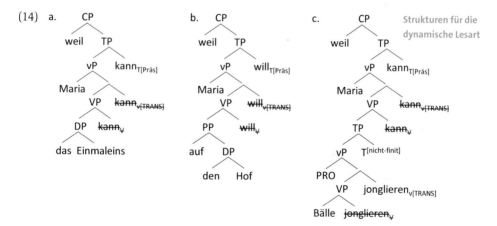

Strukturen für die dynamische Lesart

Die Analyse in (14c) ist keine Standardanalyse für dynamische Modalverben. Oft wird angenommen, dass diese Modalverben nur eine VP einbetten. Solch eine Analyse kann aber nicht erklären, dass das ›Subjekt‹ zwei semantische Rollen hat: die durch das eingebettete v vergebene (Agens von *jonglieren*) und die durch Matrix-v vergebene: die der physisch-psychisch fähigen Person (Subjektbezug).

Analyse der epistemischen Lesart: Die epistemische Lesart analysieren wir wie einen Anhebungssatz (15). Auch dies ist nicht Standard. Oft wird nämlich angenommen, dass epistemische Modalverben T-Köpfe sind. Dies würde erklären, warum epistemische Modalverben keinen Subjektbezug aufweisen: die Vergabe der semantischen Rollen findet in der vP statt. Andererseits geht die T-Kopf-Analyse davon aus, dass epistemische Modalverben immer finit sind – weswegen sie in T erscheinen (so wie englische Modalverben, s. Kap. 4.5). Wir haben aber im vorigen Kapitel gesehen, dass epistemische Modalverben im Deutschen durchaus einen Infinitiv bilden können.

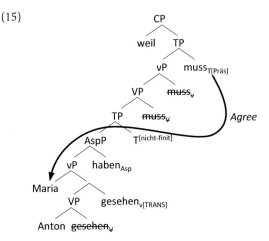

Struktur für die
dynamische Lesart

(15)

Was die deontische Lesart betrifft, so wollen wir hier keinen Vorschlag machen. Die Eigenschaften dieser Lesart sind gemischter Natur, was weitere Untersuchungen erfordert.

Zur Vertiefung

Weiterführende Literatur

Unsere Diskussion in diesem Kapitel stützt sich auf wesentliche Beobachtungen zu diesem Thema, die von Erb (2001), Wurmbrand (1999), Reis (2001) gemacht worden sind. Weiterhin können Sie zu Modalverben im Deutschen nachlesen in Öhlschläger (1989).

Aufgaben

1. Suchen Sie in einem Korpus Ihrer Wahl (z. B. https://www.dwds.de) nach Sätzen mit Modalverben. Prüfen Sie, welche Komplemente diese Modalverben nehmen und welche Lesart sie haben.

2. Für das Auxiliar *werden* wurde vorgeschlagen, dass es eine Lesart als Modalverb hat. Überlegen Sie für die folgenden Beispiele, welche Lesart das sein könnte:
   Maria wird nach Hause gegangen sein.; *Leyla wird Quatsch erzählt haben.*

3. Überlegen Sie, welche Lesarten die Modalverben in den folgenden Sätzen haben können, und welche nicht. Prüfen Sie mit entsprechenden Fortsetzungssätzen:
   Maria kann die Händelarie singen.; *Maria kann die Händelarie gesungen haben.*; *Maria wird die Händelarie singen können.*; *Maria wird die Händelarie gesungen haben können.*

4. Zeichnen Sie den Strukturbaum für folgende Sätze. Wenn ein Satz mehrere (plausible) Lesarten hat, zeichnen Sie mehrere Bäume.
Amina kann auf den Händen laufen.; Anton muss den ganzen Kuchen gegessen haben.; Leyla will einen Milkshake.; Maria muss nach Hause.; Mehmet kann den Umweg genommen haben.

9 Die Wortstellung im deutschen Mittelfeld: Scrambling

Dieses Kapitel ist der Abfolge der Argumente im Satz gewidmet. Diese ist im Deutschen nämlich variabel. Zwar haben wir darauf schon vereinzelt hingewiesen (u. a. in Kap. 3), jedoch haben wir im Wesentlichen bis jetzt folgende Abfolge angenommen: *externes Argument* > > *Dativargument* > > *Akkusativargument* > > *(Präpositionalargument)*. Dieses Vorgehen war insofern legitim, als dass mit dieser Abfolge eine sehr gebräuchliche Abfolge vorliegt, die von Sprecher*innen des Deutschen oft eingesetzt wird. Jedoch unterscheidet sich das Deutsche fundamental von einigen anderen Sprachen – wie etwa dem Englischen –, da die Argumente auch in ganz anderen Abfolgen auftreten können:

(1) a. Gestern hat Amina einem Kind einen Keks gegeben.
    b. Gestern hat Amina einen Keks einem Kind gegeben.
    c. Gestern hat einen Keks einem Kind doch Amina gegeben (nicht Anton...).

›Freie‹ Wortstellung im Mittelfeld

Bis in die 1970er Jahre galt die Wortstellung des Deutschen im Mittelfeld als mehr oder minder frei, während Sprachen wie das Englische als Sprachen mit fester Wortstellung angesehen wurden. Man bezeichnete das »Durcheinanderrühren« der Wortstellung im Deutschen als **Scrambling** (vgl. *scrambled eggs* ›Rühreier‹), ein Begriff, der sich seitdem gehalten hat. Es zeigt sich aber, dass die deutsche Wortstellung mitnichten völlig frei ist.

9.1 | Kontextabhängigkeit

Kontextabhängige Akzeptabilität von Wortstellungsvarianten: Es lässt sich zeigen, dass bestimmte Umstellungen im Mittelfeld nicht in allen Kontexten gleichermaßen natürlich klingen. Die Frage in (2) kann z. B. sehr gut durch Antwort 1 beantwortet werden – während die anderen Antworten, insbesondere aber Antworten 3 und 4, wohl unangemessen sind:

(2) Frage: Was ist passiert?
    Antwort 1: Gestern hat Amina einem Kind einen Keks gegeben.
    Antwort 2: #Gestern hat Amina einen Keks einem Kind gegeben.
    Antwort 3: #Gestern hat einen Keks einem Kind Amina gegeben.
    Antwort 4: #Einem Kind hat gestern einen Keks Amina gegeben.

Wortstellungen im Kontext

J. B. Metzler © Springer-Verlag GmbH Deutschland, ein Teil von Springer Nature, 2020
S. Repp/V. Struckmeier, *Syntax*, https://doi.org/10.1007/978-3-476-04872-1_9

Wir haben für die eher unangemessenen Antworten das Doppelkreuz [#] verwendet, welches Unangemessenheit im Kontext anzeigt. Dass z. B. Antwort 4 nicht grundsätzlich inakzeptabel ist, sehen wir in (3), wo dieser Satz gut als Antwort auf eine andere Frage funktioniert (Großbuchstaben zeigen Akzente an). Wir können daher keinen Stern * und auch keine Fragezeichen ^{??} vergeben, welche generelle Inakzeptabilität anzeigen würden.

(3) *Sprecher A*: Okay, wir wissen schon einiges darüber, wie das Gebäck verteilt wurde: Vorgestern hat Leyla Amina ein Törtchen gegeben. Gestern hat Amina Mehmet eine Nussecke geschenkt. Aber wer hat GEstern einem KIND einen KEKS gegeben?
Sprecher B: Einem KIND hat gestern einen KEKS AMIna gegeben (nicht Anton).

Basiswortstellung: Wie Lenerz (1977) gezeigt hat, existiert im Deutschen mit der Abfolge *Nominativargument* > > *Dativargument* > > *Akkusativargument* > > *(Präpositionalargument)* eine sog. **Basisabfolge**. Diese Basisabfolge zeichnet sich dadurch aus, dass sie als Antwort auf *alle* möglichen Fragen fungieren kann:

Basiswortstellung:
Möglich in
allen Kontexten

(4) Frage 1: Was ist passiert?
Frage 2: Was hat Amina gestern gemacht?
Frage 3: Was hat Amina gestern mit dem Kind gemacht?
Frage 4: Was hat Amina gestern dem Kind gegeben?
Frage 5: Wem hat Amina gestern den Keks gegeben?
Mögliche Antwort immer: Gestern hat Amina einem Kind einen Keks gegeben.

Wenn die Wortstellung von dieser Basisabfolge abweicht, so ist dies grammatisch prinzipiell möglich. Der Satz spezialisiert sich damit aber auf bestimmte Kontexte, denn er eignet sich in der Regel nur noch als Antwort auf ausgewählte Fragen.

Herausforderungen für die Analyse: In unserem Modell sind wir aus zwei Gründen bisher nicht in der Lage, die verschiedenen Wortstellungen abzubilden. Erstens haben wir bisher keine syntaktische Möglichkeit vorgesehen, die offenbar nötigen Abweichungen von der Basisabfolge durchzuführen. Die Reihenfolge der Argumente in der vP hängt zusammen mit der Vergabe der thematischen Rollen, sie entspricht der Basisabfolge. Wie können wir also die anderen Argumentfolgen in unserem Modell darstellen? Zweitens liegt mit den Änderungen der Argumentfolge ein Phänomen vor, dass sich klar anders verhält als die meisten Phänomene, die wir bisher betrachtet haben. Während bestimmte syntaktische Operationen bisher oft zu einer kontextunabhängigen Inakzeptabilität der generierten Struktur führten, ist dies hier nicht der Fall. Umstellungen von Argumenten im Satz sind prinzipiell erlaubt. (5) zeigt den Unterschied noch einmal deutlich auf:

(5) a. * Peter den gegeben hat Kind Keks dem.
   (in jedem Kontext inakzeptabel)
   b. A: Was ist passiert?
      B: #Den Keks hat Amina dem Kind gegeben.
   c. A: Was hat Amina dem Kind gegeben?
      B: Den Keks hat Amina dem Kind gegeben.

Inakzeptabilität vs.
Unangemessen-
heit im Kontext

Wie also können einerseits die möglichen Umstellungen syntaktisch erklärt werden und andererseits die Unterschiede zwischen kontextuell un-
passenden vs. grammatisch inakzeptablen Sätzen angemessen dargestellt
werden? Die Forschungsliteratur liefert hierzu verschiedene Typen von
Analysen, die jeweils bestimmte Vor- und Nachteile haben.

9.2 | Zwei syntaktische Analysen

Die grundlegendste Unterscheidung zwischen den Analysetypen ist die,
ob überhaupt so vorgegangen wird, wie wir dies oben getan haben. Ist es
tatsächlich so, dass in der vP Argumente in nur einer Reihenfolge verkettet werden, die der Basisabfolge entspricht?

Basisgenerierungsanalysen bestreiten diese Grundannahme. Sie gehen
davon aus, dass die vP im Deutschen keine feste Basisabfolge ableitet.
Stattdessen können die verschiedenen Wortstellungen einfach dadurch
abgebildet werden, dass Argumente im Deutschen (anders als im Englischen) in beliebiger Reihenfolge verkettet werden, z. B.:

(6) a. Gestern hat wohl [$_{vP}$ Amina [einem Kind [einen Keks gegeben]]].
   b. Gestern hat wohl [$_{vP}$ Amina [einen Keks [einem Kind gegeben]]].
   c. Gestern hat wohl [$_{vP}$ einen Keks [einem Kind [Amina gegeben]]].

Scramblinganalyse
per Basis-
generierung

Basisgenerierungsanalysen sind insofern attraktiv, als dass alle Abfolgen
durch externe Verkettung erzeugt werden. Wir brauchen keine weiteren
Operationen, z. B. erneute, interne Verkettungen, annehmen, die Scrambling verursachen. Auf der anderen Seite ist aus Sicht dieser Analyse im
Grunde unklar, wie die Lenerz'schen Beobachtungen zu erklären sind.
Warum ist ausgerechnet die Abfolge *Dativargument* > > *Akkusativargument* > > *Präpositionalargument* de facto eine besondere Abfolge? Sie ist
hier schlicht eine von vielen möglichen Abfolgen und wird per definitio-
nem und mit voller Absicht in keiner Weise als ›besonders‹ ausgewiesen.
Aus Sicht der Darstellung in diesem Buch lässt sich zusätzlich auch fragen, wie die Zuweisung thematischer Rollen und die Vergabe von Kasus
zu regulieren ist, die wir an bestimmte Positionen in der VP und vP ge-
knüpft hatten. Basisgenerierung erscheint damit zwar zunächst als einfach – tatsächlich werfen diese Analysen aber vielfältige Fragen auf, die
es noch zu beantworten gilt (vgl. z. B. Struckmeier 2007).

Bewegungsanalysen gehen davon aus, dass die Basisabfolge tatsächlich diejenige ist, die durch die externe Verkettung innerhalb der vP entsteht. Die Basisabfolge ist kontextneutral, weil sie lediglich die Theta-

und Kasusverhältnisse abbildet, aber keine weitere kontextuelle Spezialisierung des Satzes vornimmt. Für Änderungen der Wortstellung werden bestimmte **Auslöser** (engl. *triggers*) angesetzt, die bestimmte Argumente an geeigneter Stelle im Satz intern verketten und so die Wortstellung ändern. Diese Art von Analyse heißt *Bewegungsanalyse*, weil ›Bewegung‹ eine Metapher für erneute Verkettung ist.

Die kontextuelle Spezialisierung eines Satzes, dessen Wortstellung von der Basisabfolge abweicht, erfolgt dadurch, dass die erwähnten Trigger spezifische Kontextbedeutungen ausdrücken. Eine weit verbreitete Annahme besteht etwa darin, dass Argumente dann erneut verkettet werden, wenn sie als sog. **Topiks** fungieren. Das Topik eines Satzes ist derjenige Bestandteil, über den die Aussage des Satzes getätigt wird. Das Topik wird quasi als derjenige Referent hervorgehoben, mit dem die im Satz gegebene Information ganz besonders assoziiert werden soll. Diese sog. *Aboutness*-Eigenschaft von Topiks lässt sich z. B. so nachweisen, dass Sprecher*innen sie explizit ankündigen. In (7) wird angekündigt, dass das Argument *Fritz* im folgenden Satz zum *Aboutness*-Topik ist:

(7) Ich erzähle Dir jetzt mal was über Fritz: Wahrscheinlich wird Fritz$_{\text{Topik}}$ bald heiraten.

Einige Autoren (z. B. Meinunger 2000; Frey 2004) gehen davon aus, dass Topiks aus der vP heraus in einer spezialisierten Topikposition, *TopP*, intern verkettet werden:

Interne Verkettung
in Topikposition

(8) a. [$_{vP}$ Anton [$_{VP}$ seiner Tante den Kahn schenkt]]
     b. [leider ... [$_{vP}$ Anton [$_{VP}$ seiner Tante den Kahn schenkt]]]
     c. [$_{TopP}$ [seiner Tante]$_{Top}$ *Top* [leider ...[$_{vP}$ Anton [$_{VP}$ ~~seiner Tante~~ den Kahn schenkt]]]]

Frey (2004) geht sogar davon aus, dass Kontexte diese Umstellung regelrecht erzwingen können. Nehmen wir an, dass *meinen Nachbarn* und *den Typen* koreferieren in:

(9) Ich erzähl Dir mal etwas über meinen Nachbarn. Der hat echt ausgesorgt, weil ...
     a. [$_{TopP}$ [den Typen]$_{Top}$ *Top* wahrscheinlich [$_{vP}$ [eine reiche Dame] [~~den Typen~~] heiratet].
     b. % [wahrscheinlich [$_{vP}$ [eine reiche Dame] [den Typen]$_{Top}$ heiratet]].

Für manche Sprecher*innen scheint (9a) in dem Kontext, der *den Typen* als Topik ankündigt, akzeptabler zu sein als (9b). Wir sehen, dass *den Typen* in (9a) nicht in seiner Argumentposition in der vP auftritt, sondern in einer höheren Position erneut verkettet ist, die Frey als Topikposition einstuft. Sie befindet sich über Satzadverbialen wie *wahrscheinlich*.

Bewegungsanalysen dieser Art sind nun allerdings ebenfalls nicht unproblematisch. Zum einen gibt es das ganz praktische Problem, das in vielen Kontexten gar nicht klar ist, welcher Bestandteil eines Satz das

Topik ist. Zwar schlägt Frey (2004) eine ganze Reihe von sog. *Topiktests* vor, jedoch wird das Problem der Definition der Kategorie *Topik* sehr kontrovers diskutiert und kann bei weitem nicht als gelöst betrachtet werden (vgl. z. B. Erteschik-Shir 2007; Struckmeier 2007; Bildhauer/Cook 2011). Wenn aber nicht wirklich klar ist, *welche* Argumente als Topik eines Satzes fungieren, dann ist wiederum nicht klar, welche Argumente umgestellt werden (können). Selbst wenn man die Kategorie *Topik* gut definieren kann (letztlich ist dies eine Aufgabe für Semantik und Pragmatik), besteht das empirische Problem, dass umstritten ist, ob die angeführten Beispiele tatsächlich durch diese kontextuelle Kategorie adäquat erklärt werden sollten. Wir werden weiter unten sehen, dass es Überlegungen gibt, die Beobachtungen ganz anders zu erklären – nämlich durch Bezug auf die Prosodie des Satzes.

Auf der theoretischen Seite können wir festhalten, dass mit einer Kategorie *Topik* eine Art von Kategorie Eingang in die Syntax finden würde, die sich von Eigenschaften wie Kasus, Numerus etc. klar unterscheidet. Bisher waren die Eigenschaften, die mit bestimmten syntaktischen Phänomenen im Satz verbunden wurden – Kasusmerkmale, thematische Rollen, Kongruenzmerkmale usw. – *auf der Ebene des Satzes* vorhersagbar. Sie sind in vielen Fällen sogar durch morphologische Markierungen direkt hörbar. Mit der Kategorie *Topik* wird aber eine Eigenschaft als bestimmend für den Satz vorgeschlagen, die nur aus dem Kontext eines Satzes abgeleitet werden kann. Damit stehen wir für unsere Grammatik vor einer sehr prinzipiellen Überlegung. Sollen Merkmale im Satz eine Rolle spielen, die nicht im Satz erklärt werden? Die Antwort auf diese Frage hängt auch von einer weiteren, noch grundlegenderen Frage ab. *Soll* die Syntax überhaupt Auskunft darüber geben, in welchen Kontexten Sätze verwendbar sind? Oder soll die Syntax (wie bisher angenommen) nur anzeigen, welche Sätze prinzipiell (in-)akzeptabel sind? Diese Fragen werden von verschiedenen Wissenschaftler*innen unterschiedlich beantwortet – so dass entsprechend auch verschiedene Scrambling-Analysen vorgeschlagen wurden (s. auch Vertiefungskasten am Ende von Kap. 9.4).

Schließlich gehen viele Autor*innen davon aus, dass mit Scrambling ein Phänomen vorliegt, das völlig verschiedene Wortstellungsoptionen zusammenfasst. Tatsächlich kann man sehr leicht zeigen, dass Scrambling (neben einer potentiellen Topikmarkierung) verschiedene Effekte haben kann. Es könnte daher auch sein, dass es keine einheitliche Lösung für ein solches Sammelsurium an Wortstellungsmechanismen geben kann. Im Folgenden werden wir sehen, dass bei der Betrachtung von Scrambling-Phänomenen ein Blick auf Prosodie und Semantik unerlässlich ist. Dies wurde von verschiedenen Autor*innen zum Anlass dafür genommen, ganz andere Analysen als die gerade gesehenen vorzuschlagen.

9.3 | Die Rolle von Prosodie und Semantik

9.3.1 | Prosodie

Kontextunabhängige und kontextabhängige Prosodie: Äußert man einen Satz mit Basiswortstellung ohne jeglichen Kontext, hat dieser Satz eine bestimmte Prosodie, die wir als **Normalprosodie** bezeichnen können. Beispielsweise erscheint in einem transitiven oder ditransitiven Satz in der Basiswortstellung der sog. **Satz-** oder **Nuklearakzent** typischerweise auf dem Nomen des Akkusativobjekts. In (10) liegt diese ›Hauptbetonung‹ also auf *Kahn*:

(10) Anton hat seiner Schwester einen KAHN geschenkt.

Man kann den Satzakzent in bestimmten Kontexten auch anders platzieren. Die Prosodie ist im Deutschen (und vielen anderen Sprachen) nämlich u. a. davon abhängig, welche Information in einem Kontext neu bzw. gegeben ist, und nach welcher Information gefragt wird. Beispielsweise ist in (11) die Prosodie von Antwort 1 – die Normalprosodie – nicht angemessen. Hingegen ist Antwort 2 angemessen. Hier wird das Element akzentuiert, das die Information liefert, nach der das Fragewort *wem* fragt: *seiner Schwester*. Man spricht auch davon, dass *seiner Schwester* hier der **Fokus** ist, d. h. ein Element, zu dem es Alternativen im Kontext gibt, d. h. andere Personen, denen Anton einen Kahn geschenkt haben könnte. *Kahn* hingegen ist nicht akzentuiert. Das liegt daran, dass der Kahn **gegeben** ist und dass alternative Geschenke in diesem Kontext keine Rolle spielen.

Fokus und
Gegebenheit

(11) Frage: Wem hat Anton einen Kahn geschenkt?
Antwort 1: #Anton hat seiner Schwester einen KAHN geschenkt.
Antwort 2: Anton hat seiner SCHWESter einen Kahn geschenkt.

Fokus und *Gegebenheit* sind genau wie *Topik* Begriffe aus dem Bereich der sog. **Informationsstruktur**, bei der es darum geht, bei der Vermittlung von Informationen den Kontext sowie das Wissen des Gegenübers zu berücksichtigen. Es scheint so zu sein, dass wir mit der Prosodie eine Art Informationsstrukturierung vornehmen. Die Prosodie wird also unter anderem auch dadurch beeinflusst, was Sprecher*innen glauben, was Hörer*innen schon wissen oder welche Alternativen sie berücksichtigen sollten. In der Summe stellen wir fest, dass die Prosodie deutscher Sätze einerseits vom Kontext abhängig ist, und dass es andererseits auch so etwas wie die Normalprosodie gibt.

Wortstellung und Prosodie: Da also sowohl Prosodie wie auch Wortstellung über kontextunabhängige und kontextabhängige Aspekte verfügen, lässt sich für die Frey'sche Beobachtung zur Wortstellung im deutschen Mittelfeld nun fragen, ob nicht Prosodie und Wortstellung miteinander interagieren. Mit anderen Worten könnte es ja sein, dass die Prosodie eine bestimmte Wortstellung bevorzugt, weil diese aus rein phonologischen Gründen angezeigt ist. Dies würde dann wiederum die

Akzeptabilität des jeweiligen Satzes in einem bestimmten Kontext beeinflussen, weil der Kontext einen bestimmten Einfluss auf die Akzentuierung hat (wie gerade gesehen).

Betrachten wir zum Beispiel die Sätze in (12), so stellen wir fest, dass es neben der Topikalität des intern verketteten Arguments einen weiteren Grund geben könnte, warum das Akkusativargument umgestellt wird. Diese Umstellung sorgt dafür, dass das diskursneue Argument (*eine reiche Dame*) näher an den rechten Satzrand heranrückt:

(12) Ich erzähl Dir mal etwas über meinen Nachbarn. Ich glaube, dass...

    a.   [$_\text{TopP}$ [den Typen]$_\text{Topik}$ *Top* wahrscheinlich [$_\text{vP}$ [eine reiche Dame] [~~den Typen~~] heiratet]].

    b.   #[wahrscheinlich [$_\text{vP}$ [eine reiche Dame] [den Typen]$_\text{Topik}$ heiratet]].

Beispiele für
die Rolle der
Akzentuierung

Warum könnte die Prosodie einen Anreiz darstellen die Argumente umzustellen? Eine Hypothese, die wir hier verfolgen wollen, ist, dass Sprecher*innen die Scramblingabfolge bevorzugen – weil sie eine Akzentuierung gestattet, die der Normalprosodie näherkommt (vgl. Struckmeier 2007, 2012).

Schauen wir uns an, welche Elemente in den zwei Sätzen einen Akzent tragen könnten. Das sind mindestens das Nominativ- und das Akkusativargument. Wir haben oben aber gesehen, dass Satzakzente nicht auf Ausdrücke gelegt werden, deren Referenten im Kontext gegeben sind und deren potentielle Alternativen im Diskurs gar nicht zur Debatte stehen. Da *den Typen* in (12) vorerwähnt ist (durch *meinen Nachbarn*), sollte es den Satzakzent nicht tragen. Angekündigt wird eine Information über diesen Referenten, Alternativen zu ihm stehen nicht zur Debatte. Andererseits steht *den Typen* als Akkusativargument in just der Position, in der der Satzakzent bei Normalprosodie platziert werden sollte. Sprecher*innen hätten nun also die Wahl zwischen mehreren alternativen Sätzen.

Die Basisabfolge wird verwendet (12b). Der Satzakzent liegt auf dem am weitesten rechts stehenden diskursneuen Argument, also auf *eine reiche Dame*. Damit wird aber keine Normalprosodie erreicht, weil dem Argument mit dem Satzakzent ein anderes, unbetontes Argument folgt, der Satzakzent also nicht auf dem letzten Argument erscheint. Alternativ könnte die Scrambling-Abfolge verwendet werden (12a). Der Satzakzent fällt wiederum auf *eine reiche Dame* – aber in diesem Falle ist diese DP das am weitesten rechts stehende Argument und die Normalprosodie kann beibehalten werden.

Aus unserer Sicht bedarf es zwischen diesen beiden Satzvarianten keiner Entscheidung durch die Grammatik – und insbesondere nicht durch die Syntax (die nur ein Teil des grammatischen Wissens von Sprecher*innen ist): Beide Abfolgen werden von Sprecher*innen nämlich dann recht zuverlässig als akzeptabel bewertet, wenn die Prosodie des Satzes klarer aus dem Kontext vorhersagbar ist, wie im folgenden Beispiel, das Alternativen zu reichen Damen einführt – und entsprechend altmodisch und sonderbar wirkt.

Topik verbleibt
in Basisposition
Beleg 1

(13) Fritz ist der erfolgloseste Heiratsschwindler des Jahrhunderts. Er hat schon 17 Mal geheiratet, aber die Damen, die er geheiratet hat, hatten überhaupt kein Geld und Fritz' Betrug ging nicht auf. Aber jetzt erzähl ich Dir was Neues über Fritz:
    a.   Morgen wird endlich eine REIche Dame den Fritz heiraten.
    b.   Morgen wird den Fritz endlich eine REIche Dame heiraten.

In diesem Beispiel erscheinen beide Wortstellungen gleichermaßen akzeptabel. Dies deutet darauf hin, dass die Topikalität von *den Fritz* hier keine Umstellung erzwingen kann.

Wir könnten auch versuchen, Alternativen zu *heiratet* als kontextuell relevant auszuweisen (was ebenfalls altmodisch und sonderbar wirken mag):

Topik verbleibt
in Basisposition
Beleg 2

(14) Fritz kennt zwar viele reiche Damen und er wollte auch schon einige von ihnen näher kennenlernen. Leider haben sich die Damen aber nie für Fritz interessiert. Aber jetzt erzähl ich Dir mal was Neues über Fritz:
    a.   Morgen wird endlich eine reiche Dame den Fritz HEIraten.
    b.   Morgen wird den Fritz endlich eine reiche Dame HEIraten.

Wie wir sehen, scheint die Kategorie Topik hier nicht (oder nicht mehr?) entscheidend für die Platzierung von *den Fritz* zu sein. Sobald klar ist, warum ein anderes Element als das strukturell tiefste Argument akzentuiert wird, scheint es in Ordnung zu sein, dass das Topik nicht umgestellt wird. Es zeigt sich also, dass die Prosodie einen wichtigen Faktor bei der Bewertung von Wortstellungsvarianten darstellt (vgl. hierzu auch Büring 2001; Molnárfi 2002, 2004; Fanselow 2003, 2006).

9.3.2 | Semantik

Einige Autoren (u. a. Frey 1993; Hinterhölzl 2012; Struckmeier 2014) gehen davon aus, dass auch die semantischen Effekte von bestimmten Wortstellungsmustern ausreichend sind, um interne Verkettungen zu legitimieren. Zum Beispiel ist die Interpretation von quantifikationalen Argumenten im Deutschen oft stark davon abhängig, wo genau diese Argumente auftreten. So enthält die Struktur in (15a) den Quantor *alle Patienten* und die Negation *nicht*. Die Bedeutung des Satzes lässt sich wie folgt paraphrasieren: Es ist nicht der Fall, dass dieser Arzt alle Patienten heilt. Man sagt auch, dass die Negation **Skopus** über den Quantor nimmt (siehe Gutzmann 2019). Verändert sich nun die Wortstellung, ändert sich auch die Bedeutung (15b). (15b) hat vordringlich die Lesart, dass für alle Patienten gilt, dass dieser Arzt sie nicht heilt. Der Quantor nimmt nun also Skopus über die Negation.

Skopuseffekt von
Scrambling

(15) a.   Dieser Arzt heilt [$_{vP}$ nicht [$_{vP}$ ~~dieser Arzt~~ alle Patienten ~~heilt~~]].
    b.   Dieser Arzt heilt alle Patienten [$_{vP}$ nicht [$_{vP}$ ~~dieser Arzt alle Patienten heilt~~]].

Wir können also annehmen, dass die semantischen Effekte eine Ursache dafür sind, dass Sprecher*innen Wortstellungen verwenden, die von der Basisabfolge abweichen. Diese sind durch internes Merge möglich und stellen unterschiedliche Skopuslesarten heraus. Auf ähnliche Weise können auch die Positionierungen von spezifischen und nicht-spezifischen Indefinita gegenüber der Negation, die im Kapitel 3 besprochen wurden, erklärt werden.

Auch für Reziprokpronomen könnte durch interne Verkettungen ein klarer semantischer Effekt entstehen. In (16b) steht mit der erneuten Verkettung von *die Gäste* eine Phrase zur Verfügung, auf die sich das Reziprokpronomen *einander* rückbeziehen kann. In (16a) wird das interne Argument *die Gäste* nicht oberhalb des Reziprokpronomens verkettet und steht für den Rückbezug daher offenbar auch nicht zur Verfügung:

(16) a. $^{??}$weil ... [$_{vP}$ ich [$_{VP}$ einander$_{Dat}$ [die Gäste]$_{Akk}$ vorgestellt]] habe

     b. weil ... ich [die Gäste]$_{Akk}$ [$_{vP}$ ~~ich~~ [$_{VP}$ einander$_{Dat}$ [~~die Gäste~~]$_{Akk}$ vorgestellt]] habe

Bindungseffekt
von Scrambling

Zusammenfassend sehen wir also, dass ein frei anwendendes Merge (welches Wortstellungsvarianten bereitstellt) gekoppelt mit Schnittstellen zur Semantik (LF) und zur Prosodie (PF) interessante Erklärungen für semantisch und prosodisch motivierte Scramblingvarianten bereitstellt. Wir könnten daher auch annehmen, dass es keines syntaktischen Auslösers bedarf, wie die Analysen von Frey, Meinunger, etc. angenommen hatten. Wir wollen daher nun versuchen, eine Analyse für unsere schnittstellengetriebene Annahme bereitzustellen.

9.3.3 | Prosodie-Syntax-Semantik: Analysen

Der generelle Ansatz: Eine technische Möglichkeit, eine schnittstellengetriebene Analyse umzusetzen, besteht darin, dass wir der Syntax gestatten, sehr viele Wortstellungen durch interne Verkettungen zu generieren. Solange die Strukturen keine syntaktischen Regeln verletzen, ist von syntaktischer Warte aus alles in Ordnung. Die Menge dieser erzeugten Strukturen ist ja nicht gleichbedeutend mit einer Menge von akzeptablen ›Sätzen‹ des Deutschen, sondern mit einer Menge *syntaktisch* akzeptabler Strukturen (die keine ›Sätze‹ sind), wie wir in Kapitel 2.1 festgelegt hatten. Aus der Menge dieser Strukturen könnte nun subtraktiv all das ausgeschlossen werden, was die Bestimmungen anderer sprachlicher Teilsysteme verletzt, z. B. semantisch Uninterpretierbares oder prosodisch Dispräferiertes. Struckmeier (2014, 2017) schlägt vor, dass viele Scrambling-Restriktionen die Maßgaben anderer, außersyntaktischer Systeme betreffen: Semantik und Phonologie bewerten die Sätze einer Sprache ja ebenfalls und können (und müssen!) daher ebenfalls als Erklärungsfaktoren herangezogen werden.

Illustration: Betrachten wir diese Vorgehensweise für die Phonologie, d. h. für prosodische Restriktionen, die beim Scrambling vorliegen und in gewissen Anteilen auf Restriktionen durch das prosodische System des

Deutschen zurückzuführen sein könnten. Angenommen, die Syntax kann alle folgenden Strukturen ableiten (siehe auch den Vertiefungskasten am Ende des Kapitels):

(17) a. Ich habe gestern [$_{vP}$ ~~ich~~ dem Kellner das Geld gegeben].

b. Ich habe gestern das Geld [$_{vP}$ ~~ich~~ dem Kellner ~~das Geld~~ gegeben].

c. Das Geld habe ich gestern [$_{vP}$ ~~ich~~ dem Kellner ~~das Geld~~ gegeben].

d. Gestern habe dem Kellner ~~gestern~~ [$_{vP}$ ich ~~dem Kellner~~ das Geld gegeben].

Keiner dieser Sätze ist völlig inakzeptabel, und es kann daher nicht die Aufgabe der Syntax sein, einen dieser Sätze auszuschließen. Auch in semantischer Hinsicht erscheint keiner der Sätze in irgendeiner Weise anstößig, da wir erkennen können, was die Sätze bedeuten sollen. Aus Sicht des phonologischen Systems besteht ebenfalls kein prinzipielles Problem mit diesen Sätzen: Es gibt keine prinzipiellen Probleme mit der Aussprache solcher Wortfolgen. Da alle Systeme, die an der Bewertung von Sätzen beteiligt sind, keine prinzipiellen Einwände formulieren, werden alle Sätze als *akzeptabel* eingestuft, wie oben vereinbart.

In verschiedenen Kontexten können die jeweils entstehenden Wortstellungen nun natürlich durchaus verschiedene Bewertungen durch Sprecher*innen erhalten. Nehmen wir an, Anton stellt eine Frage, die Maria beantworten möchte. Nehmen wir weiterhin an, dass Maria für die Antwort mehrere syntaktisch und semantisch gleichwertige und wohlgeformte Antworten zur Verfügung hat: (18) zeigt die möglichen Dialoge. In allen Antworten trägt das Dativargument den Satzakzent, da es der Fokus im Satz ist – der Kellner ist diejenige Person aus einer Menge von relevanten Alternativen, für die die Antwort wahr ist. Viele Sprecher*innen des Deutschen akzeptieren Antwort A1, A2 und A3, zeigen aber eine Präferenz für die Antworten A2 und A3 (vgl. z. B. Büring 2001; Molnárfi 2002, 2004). Antwort 4 erscheint vielen Sprecher*innen als klar dispräferiert.

(Dis-)Präferenzen für Wortstellungen

(18) Wem hast du gestern das Geld gegeben?

A1: Ich habe [$_{vP}$ gestern [$_{vP}$ ~~ich~~ dem KELLner das Geld gegeben]].

A2: Ich habe [$_{vP}$ gestern [$_{vP}$ das Geld [$_{vP}$ ~~ich~~ dem KELLner ~~das Geld~~ gegeben]]].

A3: Das Geld habe ich [$_{vP}$ gestern [$_{vP}$ ~~ich~~ dem KELLner ~~das Geld~~ gegeben]].

A4: #Gestern habe [$_{vP}$ dem KELLner [$_{vP}$ ~~gestern~~ [$_{vP}$ ich ~~dem KELLner~~ das Geld gegeben]]].

Überprüfen wir die prosodischen Verhältnisse in den Antworten in Relation zur Wortstellung. A1 weist die Basiswortstellung auf: das akzentuierte Dativargument *dem KELLner* geht dem Akkusativargument voran. Damit wird von der Normalprosodie abgewichen – in dieser würde der Satzakzent auf dem Akkusativargument liegen. Wie wir aber schon gesehen haben, erlaubt die Basiswortstellung verschiedene prosodische Muster, wenn diese durch den Kontext lizensiert werden. A1 ist daher gemeinhin akzeptabel.

A2 und A3 stellen das Akkusativargument so um, dass das Dativargument das linear letzte Argument des Satzes ist. Dies führt dazu, dass nach der akzenttragenden Silbe in *KELLner* kaum noch weitere Silben folgen, die ausgesprochen werden müssen (nämlich nur *...ner ge-ge-ben*). Diese Silben werden deakzentuiert, das heißt, die Intonation nach dem fokusanzeigenden Satzakzent wird flach und trägt nur schwache Betonungen. Je weniger solcher unbetonten Silben dem Satzakzent folgen, um so ähnlicher ist die Platzierung des Satzakzentes der Normalprosodie, da bei Letzterer der Satzakzent gegen Ende des Satzes platziert wird. Eine ›späte‹ Platzierung des Satzakzents wird von vielen Sprecher*innen also aus rein prosodischen (nicht: syntaktischen) Gründen präferiert.

In A4 tritt der entgegengesetzte Effekt auf. Dieser Satz ist prosodisch alles andere als optimal. Das satzakzenttragende Dativargument findet sich hier weiter vom Satzende entfernt, als das in seiner Basisposition der Fall gewesen wäre. Damit entsteht die Notwendigkeit, nach dem Satzakzent auf *KELLner* sehr viele Silben (nämlich *...ner ich das Geld ge-ge-ben*) intonatorisch flach und wenig betont auszusprechen. Dieses prosodische Szenario könnte dispräferiert sein (vgl. Büring 2001). Warum es diese prosodischen Präferenzen gibt, ist eine Frage für die Prosodieforschung.

9.3.4 | Fazit: ›Die Aufgabe‹ der Syntax

Als Ergebnis dieses Kapitels wollen wir ein Fazit dazu ziehen, wie wir in diesem Buch die Aufgabe der Syntax einstufen. Diese Aufgabe besteht darin, die Struktureigenschaften von Sätzen zu beschreiben und diese Struktureigenschaften an Form- und Bedeutungseigenschaften anzubinden. Es kann im Rahmen solcher Analysen klar werden, dass ein Satz aus syntaktischen Gründen nicht akzeptabel ist, so wie wir es vielfach gesehen haben. Es ist aber ausdrücklich nicht die Aufgabe der Syntax, alle Eigenschaften von allen Sätzen, die man überhaupt nachweisen kann, zu erklären! Phonologische Eigenschaften von Sätzen können zum Beispiel besser vom phonologischen System beschrieben werden, und für semantische Eigenschaften von Sätzen sollte das semantische System zuständig sein.

Die Syntax ist also nur ein sprachliches System unter mehreren, sie kümmert sich ausschließlich um die syntaktischen Eigenschaften von Sätzen. Das Zusammenspiel der verschiedenen sprachlichen Ebenen gestattet es uns, komplexe und nuancierte Urteile über ›Sätze‹ zu erreichen, ohne eine barock komplizierte Syntax für unsere Erklärungen heranzuziehen. Darüber hinaus wollen wir festhalten, dass Sprecher*innen oft zwischen verschiedenen (syntaktisch wohlgeformten) Strukturen auswählen können. Einige dieser Strukturen mögen aus prosodischen oder semantischen Gründen (dis)präferiert werden. Dies ist dann aber nicht Gegenstand der Syntax, die alle prinzipiell möglichen Strukturen ableiten soll.

9.4 | Theorieüberblick

Die syntaktische Struktur von Scrambling wird in den verschiedenen Theorien, die wir in diesem Kapitel besprochen haben, unterschiedlich analysiert. Wir fassen hier die jeweiligen Repräsentationen vergleichend zusammen:

Zur Vertiefung

Zur strukturellen Repräsentation von Scrambling

Scramblinganalysen per Trigger gehen davon aus, dass es Köpfe gibt, die ein die interne Verkettung auslösendes Merkmal enthalten, z. B. Top. Die Bewegung der gescrambelten Argumente vollzieht sich dann in die Spezifiziererposition dieser Köpfe:

$[_{\text{TopP}}$ ____ *Top* ...$[_{vP}$ ... YP ... XP ...]]
$[_{\text{TopP}}$ XP$_{\text{Topik}}$ *Top* ...$[_{vP}$ ... YP ... ~~XP~~$_{\text{Topik}}$ ...]]

Scrambling durch Basisgenerierung: Man geht davon aus, dass es keine interne Verkettung von gescrambelten Argumenten gibt. Die Reihenfolgeänderungen werden durch externe Verkettung erzeugt:

$[_{vP}$ ... YP ... XP ...]
$[_{vP}$ ... XP ... YP ...]

Scrambling durch frei anwendendes internes Merge und Schnittstelleneffekte: Hier wird zwar von interner Verkettung ausgegangen (wie bei den *Trigger*-Analysen), aber es gibt keine Zielposition. Merge erzeugt ›frei‹ verschiedene Strukturvarianten – von denen PF und LF bestimmte bevorzugen:

$[_{vP}$ ... YP ... XP ...]
[XP $[_{vP}$ ... YP ... ~~XP~~ ...]]

Varianten dieses Ansatzes gehen davon aus, dass bestimmte Ausgaben von Merge auch syntaktisch (also nicht nur an den Schnittstellen) inakzeptabel sind.

Zum vertiefenden Studium dieser verschiedenen Ansätze empfehlen wir, folgende Veröffentlichungen zu konsultieren: Der Trigger-Ansatz wird sehr gut bei Frey (2004), Hinterhölzl (2006), Meinunger (2000) und Molnárfi (2002) dargestellt. Die Veröffentlichungen unterscheiden sich darin, wie das Merkmal definiert wird, das die interne Verkettung erzwingt. Analysen ohne syntaktischen Auslöser finden sich u.a. bei Lenerz (1977), G. Müller (1995), Fanselow (2003, 2006), und Struckmeier (2014, 2017). Analysen, die im Rahmen der sog. Optimalitätstheorie formuliert wurden, finden sich zum Beispiel bei Büring (2001), G. Müller (2001).

Aufgaben

1. Zeigen Sie auf, in welchen der folgenden Sätze die Basiswortstellung vorliegt. Erklären Sie Ihre Entscheidung!
   a) Heute hat den Kindern doch Amina die Kekse gegeben (, oder?)
   b) Gestern hat Mehmet das gemacht.
   c) Morgen wird den Job dann Leyla übernehmen.

2. Nennen Sie Gründe dafür, warum der jeweils letzte Satz in (a–d) wenig gelungen wirkt. Beziehen Sie sich in Ihrer Begründung auf informationsstrukturelle und/oder semantische Faktoren der Wortstellung, die wir besprochen haben!
   a) Amina: *Was hast Du dem Kellner denn gerade gegeben?*
      Leyla: *"Ich habe das GELD ihm gegeben.*
   b) Mehmet: *Ich muss Dir mal was über Anton erzählen. "Morgen wird das Finanzamt wahrscheinlich den Typen befragen kommen.*
   c) Anton: *Das Finanzamt meint, dass ich nur 50 % meiner Einnahmen versteuert habe. Was soll denn das heißen?*
      Maria: *"Na ja, Du hast halt den Beamten alle Einkünfte nicht angegeben!*
   d) Anton: *??Ich kenne die Beamten so gut, morgen werde ich einander die vorstellen.*

3. Stellen Sie dar, wie Basisgenerierungs- und Bewegungsanalysen jeweils das folgende Satzpaar strukturell beschreiben würden:
   Peter hat dem Kellner das Geld gegeben. – Peter hat das Geld dem Kellner gegeben.

10 Der linke Satzrand: Beschränkungen für erneute Verkettung (›Bewegung‹)

Wir haben in den vorigen Kapiteln gesehen, dass es sich in manchen strukturellen Konstellationen anbietet, bestimmte Bausteine erneut zu verketten. In diesem Kapitel werden wir beschreiben, welche Beschränkungen für erneute Verkettungen insbesondere am linken Satzrand beobachtet wurden. Wie sich zeigen wird, ist es nämlich nicht möglich, Bausteine wahllos zu verketten – obwohl Merge selbst dies generell erlauben würde.

10.1 | Die Freiheit von Merge und Restriktionen

Wir sind bisher davon ausgegangen, dass die Verkettung frei anwendet. Merge hat nur das Ergebnis, dass zwei strukturelle Bestandteile A und B verbunden werden zu {A,B}. Wir sind insbesondere nicht davon ausgegangen, dass das System in gewisser Weise ›Buch führt‹ über die einzelnen Anwendungen von Merge. Das bedeutet, dass das komputationelle System nicht ›wissen kann‹, welche strukturellen Bestandteile es bereits verkettet hat und welche nicht. Hieraus folgt, dass es für das System keine Rolle spielen kann, ob Strukturbestandteile, die an der Wurzel des Baumes verkettet werden, auch an einer anderen Stelle in der gleichen Struktur verkettet sind. Lediglich die Ausgabe von Merge zeigt, dass eine erneute Verkettung stattgefunden hat, z. B. des externen Arguments *Amina* in (1a) oder von beiden Argumenten in (1b).

(1) a. [_CP Amina hatte [eben [_vP ~~Amina~~ [ein lustiges Erlebnis]]]].   Freies Merge
     b. [_CP [Ein lustiges Erlebnis] hatte Amina eben [_vP ~~Amina~~ [~~ein lustiges Erlebnis~~]]].

Diese freie Konzeption der Verkettung ist auf der einen Seite ein sehr wünschenswerter Zug unserer Theorie. Sie ist mit einiger Sicherheit die einfachste Konzeption, die man sich vorstellen kann. Sie hat aber auch den Nachteil, dass bisher nicht klar ist, ob nicht doch Restriktionen dafür existieren, wie welche Elemente wo intern verkettet werden dürfen. Die Prüfung dieser Restriktionen wäre genau das, was eine freie Verkettungsoperation nicht selbst leisten können sollte.

    Wir werden auch weiterhin an der freien Konzeption von Merge festhalten. Einerseits können wir so die Definition von Merge weiterhin einfach halten. Andererseits ist es empirisch so, dass Merge ein Element tatsächlich mehr oder minder ›unendlich‹ weit entfernt im Baum erneut verketten kann. Dies zeigen die Beispiele in (2b–e), welche nach einem direkten Objekt, z. B. *Kuchen* in (2a) fragen. In (2d & e) wurde dieses Objekt in einem Nebensatz verkettet. Dies ist für viele Sprecher*innen des Deutschen (jedoch nicht für alle, s. u.) möglich:

Weite Entfernungen zwischen externen und internen Verkettungen

(2) a. [$_{CP}$ Anton hat Kuchen gegessen].
  b. [$_{CP}$ Anton hat WAS gegessen]?
  c. [$_{CP}$ Was hat Anton ~~was~~ gegessen]?
  d. $^{\%}$ [$_{CP}$ Was sagt Maria, [$_{CP}$ dass Anton ~~was~~ gegessen hat]]?
  e. $^{\%}$ [$_{CP}$ Was meint Leyla, [$_{CP}$ dass Maria sagt, [$_{CP}$ dass Anton ~~was~~ gegessen hat]]]?

Strukturen wie in (2) sollte unsere Grammatik nicht ausschließen. Zwar werden die Sätze schwieriger (und deshalb auch ungebräuchlicher), je länger sie werden. Jedoch ist es nicht so, dass wir harte Restriktionen bezüglich der Entfernung zwischen dem W-Element am linken Satzrand und seiner Thetaposition in der VP erkennen könnten. Die Strukturen werden *allmählich* schwieriger – es gibt keine ›feste Grenze‹ dafür, wie weit die Kopien eines Elements auseinanderliegen dürfen. Die Schwierigkeiten rühren wahrscheinlich eher von der Begrenzung unseres Arbeitsgedächtnisses her, also von der Sprachverarbeitung, als von syntaktischen Prinzipien. Es ist daher angemessen zu sagen, dass interne Verkettungen ein Element prinzipiell unendlich weit von seiner Thetaposition verketten können, und dass keine genuin syntaktischen Restriktionen die sog. **Lokalität von Merge** beschränken.

Es gibt nun sehr wohl Konstellationen, in denen interne Verkettung nicht möglich ist, wie wir in Kapitel 10.2 sehen werden. Für diese Restriktionen existieren aktuell zwei grundsätzliche Erklärungsansätze, die es jedoch nicht erfordern, dass die Operation Merge neu definiert werden müsste. Nach dem ersten Ansatz (s. Kap. 10.2) können Verkettungen keine Strukturbestandteile erneut verketten, die schon einmal innerhalb von Strukturen verkettet wurden, welche in gewisser Weise schon strukturell vollständig sind und deren Inhalt durch andere syntaktische Operationen deswegen nicht mehr aufgegriffen werden darf. Diese Strukturen sind in *absoluter* Weise Grenzen (also für syntaktische Operationen jeglicher Art). Eine Alternative (s. Kap. 10.3) bieten *relationale* Konzeptionen von Verkettungsrestriktionen, wie wir sie bereits als Minimalität kennengelernt haben. Diese Ansätze gehen davon aus, dass in der gleichen Derivation verkettete Strukturen bei internen Verkettungen bestimmter Elemente intervenieren können – bei anderen internen Verkettungen oder anderen Operationen aber nicht. Diese Restriktionen sind also nicht absolut, sondern relational definiert.

10.2 | Syntaktische Inseln

Die ersten systematischen Beobachtungen dazu, wie die Umstellung von syntaktischen Bausteinen beschränkt sein könnte, gehen auf Ross (1967) zurück. Er identifizierte bestimmte strukturelle Konfigurationen, die es offenbar nicht zulassen, dass ihre Bestandteile an anderer Stelle im Strukturbaum erneut auftreten. Ross nannte solche Strukturen **Inseln**: Elemente, die sich innerhalb dieser Strukturen befinden, können – wie Schiffbrüchige auf einer Insel – die Insel nicht verlassen.

Syntaktische Inseln

Definition

Komplemente von Nomen (Complex NP Constraint)
a) Du glaubst, dass die Chefin Amina gefeuert hat.
  – %Wen glaubst du, dass die Chefin gefeuert hat?
b) Wir lassen ihn in dem Glauben$_N$, [$_{Insel}$ dass die Chefin Amina gefeuert hat].
  – *Wen lassen wir ihn in dem Glauben, [$_{Insel}$ dass die Chefin ___ gefeuert hat]?

Relativsätze (Relative Clause Constraint)
a) Leyla hat einen Mann gesehen. Der Mann trug einen grünen Hut.
  – Was trug der Mann?
b) Leyla hat einen Mann gesehen, [$_{Insel}$ der einen grünen Hut trug].
  – *Was hat Leyla einen Mann gesehen, [$_{Insel}$ der ___ trug]?

Die ›linke Seite‹ einer Determiniererphrase (Left Branch Constraint)
a) Anton hat [ein [$_{DP}$ Bild von Leyla]] in seinem Wohnzimmer hängen.
  – Von wem hat Anton [$_{DP}$ ein Bild ___] in seinem Wohnzimmer hängen?
b) Anton hat [[$_{Insel}$ Leylas] Bild $_{NP}$] in seinem Wohnzimmer hängen.
  – *Wessen hat Anton [[$_{Insel}$___] Bild] in seinem Wohnzimmer hängen?

Nebensätze, die von W-Elementen eingeleitet werden (*Wh*-Constraint)
a) Anton hat vergessen, [$_{CP}$ dass Leyla den Kindern den Salat machen soll].
  – %Was hat Anton vergessen, [$_{CP}$ dass Leyla den Kindern ___ machen soll]?
b) Anton hat vergessen, [$_{Insel}$ [wem]$_W$ Leyla den Salat machen soll]
  – *Was hat Anton vergessen, [$_{Insel}$ [wem$_W$] Leyla ___ machen soll]?

Koordinationsstrukturen (Coordinate Structure Constraint)
a) Amina hat 20 Stück Sushi gegessen.
  – Was hat Amina ___ gegessen?
b) Amina hat [$_{Insel}$ dreizehn Maki und sieben Nigiri] gegessen.
  – *Was hat Amina [$_{Insel}$ ___ und sieben Nigiri] gegessen?
  – *Was hat Amina [$_{Insel}$ dreizehn Maki und ___] gegessen?

Satzwertige Subjekte (Sentential Subject Constraint)
a) Folgendes wird nie passieren: Leyla entschuldigt sich bei Amina.
  – Was wird nie passieren? WER entschuldigt ___ sich bei Amina?
b) [$_{Insel}$ Dass Leyla sich bei Amina entschuldigt] wird nie passieren.
  – *Wer wird [$_{Insel}$ dass ___ sich bei Amina entschuldigt] nie passieren?

Ross' Liste ist zunächst nur eine Beschreibung von empirischen Beobachtungen. In der Folge wurde versucht, eine Erklärung dafür zu finden, welche Strukturen Inseln darstellen – und warum. Eine vollständige Erklärung dieser Art liegt jedoch bis heute nicht vor. Dies ist umso verblüffender, als dass die Ross'schen Beobachtungen als sehr zuverlässig gelten, auch wenn es bei manchen Strukturen interindividuelle und auch regionale Variation gibt – oben angegeben durch das %-Zeichen z. B. bei *%Wen glaubst Du, dass die Chefin gefeuert hat?*. Grundsätzlich wissen Sprecher*innen des Deutschen aber sehr genau, aus welchen Strukturkonstellationen heraus ein Element nicht durch interne Verkettung aufgegriffen werden kann. So ist selbst für Sprecher*innen, die den eben genannten Satz nicht besonders gut finden, die Struktur **Wen lassen wir ihn in dem Glauben, dass die Chefin gefeuert hat?*, also die Variante mit Komplexer NP-Insel, noch viel weniger akzeptabel.

Akzeptabilität und Gebrauchshäufigkeit

Wir möchten hier auf einen besonderen empirischen Umstand hinweisen, der die akzeptablen und inakzeptablen Strukturen in diesem Phänomenbereich als außergewöhnlich erscheinen lässt. Die mehrfachen Satzeinbettungen, die wir eingangs betrachtet haben, z. B. (2e), sind in der alltäglichen Sprachverwendung nicht besonders gebräuchlich. Trotzdem können wir diese Sätze regelgeleitet interpretieren (wenn auch manchmal mit einigen Mühen). Diese ungebräuchlichen Sätze sind in diesem Sinne also akzeptabel. Die Verletzungen der Inselbeschränkungen im Kasten betreffen ebenfalls Sätze, die wir im alltäglichen Sprachgebrauch nicht beobachten – aber aus dem Grunde, dass sie nicht akzeptabel sind. Eine spannende Frage ist nun, warum Sprecher*innen eigentlich über dieses Wissen verfügen: Warum sind manche Sätze ungebräuchlich, aber akzeptabel, andere Sätze aber ungebräuchlich und inakzeptabel? Es scheint so zu sein, dass während des Spracherwerbs Strukturkenntnisse erworben werden, die es gestatten, Unterscheidungen dieser Art zu treffen – und zwar auch ohne direkte empirische Beobachtungen. Für die Beschränkungen zur internen Verkettung müssen wir daher davon ausgehen, dass es eine *allgemeine* Beschreibung für Inselstrukturen geben muss, um das Sprecher*innenwissen zu erklären.

10.3 | Die Theorie der Phasen

Wie schon erwähnt, wurden die Ross'schen Beobachtungen diversen Erklärungsversuchen unterworfen. Ein aktueller Ansatz sieht vor, dass syntaktische Derivationen in sog. **Phasen** ablaufen (Chomsky 1999). Das bedeutet, dass die Derivation nur jeweils einen Teil einer Baumstruktur bearbeitet. Ist dieser Teil abgeschlossen, geht die Derivation in eine neue Phase über. In dieser stehen die Strukturen der letzten Phase nicht mehr uneingeschränkt zur Verfügung.

Illustration der Phasentheorie: Satz (3a) ist inakzeptabel. Dies verblüfft, denn der fast identische Anhebungssatz in (3b) ist völlig akzeptabel:

(3) a. *Anton scheint, [$_{CP}$ dass [$_{TP}$ ~~Anton~~ das Rennen gewinnen]].
     b. Anton scheint [$_{TP}$ ~~Anton~~ das Rennen zu gewinnen].

Der einzige Unterschied zwischen (3a) und (3b) scheint zu sein, dass der nicht-finite Nebensatz in (3a) durch die Subjunktion *dass* eingeleitet wird, der Nebensatz in (3b) aber nicht. Während die ›vollständige‹ CP (samt Kopf) ihr Material also offenbar nicht für erneute Verkettungen bereitstellt, scheint dies für Strukturen ohne C-Kopf kein Problem zu sein. Aufgrund von Beobachtungen wie dieser werden CPs als Strukturen angesehen, mit deren Vervollständigung eine Phase der Derivation abgeschlossen wird. Nehmen wir an, dass die Derivation des Nebensatzes in (3a) exakt so abgelaufen ist, wie wir es in Kapitel 5.4 angenommen haben, dass also der C-Kopf *dass* mit der TP verkettet wird:

(4) [$_{CP}$ dass [$_{TP}$ Anton das Rennen gewinnen]]

Ein offensichtliches Problem besteht hier darin, dass das externe Argument *Anton* sein Kasusmerkmal bisher nicht lizensiert bekommen hat. Das infinite Verb *gewinnen* ist ja nicht geeignet, durch einen Merkmalsabgleich mit *Anton* den Nominativkasus zu lizensieren. Was aber hindert *Anton* daran, seine Kasuslizenz im übergeordneten Matrixsatz einzuholen?

Die Annahme einer phasenweisen Abwicklung von Derivationen beinhaltet, dass Elemente, die in der Schwester des C-Kopfes enthalten sind, für die weitere Derivation nicht mehr zur Verfügung stehen. Wir werden dies im Folgenden durch <u>Unterstreichungen</u> darstellen:

(5) a. [$_{CP}$ dass [$_{TP}$ Anton das Rennen gewinnen]]
         Die CP-Phase ist abgeschlossen.
     b. [$_{CP}$ dass [$_{TP}$ <u>Anton das Rennen gewinnen</u>]]
         Elemente in der Schwester von C sind für weitere Operationen nicht mehr zugänglich.

Gehen wir nun davon aus, dass die Derivation weitere Bausteine verkettet, bis zu:

(6) [scheint ... [$_{CP}$ dass [$_{TP}$ <u>Anton das Rennen gewinnen</u>]]]

Mit dem finiten Verb *scheint* steht im Hauptsatz nun ein Verb zur Verfügung, das als Kongruenzpartner den Nominativ von *Anton* lizensieren könnte. Unter unseren phasentheoretischen Annahmen können jedoch weder *Anton* noch *das Rennen* als Kongruenzpartner von *scheint* fungieren, da beide Argumente aus dem eingebetteten Satz für eine interne Verkettung mit *scheint$_T$* nicht zur Verfügung stehen: unterhalb des C-Kopfes *dass* sind sie für die Agree-Relation mit *scheint$_T$* nicht zugänglich.

(7) a. *Anton scheint, [$_{CP}$ dass [$_{TP}$ ~~Anton~~ das Rennen gewinnen]]
     b. *das Rennen scheint, [$_{CP}$ dass [$_{TP}$ Anton ~~das Rennen~~ gewinnen]]

Unzugänglichkeit nach Abschluss einer Phase

139

Vor- und Nachteile der Phasentheorie: Wir sehen, dass die phasenbasierte Theorie zur Restriktion von syntaktischen Operationen die Operation Merge an sich nicht verkompliziert. Stattdessen definiert sie Einschränkungen über die Elemente, die für interne Verkettungen zur Verfügung stehen. Die Theorie der Phasen wirft aber auch Fragen auf: *Welche* Phrasen beenden durch ihre Komplettierung die Phasen einer Derivation? Warum sind es genau *diese* Phrasen, die das Ende einer Phase einleiten?

Phaseninduzie-rende Phrasen

Die erste Frage hat verschiedene Antworten erhalten. Nahezu universell wird davon ausgegangen, dass neben der CP auch mit der Komplettierung der vP eine Phase der Derivation beendet wird. Die zweite Frage wurde dann dergestalt beantwortet, dass es die propositionale Natur von vP und CP sei, die sie zu ›natürlichen‹ Strukturabschnitten mache. Die CP entspricht in wesentlichen syntakto-semantischen Anteilen einem Satz, dessen Wahrheit man beurteilen kann, was ein typisches Merkmal von Propositionen ist. Die vP beschreibt ein Ereignis oder eine Situation mit den jeweils Beteiligten (jedoch ohne temporalmodale Einordnung), was man als Kern einer Proposition verstehen kann. Fraglich bleibt unter dieser Annahme, warum die TP nicht als phaseninduzierende Phrase angesehen wird. Da die TP eine vollständige vP enthält, kann sie ja kaum ›weniger propositional‹ als die vP sein. Darüber hinaus wurden auch diverse andere Strukturen als möglicherweise phaseninduzierend dargestellt, die keinerlei propositionale Qualitäten aufweisen, so dass sich die Frage nach phasen-induzierenden Eigenschaften erneut stellt.

Art und Umfang der Diskussionen, die die zwei Fragen zur Phasentheorie klären sollen, gehen weit über das hinaus, was in einer Syntaxeinführung vorgestellt werden kann. Wir können aber festhalten, dass eine phasenbasierte Theorie, die CP und vP als phaseninduzierend einstuft, korrekte Vorhersagen dazu erlaubt, welche Verkettungen möglich bzw. unmöglich sind. Schauen wir uns dies für die Ross'schen Beobachtungen an.

Zulässige erneute Verkettungen in der Phasentheorie: Zunächst scheint die Phasentheorie ganz falsche Vorhersagen zu machen, z. B. wenn wir uns (8) ansehen:

(8) Wen glaubst Du, [CP dass du mit dem Quatsch ~~wen~~ beeindruckst]?

Offensichtlich wird das Fragewort *wen* so interpretiert, dass die Frage auf das interne Argument des Verbs *beeindrucken* abzielt: Wen beeindruckt der*die Adressat*in sein*ihrer Meinung nach? Allerdings liegt mit dem durch *dass* eingeleiteten Nebensatz offensichtlich eine phaseninduzierende Struktur vor. Warum also kann das W-Wort in der CP der Matrixsatz-Frage intern verkettet werden?

Zur Erklärung dieser Beobachtung wollen wir die zunächst vielleicht etwas eigenartig anmutende Annahme machen, dass es zwischen der höchsten Position, in der das W-Wort intern verkettet wird, und der Thetaposition, in der es extern verkettet wird, noch weitere Positionen gibt, in denen es (intern) verkettet worden sein kann. Es wäre z. B. vorstellbar, dass das *W*-Wort auch in der CP des Nebensatzes intern verkettet worden ist, wie in:

(9) Wen glaubst Du, [$_{CP}$ ~~wen~~ dass$_C$ [du mit dem Quatsch ~~wen~~ beeindruckst]]?

So würde die Phasentheorie der internen Verkettung nicht verletzt, denn eine Kopie von *wen* wurde oberhalb des C-Kopfes verkettet, *bevor* die CP-Phase des Nebensatzes endet. Die Derivation könnte also wie in (10) ablaufen. In (10a) wurde zunächst nur eine nebensatzartige Struktur abgeleitet. Per interner Verkettung kann nun auch das *W*-Wort in SpezCP verkettet werden (10b). (10c) zeigt die Unzugänglichkeit der abgeschlossenen Phase für die weitergehende Derivation.

(10) a. [dass$_C$ [$_{TP}$ du mit dem Quatsch wen beeindruckst]]
      b. [$_{CP}$ wen dass$_C$ [$_{TP}$ du mit dem Quatsch wen beeindruckst]]
      c. [$_{CP}$ wen dass [$_{TP}$ ~~du mit dem Quatsch wen~~ beeindruckst]]

Wichtig ist, dass das *W*-Wort *wen* sich nun in der C-Domäne befindet. Wenn die Derivation den Zustand erreicht, in dem im Matrixsatz ein *W*-Wort verkettet werden soll, steht in diesem selbst kein *W*-Wort für die interne Verkettung zur Verfügung (11a). Die Kopie von *wen* in der SpezCP-Position des Nebensatzes ist aber zugänglich und kann an der Wurzel des Strukturbaumes intern verkettet werden (11b):

(11) a. [glaubst$_C$ [$_{TP}$ du ... [$_{CP}$ wen dass$_C$ [$_{TP}$ <u>du mit dem Quatsch wen beeindruckst</u>]]]]
      b. Wen glaubst du, [$_{CP}$ ~~wen~~ dass [$_{TP}$ <u>du mit dem Quatsch ~~wen~~ beeindruckst</u>]]?

Die Annahme einer **Zwischenposition für das *W*-Wort** ist nun nicht so völlig an den Haaren herbeigezogen, wie es zunächst vielleicht scheint. Wir finden nämlich in eng verwandten Strukturen *W*-Wörter, die sich in genau dieser Position zu befinden scheinen. Wenn ein eingebetteter Satz z. B. einen stillen C-Kopf enthält, kann das intern verkettete *W*-Wort in einer Position auftreten, die der SpezCP-Position zu entsprechen scheint:

(12) Wen glaubst du, [$_{CP}$ wen C [$_{TP}$ <u>du mit dem Quatsch ~~wen~~ beeindruckst</u>]]?

Was im Standarddeutschen nicht möglich zu sein scheint, ist eine gleichzeitige overte, d. h. hörbare Besetzung sowohl der C-Position, als auch der SpezCP-Position (in einigen Dialekten des Deutschen wird aber auch dies als akzeptabel bewertet (Bayer 1984)). Wir gehen also davon aus, dass interne Verkettungen auch Zwischenpositionen ansteuern, selbst wenn diese nicht immer direkt aus der Wortstellung ersichtlich werden.

Unzulässige erneute Verkettungen in der Phasentheorie – Inseln: Als weiteren positiven Effekt unserer Annahme können wir nun auch erklären, *warum* eingebettete **W-Sätze** gemäß der Ross'schen Beobachtung Inseln darstellen. Ein relevantes Beispiel ist folgendes:

Blockierte
Zwischenposition

(13) Anton hat vergessen, [$_{Insel}$ [wem]$_W$ Leyla den Salat machen soll].
    – *Was hat Anton vergessen, [$_{Insel}$ wem Leyla ___ machen soll]?

In (13) kann sich das W-Wort *was* nicht in SpezCP des eingebetteten Satzes verkettet haben. Diese Position ist ja durch einen anderen W-Ausdruck, *wem*, bereits belegt! Wenn das W-Wort *wem* sich in SpezCP befindet, ist die Nebensatz-CP abgeschlossen. Damit befindet sich das W-Wort *was* innerhalb der TP-Struktur, die durch die Beendigung der Phase unzugänglich gemacht wird:

(14) [$_{CP}$ wem Ø$_C$ [$_{TP}$ <u>Leyla was machen soll</u>]]

Wenn die Derivation bei der Besetzung der SpezCP-Position des Matrixsatzes angelangt ist, besteht keine Möglichkeit mehr, *was* in der Matrix-CP zu verketten und die Ross'sche Generalisierung kann erklärt werden.

Eine ähnliche Annahme könnte auch für die **Relativsatzinseln** gemacht werden (**Was hat Peter einen Mann gesehen, [der __ trug]?*). In Kapitel 5.4 haben wir angenommen, dass Relativpronomen in der SpezCP-Position des Relativsatzes verkettet werden (15a). Damit ist die CP-Phase abgeschlossen. Das W-Wort *was* kann dann nicht mehr in der SpezCP-Position des Matrixsatzes intern verkettet werden (15b):

(15) a.   [$_{CP}$ der [$_{TP}$ ~~der was~~ trug]
     b. * Was hat Peter einen Mann gesehen, [$_{CP}$ der [$_{TP}$ ~~der was~~ trug]]?

Die Phasentheorie kann also durchaus einige der Ross'schen Inseln erklären: Inseln könnten Phrasen sein, die in einer bereits abgeschlossenen Phase der Derivation ›feststecken‹, und dort für syntaktische Operationen nicht mehr zugänglich sein (was englisch als *phase impenetrability* (›Phasenundurchlässigkeit‹) bezeichnet wird).« Insofern ist der Nutzen der Phasentheorie evident. Die zukünftige Forschung in der Syntax muss aber noch klären, genau welche Phrasen Phaseneigenschaften haben können.

10.4 | Relativierte Minimalität

Ein anderer Erklärungsansatz für die Restriktionen der internen Verkettung sieht vor, dass Derivationen Elemente nicht intern verketten, wenn es andere, gleichartige Elemente gibt, die der internen Verkettungsposition strukturell näher stehen.

Minimalität bei der internen Verkettung von Köpfen: Wir sind dieser Variante der syntaktischen Nähe schon in Kapitel 4.4 begegnet, wo wir analytische Zeitformen diskutiert haben, bei denen mehrere Verben kombiniert werden. Wir sind davon ausgegangen, dass dasjenige Verb in der nächsthöheren Position verkettet wird, das dieser Position am nächsten steht. Zur Erinnerung betrachten wir *(weil) Anton den Kahn versenkt hat*. Hier gibt es einen Asp-Kopf: das Auxiliar *hat*. Dieses *hat* kann in T erneut verkettet werden (16a) – das tieferstehende lexikalische Verb *versenkt* kann das nicht (16b). Mit *versenkt* wurde in (16b) ein Element in T verkettet, welches nicht dasjenige Element war, das T am nächsten gestanden hätte: das Asp-Element steht der T-Position näher.

(16) a.　[TP [AspP [vP Anton [VP den Kahn ~~versenkt~~v] versenktv] hatAsp] hatT[PRÄS]]

　　 b.　*[TP [AspP [vP Anton [VP den Kahn ~~versenkt~~v] ~~versenkt~~v] hatAsp] versenktT[PRÄS]]

Wenn wir also davon ausgehen, dass interne Verkettungen immer das nächstmögliche Element verketten müssen, schließen wir eine Bewegung von v nach T aus, sobald ein Element in Asp verfügbar ist. Die kürzeste Distanz zwischen Verkettungspositionen ist also tatsächlich oft relevant dafür, welche Elemente intern verkettet werden können.

　Minimalität bei der Verkettung von Phrasen: Übertragen wir diese Idee auf die Verkettung von Phrasen, so erhalten wir ebenfalls eine Möglichkeit, manche der Ross'schen Inseln zu erklären. In (17a) befindet sich eine Genitiv-DP in einer größeren DP. Ein solcher Bestandteil einer komplexen DP kann durch Merge nicht intern verkettet werden (17b & c):

(17) a.　Anton hat [DP ein Bild [DP seiner Tante]] aufgehängt.

　　 b.　*[DP Seiner Tante] hat Anton [DP ein Bild [DP ~~seiner Tante~~]] aufgehängt.

　　 c.　*Wessen hat Anton [DP ein Bild [DP ~~wessen~~]] aufgehängt?

Relativierte Minimalität bei zwei DPs

Andererseits ist es problemlos möglich, die gesamte DP intern zu verketten:

(18)　[DP Ein Bild [DP seiner Tante]] hat Anton [DP ~~ein Bild~~ [DP ~~seiner Tante~~]] aufgehängt.

Wie wir sehen, ist also auch bei der internen Verkettung einer Phrase immer die in Frage kommende Phrase zu wählen, die der Zielposition am nächsten steht. Da die Genitiv-DPs (*seiner Tante* bzw. *wessen*) in (17) in einer übergeordneten DP enthalten sind, ist diese DP in der SpezCP-Position verkettbar, nicht aber die strukturell tiefer eingebettete Genitiv-DP. Auch hier wird also eine interne Verkettung nur durchgeführt, wenn die nächstgelegene DP verkettet wird. Wenn andererseits eine DP z. B. eine PP enthält, so ist es prinzipiell möglich, diese PP außerhalb der DP intern zu verketten – offenbar deshalb, weil hier die näherstehende Phrase (DP) nicht von der gleichen Kategorie ist:

(19) a.　Anton hat [DP ein Bild [PP von Leyla]] aufgehängt.

　　 b.　[PP Von Leyla] hat Anton [DP ein Bild [PP ~~von Leyla~~]] aufgehängt.

　　 c.　[PP Von wem] hat Anton [DP ein Bild [PP ~~von wem~~]] aufgehängt?

Gegenprobe: DP und PP

Es scheint also für Minimalität zu gelten, dass die Distanz der PP zu SpezCP überhaupt nicht mit der Distanz der einbettenden DP zu SpezCP verglichen wird. Dies wird durch die Annahme der sog. **relativierten Minimalität** abgebildet. Als ›Konkurrenten‹ für eine Zielposition gelten nur Phrasen des gleichen Typs. Damit ist die Restriktion über die interne Verkettung nicht absolut, wie das in der Phasentheorie der Fall war. Sie gilt nur für bestimmte Relationen (zwischen kategoriell gleichen Phrasen). Wie wir sehen, ist die Theorie der relativierten Minimalität durchaus sehr erfolgreich darin, selbst verblüffend detaillierte Vorhersagen korrekt zu treffen.

Definition

> **Phasentheorie:** Wenn eine Phrase eine Phase einer Derivation abschließt, so sind alle Strukturbausteine, die in der Schwester des Phrasenkopfes enthalten sind, für syntaktische Operationen unzugänglich.
> **Relativierte Minimalität:** Wenn eine Phrase XP intern verkettet wird, so interveniert sie bei der (weiteren) internen Verkettung von Bausteinen des gleichen Typs X. Sie interveniert nicht für absolut alle Bausteine, die unterhalb von ihr positioniert sind.

Relativierte Minimalität und Superiorität: Es gibt im Deutschen nun Fälle, in denen es eine Verletzung der soeben beschriebenen Regularitäten zu geben scheint. Zwei kategoriell gleiche Phrasen liegen zum Beispiel in Fragen mit mehreren W-Elementen vor. (Beachten Sie, dass diese zwei Phrasen im Gegensatz zum vorherigen Beispiel aber nicht ineinander verschachtelt sind!) Die relativierte Minimalität müsste hier davon ausgehen, dass nur das strukturell höhere W-Element intern als SpezCP verkettet werden kann (20). Jedoch ist im Deutschen offenbar jede Reihenfolge von W-Wörtern zulässig, siehe (20) und (21).

Keine Superiorität
im Deutschen

(20) [CP Wer hat [TP [vP ~~wer~~ [VP was ~~gekauft~~] gekauft] ~~hat~~]]?
(21) a.   Wer hat was gekauft?
     b.   Was hat wer gekauft?
(22) a.   Wer hat wem was gekauft?
     b.   Wem hat wer was gekauft?
     etc.

Dies ist z. B. im Englischen ganz anders. Hier gibt es einen Effekt, der **Superiorität** genannt wird und der nahelegt, dass – ganz wie nach der relativierten Minimalität zu erwarten – nur das der CP jeweils am nächsten stehende W-Element als SpezCP verkettet werden kann. Zumindest gilt dies für einfache Fragewörter:

Superiorität im
Englischen

(23) a.   Who bought what?
     b. * What did who buy?
(24) a.   Who bought what for whom?
     b. * For whom did who buy what?
     etc.

Wichtig an diesen Beispielen ist, dass jedes der W-Wörter aufgrund des gleichen Merkmals nach SpezCP verkettet werden soll. Für den Satztyp W-Frage hatten wir angenommen, dass C ein Merkmal [W] trägt, so dass nur W-Elemente in SpezCP verkettet werden (s. Kap. 5.3). Offensichtlich verfügen nun aber alle W-Wörter in (23) und (24) über ein W-Merkmal, da sie ja in anderen Sätzen problemlos in SpezCP verkettet werden können:

(25) a.   What did John buy?
      b.   Who did John buy the roses for?

Wieso weist das Deutsche keine Superioritätsbeschränkungen auf? Grohmann (1997) geht davon aus, dass die Abwesenheit von Superioritätseffekten als Nebeneffekt von Scrambling (s. Kap. 9) angesehen werden kann. Da unterhalb der C-Position verschiedene Reihenfolgen von Argumenten erzeugt werden können, steht für jede der gesehenen Fragebildungen eine Reihenfolge zur Verfügung, in der das jeweils nächststehende Element tatsächlich nach SpezCP gelangen kann. Vereinfacht dargestellt:

(26) a.   Wer hat [$_{vP}$ ~~wer~~ was gekauft]?
      b.   Was hat ~~was~~ [$_{vP}$ wer ~~was~~ gekauft]?
(27) a.   Wer hat [$_{vP}$ ~~wer~~ wem was gekauft]?
      b.   Was hat ~~was~~ [$_{vP}$ wer wem ~~was~~ gekauft]?
      c.   Wem hat ~~wem~~ [$_{vP}$ wer ~~wem~~ was gekauft]?

Superiorität und
Scrambling

Diese Erklärung hat den Vorteil, dass die Optionen, die für mehrfache W-Fragen gelten, nicht maßlos erweitert werden. Das Scrambling von Argumenten basiert auf Verkettungsoperationen, die innerhalb der Grenzen eines Satzes applizieren, und zwar vermutlich aus semantischen Gründen: Da die Argumente bereits semantische Rollen aus dem tieferen Satz haben, können sie nicht als Argumente im höheren Satz fungieren. Da Argument-DPs sich andererseits aber auch nicht semantisch dazu eignen, als Adverbialbestimmungen im übergeordneten Satz aufzutreten, kann Scrambling keine Argumente aus einem eingebetteten Satz in einen übergeordneten Satz verbringen:

(28) *[$_{CP}$ Ich glaube [der Mann], [$_{CP}$ dass [~~der Mann~~] kommt]].

Aus diesem Befund können wir nun ableiten, dass Superiorität auch im Deutschen z. B. dann gelten sollte, wenn die zwei für die Besetzung einer SpezCP-Position prinzipiell in Frage kommenden W-Elemente in verschiedenen Satzteilen stehen, z. B. im Haupt- und im Nebensatz. In diesem Falle sollte sich das W-Wort aus dem Nebensatz nicht per Scrambling über das W-Element aus dem Hauptsatz stellen können.

Stellen wir uns für (29) vor, wir möchten wissen, wer die beiden Personen sind, die in (29a) durch *jemandem* und *jemand* bezeichnet sind. Unsere Frage muss also zwei W-Wörter enthalten. In (29b) hat eine Derivation ein C-Element mit dem Merkmal [W] verkettet, so dass ein W-Element in SpezCP intern verkettet werden soll:

(29) a. Der Mann hat jemandem gesagt, dass jemand im Garten steht.
  b. ___ hat$_{C[W]}$ [$_{TP}$ der Mann wem gesagt, [$_{CP}$ wer dass [$_{TP}$ ~~wer~~ im Garten steht]]]?

Wenn das Deutsche tatsächlich überhaupt keine Superioritätseffekte zeigen würde, so sollten prinzipiell beide W-Wörter (*wem* und *wer*) sich intern an der Wurzel des Strukturbaumes verketten können: Wir haben ja bereits gesehen, dass in anderen Beispielen sehr wohl ein W-Wort aus einem Nebensatz in die SpezCP-Position des Hauptsatzes gelangen kann (*Wen glaubst Du, dass du mit dem Quatsch ~~wen~~ beeindruckst?*). Treten aber *mehrere* W-Wörter auf, zeigt sich, dass Superiorität auch im Deutschen gilt:

Superiorität bei weiten Entfernungen

(30) a. [$_{CP}$ Wem hat$_{[W]}$ [$_{TP}$ der Mann ~~wem~~ gesagt, [$_{CP}$ dass [$_{TP}$ wer im Garten steht]]]]?
  b. * [$_{CP}$ Wer hat$_{[W]}$ [$_{TP}$ der Mann wem gesagt, [$_{CP}$ ~~wer~~ dass [$_{TP}$ ~~wer~~ im Garten steht]]]]?

Wie wir sehen, kann nur das nächststehende W-Wort (*wem*) in SpezCP verkettet werden. Das tiefere W-Wort (*wer*) kann sich nicht durch Scrambling oberhalb von *wem* positionieren – und die Superioritätsrestriktion zeigt sich dementsprechend auch im Deutschen.

Fazit und Ausblick: In der Summe lässt sich über Minimalitätseffekte zweierlei sagen. Erstens liegt mit der relativierten Minimalität eine hochinteressante Möglichkeit vor, Bewegungen zu restringieren. Zentral ist hierbei, dass genau die strukturellen Relationen, die in der Derivation durch die Verkettung entstanden sind, für die Formulierung der Restriktionen verwendet werden können. Minimalitätsrestriktionen sind demnach für unsere Grammatik eine sehr natürlich wirkende Möglichkeit, Restriktionen auszusprechen.

Zweitens muss die Minimalität nicht in jeder Sprache die gleichen empirischen Effekte haben. Bereits in den eng verwandten Sprachen Deutsch und Englisch gilt, dass die spezifischen Bedingungen, die jeweils gelten (etwa: Scrambling im Deutschen, aber nicht im Englischen), die Effekte der Minimalität mehr oder minder stark ausfallen lassen können. Mehr zur relativierten Minimalität finden Sie bei Rizzi (1990, 2001).

Wir haben in diesem Kapitel gesehen, dass wir bei der sehr einfachen Definition von Merge bleiben können. Unsere Grammatik bietet die Möglichkeit, Restriktionen zu modellieren, wenn die empirischen Verhältnisse in verschiedenen Sprachen dies nötig machen. Mit der relativierten Minimalität und der Phasentheorie liegen zwei Theorieansätze vor, die das Ergebnis von internen Verkettungen restringieren. Die gegenwärtige Debatte umfasst u. a. auch die Frage, ob eine dieser Theorien die jeweils andere ersetzen kann, so dass wir eine einzige kohärente und einfache Theorie hätten, die die sprachlichen Intuitionen von Sprecher*innen des Deutschen und anderer Sprachen adäquat beschreibt. Für einige der

Ross'schen Inseln steht eine Erklärung allerdings immer noch aus. Die Forschung kann also in diesem Bereich nicht als abgeschlossen gelten.

Aufgaben

1. Beschreiben Sie, welche der vorliegenden Sätze deshalb inakzeptabel sein könnten, weil sie Bewegungsrestriktionen (im Sinne der Phasentheorie bzw. der Theorie der relativierten Minimalität) verletzen.
   Amina hat gesagt, dass Leyla schläfst.; *Was hat Mehmet Amina gesagt, wem ~~Amina~~ einen Kuchen schenkt?*; *Peter hat gesagt, weil den Kuchen Amina ~~den Kuchen~~ isst.*; *Peter Fritz hat ~~Fritz~~ gesagt, dass Amina Kuchen isst.*

2. Nennen Sie Theorien, die in der Lage wären, die Unterschiede in der Akzeptabilität der Varianten (i) und (ii) in den folgenden Paaren zu erklären. Welche Unterschiede bestehen gemäß diesen Theorien?
   a) (i) *Mehmet hat Amina gefragt, wem ~~Amina~~ einen Kuchen schenken soll.
      (ii) Mehmet hat Amina gesagt, wem sie einen Kuchen schenken soll.
   b) (i) *Wem hat Peter gefragt, wer das Buch übergeben hat?
      (ii) Wem hat Peter gesagt, wer das Buch übergeben hat?
   c) (i) *Wem glaubst Du, was der Chef ~~wem~~ gibt?
      (ii) Wem glaubst Du, dass der Chef den Job gibt?

3. Welche Inseln verursachen jeweils die Probleme der folgenden Beispiele?
   Was leugnet Leyla die Tatsache, dass Amina liest?; *Was hat Leyla ein Buch und gelesen?*; *Wer hat dass kommt Amina gesagt?*

11 Der rechte Satzrand: Extraposition und Rechtsversetzung

11.1 Extraposition
11.2 Rechtsversetzung

Die meisten Argumente stehen im Deutschen, wie wir bereits gesehen haben, vor dem Verb, wenn das Verb sich in der VP befindet:

(1)   Gestern hat wohl [$_{vP}$ Amina [$_{VP}$ ihrer Tante einen Kahn geschenkt]].

DP-Argumente können dem Verb im Normalfall nicht folgen (2a–c). Hier unterscheidet sich das Deutsche vom Englischen (2d). Jedoch können im Deutschen bestimmte syntaktische Bausteine auch hinter dem Verb in der VP, am rechten Satzrand, erscheinen (3).

(2)   a.   *Gestern hat wohl Amina ihrer Tante <u>geschenkt</u> [$_{DP}$ einen Kahn].
       b.   *Gestern hat wohl Amina einen Kahn <u>geschenkt</u> [$_{DP}$ ihrer Tante].
       c.   *Gestern hat wohl ihrer Tante einen Kahn <u>geschenkt</u> [$_{DP}$ Amina].
       d.   Amina has <u>given</u> [$_{DP}$ her aunt] [$_{DP}$ a boat].

(3)   a.   Ich habe <u>gesehen</u>, [$_{CP}$ dass Anton raucht].
       b.   Ich habe die Zigarette <u>gesehen</u>, [$_{CP}$ die Anton geraucht hat].
       c.   Ich habe den Zigarettenstummel <u>abgegeben</u> [$_{PP}$ bei der für Zigarettenstummel zuständigen Zigarettenstummelbeauftragten der Schule].
       d.   Anton hat sich nie wieder <u>gemeldet</u> [$_{PP}$ bei mir].

Beispiele
Extraposition

Diese Positionierung von Elementen nach dem Verb nennt man **Extraposition**. Die Phrasen, die in (3) *extraponiert* sind, sind nicht kasusmarkiert: PPs und CPs. Wie wir gesehen haben, können kasusmarkierte Phrasen (DPs) im Deutschen nicht extraponiert werden. Ausnahmen sind sehr selten und werden kontrovers diskutiert (z. B. S. Müller 1999). Meist wird eine DP, die hinter dem Verb steht, vor dem Verb durch ein Pronomen ›vertreten‹:

(4)   Ich hab die$_i$ wirklich <u>gesehen</u>, [$_{DP}$ die Zigarette]$_i$.

Beispiel
Rechtsversetzung

In Beispielen wie (4) sprechen wir von einer **Rechtsversetzung** der Phrase nach dem Verb.

Extraposition und Rechtsversetzung haben, wie wir sehen werden, recht unterschiedliche Eigenschaften. Wir werden die beiden Phänomene daher separat besprechen.

J. B. Metzler © Springer-Verlag GmbH Deutschland, ein Teil von Springer Nature, 2020
S. Repp/V. Struckmeier, *Syntax*, https://doi.org/10.1007/978-3-476-04872-1_11

11.1 | Extraposition

Prüfen wir für Extraposition zunächst, welche Phrasen wann extraponieren. Die Extraposition von PPs ist oft völlig optional (5). Die Extraposition von CPs ist hingegen offenbar der Normalfall (6a), während fehlende Extraposition eher merkwürdig klingt (6b).

Extraposition
von CPs und PPs

(5) a. Amina hat sich wieder [$_{PP}$ bei Leyla] gemeldet.
     b. Amina hat sich wieder gemeldet [$_{PP}$ bei Leyla].
(6) a. Amina hat gemerkt, [$_{CP}$ dass sie Leyla vertrauen kann].
     b. $^{??}$Amina hat [$_{CP}$ dass sie Leyla vertrauen kann] gemerkt.

Jedoch ist die Extraposition von CPs keineswegs obligatorisch. (7) zeigt, dass auch CPs nicht unbedingt extraponieren müssen.

(7) Ich habe ja schon viel Mist erlebt mit diesem alten Kahn...
     $^{(?)}$Aber ich kann [$_{CP}$ dass der Kahn jetzt gesunken ist] trotzdem nicht glauben.

Für unsere syntaktische Analyse ergibt sich nun natürlich die Frage, wie eine CP, die als Argument des Verbs fungiert, in eine Position gelangt, in der wir Argumente bisher nicht beobachtet haben. Im Folgenden wollen wir drei Vorschläge aus der Literatur besprechen.

11.1.1 | Externe Verkettung von XPs in ›hohen‹ Positionen

Wir könnten versucht sein, uns die bereits mehrfach ins Feld geführte Freiheit von Merge zunutze zu machen. Wir könnten z. B. annehmen, dass extraponierte CPs einfach an einer anderen Stelle in die Struktur eingebracht werden als andere Argumente, etwa rechts an die vP adjungiert (8). Satz (3a) erhielte dann (vereinfacht dargestellt) die Analyse in (9):

Extraposition als
Adjunktion an vP

(8) a. [$_{vP}$ [$_{vP}$ DP [$_{VP}$ V] v] CP]
     b.

(9) [$_{CP}$ Ich habe [$_{TP}$ ... [$_{vP}$ [$_{vP}$ ~~ich~~ gesehen v] [$_{CP}$ dass Anton raucht]] ~~habe$_T$~~]]

In (9) befindet sich das finite Matrixverb in der C-Position. Wenn sich das Verb wie in (10a) in der T-Position befindet, folgt ihm die extraponierte CP. Die umgekehrte Stellung – CP vor T – ist nicht akzeptabel (10b). Das bedeutet, dass der Vorschlag in (8) revidiert werden muss: die extraponierte CP adjungiert nicht an die vP, sondern höher – an die TP. In dieser hohen Position steht die CP rechts vom finiten Verb.

(10) a.   dass [$_{TP}$ [$_{TP}$ ... [$_{vP}$ ~~ich~~ gesehen v] habe$_T$] [$_{CP}$ dass Anton raucht]]

b.   *dass [$_{TP}$ ... [$_{vP}$ [$_{vP}$ ~~ich~~ gesehen v] [$_{CP}$ dass Anton raucht]] habe$_T$]

Extraposition als Adjunktion an TP

Die Analyse der TP-Adjunktion scheint die Wortstellungsfakten zu erfassen. Sie basiert zudem auf einem etablierten Mechanismus: der externen Verkettung. Die extraponierte CP wird nur an anderer Stelle verkettet als gewohnt, was wir angesichts der Freiheit von Merge nicht a priori ausschließen wollen.

Nachteile der Analyse der hohen Adjunktion: Die Analyse scheitert aber aus diversen Gründen, die wir hier auszugsweise vorstellen wollen. Zunächst müssen wir uns daran erinnern, dass externe Verkettungen von DPs, PPs etc. innerhalb der vP dazu führen, dass diese Phrasen (an bestimmten Positionen) als *Argumente* aufgefasst werden und als solche eine **Thetarolle** tragen. Die externe Verkettung der CP in (10a) als Adjunkt von TP würde nicht ohne Weiteres erklären, wie oder wieso diese CP als internes Argument von *gesehen* fungieren kann – diese Argumentrolle ist ja dem Komplement des Verbs vorbehalten. Es müssten also Sonderannahmen dazu gemacht werden, wie die Argumentfunktion der hoch adjungierten CP herzuleiten ist.

Der Vorschlag der hohen Adjunktion kommt in noch größere Probleme, wenn er die **Bindungslesarten** eines Satzes vorhersagen soll (Kapitel 4.3). Extraponierte Elemente verhalten sich nämlich gar nicht so, als seien sie (ausschließlich) in einer hohen Position verkettet. Beispielsweise wird ein referentieller Ausdruck in einer CP auch dann durch ein Dativ-Pronomen in der vP gebunden, wenn die CP extraponiert ist – was zu Inakzeptabilität führt, da R-Ausdrücke nicht gebunden werden dürfen, siehe (11a) (vgl. Büring/Hartmann 1997; Haider 1997). Nur (11b), wo *ihm* eine dritte Person bezeichnet (also nicht Mehmet), ist akzeptabel. Die Inakzeptabilität von (11a) ist nur dann durch die Bindungstheorie erklärt, wenn *Mehmet* unterhalb von *ihm* verkettet wurde, was die Adjunktionsanalyse aber nicht annimmt. *Mehmet* steht also laut Adjunktionsanalyse in einer Position, in der der R-Ausdruck nicht von *ihm* gebunden würde – was nicht die tatsächlichen Bindungslesarten erklärt.

(11) a.   *Amina hat ihm$_i$ nicht gesagt, dass sie auf Mehmet$_i$ böse ist.
b.   Amina hat ihm$_k$ nicht gesagt, dass sie auf Mehmet$_i$ böse ist.

Unsere Tests zeigen also, dass wir auch für extraponierte CPs annehmen müssen, dass sie als Argumente des Verbs innerhalb der vP verkettet werden. Dort werden sie tatsächlich als Argumente interpretiert und durch strukturell höhere Argumente gebunden.

Alternative Analyseansätze – Kurzüberblick: Es gibt derzeit im Wesentlichen zwei Analysen, die annehmen, dass extraponierte CPs innerhalb der vP verkettet werden. Sog. *Bewegungsanalysen* setzen eine zusätzliche interne Verkettung an, gehen also davon aus, dass extraponierte CPs in zwei Kopien verfügbar sind: innerhalb der vP und in einer höheren Position am rechten Satzrand. Sog. *Basisgenerierungsanalysen* kommen

ohne interne Verkettung aus und nehmen an, dass in der Position innerhalb der vP die Möglichkeit besteht, die Position der extraponierten CP
am rechten Satzrand zu erklären. Die zwei folgenden Unterkapitel werden diese Analyseansätze vorstellen.

11.1.2 | ›Bewegungsanalysen‹: Externe und interne Verkettung von XPs

Auf den ersten Blick mag es so wirken, als ob wir mit der Option der internen Verkettung sehr leicht in der Lage sein sollten, die Position von
extraponierten CPs und PPs zu erklären. Diese Phrasen werden dort extern verkettet, wo Argumente (und/oder Adjunkte) des gleichen Typs
normalerweise verkettet werden. Sie erhalten Theta- und Bindungsinter-
pretationen, als seien sie gar nicht extraponiert. Zusätzlich wird durch
eine interne Verkettung der extraponierten Phrase die herausgestellte
Wortstellung erklärt:

Extraposition
als mehrfache
Verkettung

(12) a. $[_{vP}$ DP $[_{VP}$ ~~CP~~ V]] … CP
b. $[_{vP}$ DP $[_{VP}$ ~~PP~~ V]] … PP

Je nach Darstellung variieren die Annahmen bezüglich der genauen Position der internen Verkettung (an vP, TP oder CP). Wir wollen hier davon
ausgehen, dass eine Adjunktion an TP die richtigen Vorhersagen macht
(für eine genauere Diskussion siehe z. B. Inaba 2007).

Bezüglich der Vorhersagen der Analyse für die Bindungsoptionen zeigen Büring/Hartmann (1997), dass mit der externen Verkettung eines extraponierten Elements innerhalb der vP eine Kopie bereitsteht, die Bindung erklären kann, vgl. (13):

Extraposition
als mehrfache Ver-
kettung: Bindung

(13) *(dass) jemand ihr$_i$ gesagt hat, dass Amina$_i$ sehr alt wird

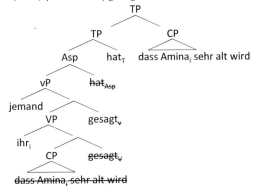

Die tiefe Kopie von *Amina* innerhalb der extern verketteten Position der
CP *dass Amina sehr alt wird* steht strukturell tiefer als das Pronomen *ihr*.
Die Gefahr der unzulässigen Bindung von *Amina* durch das Pronomen
wird also durch diese Struktur vorhergesagt.

Auch bei der Extraposition von Relativsätzen liefert die Kombination einer tiefen externen mit einer hohen internen Verkettung die richtigen Vorhersagen zu Bindung und Wortstellung (14). Die tiefere Position des Relativsatzes innerhalb der DP erklärt dessen Attributsfunktion in der DP. Zudem steht in dieser DP, die ja in der Komplementposition des Verbs als internes Argument fungiert, eine Kopie des R-Ausdrucks *Amina* bereit, der vom Pronomen *ihr* gebunden würde. Dies sagt korrekt voraus, dass *ihr* nur als unabhängige dritte Person interpretiert werden kann: einer Person *x*, die nicht Amina ist, hat Anton eine Geschichte erzählt, die Amina nicht kennt. Die höhere Position des Relativsatzes (per interner Verkettung) erklärt die Position des Relativsatzes am Ende des Satzes.

(14) [... [$_{vP}$ Anton ihr$_{k/*i}$ [$_{DP}$ eine Geschichte [~~die Amina~~$_i$ ~~nicht kannte~~]] erzählt] ... [die Amina$_i$ nicht kannte]].

Es scheint also, als hätten wir mit der Verbindung von externer und interner Verkettung die perfekte Analyse für die Extraposition gefunden. Tatsächlich gibt es aber auch hier einige Probleme, auf die Vertreter*innen der Basisgenerierungsanalyse hinweisen.

11.1.3 | ›Basisgenerierungsanalysen‹: Externe Verkettung von CPs in ›tiefen‹ Positionen

Analysen per Basisgenerierung gehen davon aus, dass eine Extraposition von XPs ohne die interne Verkettung dieser XPs auskommt, und dass die Wortstellungsmuster durch eine Modifikation der externen Verkettung erklärt werden können. Wir haben eingangs gesehen, dass die nicht-extraponierte Position von CP-Argumenten manchmal akzeptabel ist und manchmal nicht, vgl.:

(15) a. Ich kann [$_{CP}$ dass der Kahn komplett gesunken ist] eigentlich gar nicht glauben.
      b. $^{??/*}$Ich kann mich [dass die Versicherung den Kahn ersetzt] gar nicht freuen.

Extraposition bei verschiedenen Matrixverben

Bei näherer Betrachtung zeigt sich, dass die Extraponierbarkeit einer CP – die in den obigen Beispielen jeweils ein Objektsatz ist – davon abhängt, welches Verb den Objektsatz als Komplement nimmt, welches Verb also das Matrixverb ist. Das Verb *glauben* scheint die Extraposition seiner Objekt-CP zu erlauben, wohingegen *freuen* dies nicht tut. Basisgenerierungsanalysen argumentieren daher, dass bestimmte Verben lexikalisch festlegen, ob ein CP-Argument (wie ein DP-Argument) zu ihrer Linken auftreten kann, oder nicht. Wenn CP-Argumente rechts des Verbs auftreten <u>müssen</u>, so wird diese Position nicht durch interne Verkettungen erreicht. Stattdessen wird die externe Verkettung so implementiert, dass sie DP-Argumente nach links (16a), CP-Argumente aber nach rechts *linearisiert* (16b):

(16) a. [$_{vP}$ DP [$_{VP}$ DP V] v]
      b. [$_{vP}$ DP [$_{VP}$ V CP] v]

Extraposition durch Linearisierung in der VP

Linearisierungen dieser Art sind für die Grammatik nichts Ungewöhnliches. Im Englischen etwa werden interne DP- und CP-Argumente allesamt rechts vom Verb linearisiert. Auch im Deutschen gibt es lexikalische Elemente, die besondere Linearisierungseigenschaften offenbar lexikalisch mitbringen. So sind Präpositionen (schon ihrem Namen nach) so linearisiert, dass sie ihrem Komplement vorangehen (Prä-Position!). Einige wenige ›Präpositionen‹ erlauben aber, dass ihr Komplement ihnen optional folgt:

(17) a.   Die Katze ist auf/unter/neben/bei/... dem Stuhl.
      b.   Er hat das *[des Geldes] wegen* / *wegen [des Geldes]* getan.

Wir haben mit der Annahme einer differenzierten Linearisierung von CP- und DP-Argumenten eine Möglichkeit, Extrapositionen mit sehr geringem syntaktischen Aufwand zu beschreiben:

(18) Anton glaubt ... [$_{vP}$ ~~Anton~~ [$_{VP}$ ~~glaubt$_V$~~ [$_{CP}$ dass Amina ihn liebt]]]

Wir sehen, dass die CP-Verkettung in der Komplementposition des Verbs *glauben* vollzogen wird. Wie bei der Analyse mit interner Verkettung sind damit alle oben aufgezeigten Bindungsdaten wie auch die Thetarollenzuweisung problemlos zu meistern.

Vorteile der Analyse: Die Basisgenerierung vermeidet Probleme, die andere Analysen haben. Zunächst wollen wir uns daran erinnern, dass die Nicht-Extraposition einer CP im Deutschen nur selten möglich ist. Vertreter*innen der Basisgenerierungsanalyse fragen nun einfach, warum dies so sein sollte. Aus Sicht der Basisgenerierung ist klar, dass – außer bei bestimmten **lexikalisch festgelegten Ausnahmen** – CPs nach rechts und nicht nach links verkettet werden. Aus Sicht von Bewegungsanalysen, die CPs ja ganz normal wie andere Argumente links vom Verb extern verketten, muss erklärt werden, warum CPs so selten in dieser Position auftreten. Mit anderen Worten müssen Bewegungsanalysen erklären, warum die internen Verkettungen quasi zwangsweise stattfinden. Ein entsprechender Grund konnte jedoch niemals völlig klar identifiziert werden.

Dass CPs überhaupt links des Verbs auftreten können, wird von manchen Vertreter*innen der Basisgenerierung ebenfalls kritisch hinterfragt. Wie Meinunger (2000: 183) zeigt, könnte es nämlich sein, dass nicht-extraponiert erscheinende CPs in Wirklichkeit rechts des Verbs extern verkettet werden – und dass sich ihre (seltene) Position links des Verbs durch **Scrambling** (s. Kap. 9) erklären lässt! Das CP-Argument in (19) scheint nur dann links des Verbs einigermaßen akzeptabel zu sein, wenn es sich zusätzlich auch noch links von bestimmten Adverbialen – hier das Satzadverbial *wahrscheinlich* – befindet. Diese Position aber ist die Zielposition von Scramblingoperationen, nicht die Position, in der Argumente extern verkettet werden. Letztere befindet sich viel tiefer.

(19) a. $^{??}$weil Peter wahrscheinlich [$_{CP}$ dass Maria krank ist] weiß
      b. $^{?}$ weil Peter [$_{CP}$ dass Maria krank ist] wahrscheinlich einfach nicht weiß

Vertreter von Basisgenerierungsanalysen weisen auch darauf hin, dass Konstituententests nicht darauf hinzudeuten scheinen, dass links des Verbs ein extern verkettetes CP-Komplement existiert. Sie prüfen dafür die **Besetzung von SpezCP**, die ja Phrasen vorbehalten ist, und stellen Folgendes fest. Wenn eine VP in SpezCP verkettet wird (20b), so erscheinen die Argumente in der VP in der gleichen Reihenfolge wie sonst auch (20a):

(20) a. [$_{CP}$ Gestern hat wohl Peter [$_{VP}$ den Kindern den Kuchen gegeben]].
     b. [$_{CP}$ [$_{VP}$ Den Kindern den Kuchen gegeben] hat Peter wohl gestern]].

Wenn sich nun VPs mit einem internen CP-Argument in SpezCP verketten lassen, so wäre nicht einzusehen, dass diese VPs sich anders als ›einfache‹ VPs verhalten sollten. Tatsächlich aber stellen wir fest, dass in solchen VPs das interne CP-Argument nicht zur Linken, sondern zur Rechten des Verbs erscheint (Inaba 2007: 58):

(21) a. [$_{CP}$ [$_{VP}$ Gesagt [dass er sie liebt]] hat er gestern].
     b. *[$_{CP}$ [$_{VP}$ [Dass er sie liebt] gesagt] hat er gestern].

Es sieht also so aus, als ob die Basisanalyse viele Vorzüge auf sich vereint. Wie wir es bereits gewohnt sind, lassen sich aber auch für diese Analyse Probleme aufzeigen.

   Nachteile der Analyse: Zum Ersten leitet die Linearisierung von CPs rechts des Verbs nicht in jedem Fall die korrekte Wortstellung ab. Wenn z. B. der **T-Kopf overt** realisiert wird, sollte eine ›extraponierte‹ Phrase, die sich ja de facto innerhalb der vP befindet, sich genauso vor dem T-Kopf befinden, wie es die gesamte vP tut. Dies ist nicht der Fall:

(22) *dass er ... [$_{VP}$ gesagt$_{V}$ [$_{CP}$ dass Amina Leyla geküsst hat]] hat$_{T}$

Dieses Faktum ist nun, wie gesehen, für Analysen per interner Verkettung kein Problem. Sie müssen einfach annehmen, dass die Position der internen Verkettung der CP hoch genug ist, etwa bei der Adjunktion an TP (die wir hier aus diesem Grunde angenommen haben):

(23) dass er gesagt hat, dass Amina Leyla geküsst hat

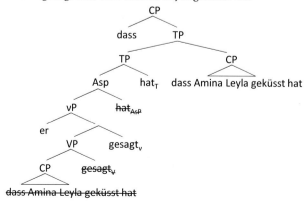

Extraposition
als mehrfache
Verkettung

Es verblüfft daher nicht, dass Vertreter*innen von Basisgenerierungsanalysen oft davon ausgehen, dass die TP des Deutschen keinen nach rechts linearisierten Kopf aufweist, oder aber, dass die TP erst gar nicht existiert. Zumindest bei einfachen Zeitformen wären die V- und v-Position die letzten verbalen Positionen in der Struktur, so dass die Linearisierung der CP nach rechts die Wortstellung (Verben vor extraponierter CP) korrekt ableiten könnte. Für die Auxiliare der periphrastischen Zeitformen müssten allerdings Positionen innerhalb der vP geschaffen werden.

Auch andere Wortstellungsfakten können nur schwer per Basisgenerierung erklärt werden. Beispielsweise können **mehrere CPs gleichzeitig extraponiert** werden (vgl. Wiltschko 1997):

Mehrfachextraposition: Relativsatz vor Objektsatz

(24) weil Amina einem Tänzer gesagt hat [$_{CP}$ den sie kannte] [$_{CP}$ dass er Leyla in Ruhe lassen soll]

Wenn die CP *dass er Leyla in Ruhe lassen soll* hier als Komplement des Verbs *gesagt* innerhalb der VP extern verkettet wird und nicht noch ein weiteres Mal intern, wie können das Verb und sein Komplement durch den Relativsatz *den sie kannte* getrennt auftreten?

Hier schließt sich gleich das nächste Problem an. Wie können **Relativsätze** überhaupt extraponieren, wenn sie doch eigentlich in DPs enthalten sind und DPs gar nicht rechts des Verbs linearisiert werden? Beispielsweise modifiziert der Relativsatz *den sie kannte* in (24) *Tänzer*, sollte also in der entsprechenden DP enthalten sein. Diese Maßgabe ist aber nicht mit den Wortstellungsfakten vereinbar. Der Relativsatz in (24) kann nicht in der DP links des Verbs *gesagt* enthalten sein, weil *gesagt* und das Auxiliar *hat* ja nicht in dieser DP enthalten sind. Die DP, die den Relativsatz enthalten soll, kann aber auch nicht rechts des Verbs und des Auxiliars positioniert sein, weil sie ja eben eine DP ist (25a). Eine Position des Relativsatzes innerhalb der DP links des Verbs ist möglich (25b) – hier fehlt dann aber die Extraposition.

(25) a. *weil Amina gesagt hat [$_{DP}$ einem Tänzer, den sie kannte] [$_{CP}$ dass er ...]
     b. weil Amina [$_{DP}$ einem Tänzer, den sie kannte] gesagt hat [$_{CP}$ dass er ...]

Es ist also für die Basisgenerierungsanalyse schwer, alle Wortstellungsfakten zu erfassen. Die bemerkenswert einfache Art und Weise, in der die Extraposition einer Komplement-CP repräsentiert werden konnte, lässt sich nicht ohne Weiteres auf die anderen Fälle von Extraposition übertragen, die wir beobachten können. Letztlich müssten also weitere theoretische Annahmen gemacht werden. Damit wird der Ansatz der Basisgenerierung zwar nicht widerlegt – er dürfte aber wesentlich komplizierter werden, als zuerst gedacht.

11.1.4 | Zusammenfassung und Ausblick

Wie wir sehen, können wir die Eigenschaften extraponierter Phrasen sehr genau untersuchen. Die Ansätze, die zur Analyse der Extraposition bisher erarbeitet wurden, können außerdem bereits viele – wenn auch je nach Analyse verschiedene – dieser Eigenschaften gut erklären. Es zeichnet sich allerdings auch ab, dass wir bisher über keine Analyse verfügen, die *alle* beobachteten Fakten ohne Weiteres vollständig erklärt. Dieses Ergebnis kann man auch positiv bewerten. Unsere Grammatik leitet uns nämlich ständig an, Extrapositionsphänomene auf bestimmte Eigenschaften (Bindung, Wortstellung, etc.) hin zu inspizieren. Ohne die konkreten Vorhersagen, die die besprochenen Analysen treffen, wären uns viele Beobachtungen zur Extraposition vermutlich nie aufgefallen! Wir sind also durch unsere Grammatiktheorie in der Lage, offene Fragen überhaupt erst zu erkennen – und mögliche Antworten zielgeleitet zu suchen.

Extraposition und Prosodie

Mit der Extraposition von Ausdrücken wird nicht nur die Wortstellung von Sätzen geändert. Auch die prosodischen Eigenschaften der Sätze ändern sich. Es gibt daher auch die Vermutung, dass Extraposition durch ihre prosodischen Effekte motiviert sein könnte. Sie können dazu u. a. nachlesen in: Féry (2015), Hartmann (2013), Uszkoreit et al. (1998). Weiterhin können Sie zur Extraposition im Deutschen lesen in Lutz & Pafel (1995).

Zur Vertiefung

11.2 | Rechtsversetzung

Die Strukturen, die wir in diesem Unterkapitel betrachten, haben gemeinsam, dass (anders als bei der Extraposition) eine Proform im Inneren des Satzes erscheint, eine volle Phrase aber nach rechts ›herausgestellt‹ auftritt (vgl. z. B. Averintseva-Klisch 2009):

(26) $[[_{CP} \ldots \text{Proform}_i \ldots] [XP_i]]$

(27) a.   Die$_i$ ist halt so, [die Frau]$_i$.
    b.   Die$_i$ spinnen, [die Römer]$_i$.

Grundstruktur der Rechtsversetzung

Strukturen dieser Art sind in den Sprachen der Welt weit verbreitet, es handelt sich also nicht etwa um eine Besonderheit des Deutschen (Gundel 1988). **Herausstellungen** gibt es auch nach links, sog. **Linksversetzungen**: *Die Frau, die ist halt so,* oder *Die Römer, die spinnen,* oder *Die Römer, Obelix hat ein paar von denen verkloppt* (Büring/Hartmann 1995; G. Müller 1995; Haider 1995; Grewendorf 2002; Frey 2015). Wir konzentrieren uns hier aber auf Herausstellungen nach rechts.

Funktionen der Rechtsversetzung: Grundsätzlich gibt es mehrere Konzeptionen davon, was genau Herausstellungen an den rechten Satzrand auszeichnet, oder welchen Zwecken sie dienen mögen. Manche Autor*innen gehen davon aus, dass die herausgestellte XP im engeren Wortsinne eine Art **Nachtrag** darstellt, der von Sprecher*innen erst nach Abschluss der Produktion eines bestimmten Satzes nachgeliefert wird (z. B. Altmann 1981). So könnten die nachgestellten XPs die Aufgabe haben, im Nachhinein genauer zu klären, worauf sich ein im Satz enthaltenes Pronomen bezieht.

Eine andere Sichtweise geht davon aus, dass die Herausstellung keine ›Reparatur‹ eines missglückten vorangehenden Satzes darstellt, sondern eine eigenständige **Diskursfunktion** umsetzt, die ein Satz ohne Herausstellung nicht leisten könnte (Lambrecht 1981; Averintseva-Klisch 2009; Dewald 2012). Eine solche Diskursfunktion ist z. B. die Markierung einer Topik-Konstituente (s. Kap. 9.2), z. B. schon bei Gundel (1988). Wir weisen hier aber noch einmal darauf hin, dass mit der Kategorie Topik eine schwer zu fassende Diskurskategorie verwendet wird, deren Eigenschaften und Wirkungen nicht so klar überprüfbar sind wie die anderer syntaktisch relevanter Eigenschaften.

Zwei Funktionen = zwei Strukturen? Eine weitere, unabhängige Frage besteht darin, ob alle Formen der Herausstellung nach rechts dieselbe syntaktische Struktur haben. Manche Autor*innen gehen davon aus, dass verschiedene Arten der Herausstellung durch zwei verschiedene Strukturen implementiert werden – Rechtsversetzungen im engeren Sinne und Nachträge. Andere Autor*innen argumentieren dagegen (vgl. Dewald 2012 für einen Überblick der Positionen).

Es lässt sich also bereits vorab sagen, dass mit der Herausstellung nach rechts ein noch nicht im Detail verstandenes Phänomen vorliegt, für das noch viel Klärungsbedarf besteht. Es ist uns allerdings mit den Mitteln unserer Grammatik möglich, zumindest eine recht genaue Beschreibung der syntaktischen Eigenschaften dieser Strukturen zu erreichen. Wir werden uns hier darauf konzentrieren, die Form der Herausstellung zu beschreiben, die häufig zentral als **Rechtsversetzung** bezeichnet wird. Diejenigen Herausstellungen, die tatsächlich als Nachtrag (engl. *afterthought*) fungieren, werden wir hier nicht besprechen (zur Unterscheidung siehe z. B. Dewald 2012).

Rechtsversetzung vs. Extraposition: Wie schon erwähnt, lassen sich Extrapositionen von Rechtsversetzungen leicht unterscheiden, da Erstere keine Proform im Satz aufweisen, die mit dem rechtspositionierten Element koreferent wäre. Darüber hinaus unterscheiden sich Extraposition und Rechtsversetzung in der **Prosodie**. So weist z. B. Frey (2015) darauf hin, dass extraponierte Elemente den alleinigen Hauptakzent des gesamten Satzes tragen können, siehe den Antwortsatz in (28a), wo der Satzakzent durch Großbuchstaben markiert ist. Bei rechtsversetzten Elementen können zwei prominente Akzente erscheinen, die auf zwei separate prosodische Phrasen verteilt sind (28b/28c.B); es ist aber auch möglich, dass die rechtsversetzte Phrase keinen Akzent trägt und damit der gesamte Satz eine einzige prosodische Phrase bildet (28c.B'). Andererseits ist es nicht möglich, dass die rechtsversetzte Phrase den alleinigen Hauptakzent in einer einzigen prosodischen Phrase trägt – im Unterschied zu extraponierten Phrasen (28d vs. 28a.B).

(28) a.   A: Wann hat Anton zum letzten Mal angerufen?

        B: Ich denke, Anton hat zum letzten Mal angerufen vor zwei STUNden.

    b.   A: Was ist passiert, als Amina und Leyla zu Mehmet hereinkamen?

        B: Amina hat ihn umARMT, den MEHmet.

         (= zwei prosodische Phrasen)

    c.   A: Wer hat denn nun Mehmet umarmt?

        B: AMIna hat ihn umarmt, den MEHmet.

         (= zwei prosodische Phrasen)

        B': AMIna hat ihn umarmt, den Mehmet.

         (= eine prosodische Phrase)

    d. *Anton hat sie umarmt die MaRIA.

       (= eine prosodische Phrase)

Prosodie bei Extraposition und Rechtsversetzung

Bezüglich der **Syntax** ist zu vermerken, dass Rechtsversetzungen auch DPs betreffen können (29a), die – wie gesehen – in der Regel nicht extraponieren können (29b):

(29) a.   Ich habe den gesehen, den Hund.

    b. *Ich habe gesehen den Hund.

Rechtsversetzung einer DP

Dewald (2015) weist darauf hin, dass die Herausstellung einer DP sogar der Fall zu sein scheint, der in der Forschungsliteratur am häufigsten diskutiert wird. Sie betont aber auch, dass andere XPs ebenfalls rechtsversetzt werden können (ebd., S. 108), siehe (30). Die Proformen werden entsprechend angepasst.

(30) a.   PP: $\underline{Da_i}$ ist der Raab zu knacken, [beim Minigolf]$_i$.

    b. CP: $\underline{Das_i}$ werden wir gleich sehen, [ob ich der beste bin]$_i$.

    c. AP: $\underline{So_i}$ ist der Einband einfach am schönsten, [so grün]$_i$.

    d. AdvP: $\underline{Da_i}$ hat er wahrscheinlich verschlafen, [gestern]$_i$.

Rechtsversetzung anderer Phrasen

In der Summe können rechtsversetzte Elemente also recht klar von extraponierten Elementen unterschieden werden.

11.2.1 | Beschränkungen der Rechtsversetzung – Evidenz für interne Verkettung

Allgemeine Beschränkungen für Rechtsversetzung: Bei der Rechtsversetzung müssen Proform und herausgestellte Phrase in Kasus und Numerus übereinstimmen:

(31) a.   Ich habe <u>ihn</u> nicht gesehen, *der Hund / *des Hundes / *dem Hund / <u>den Hund</u>.

    b. <u>Dem</u> habe ich vertraut, *der Hund / *des Hundes / <u>dem Hund</u> / *den Hund(en).

Kasus und Numerus

Auch andere Bestandteile der Proform und der rechtsversetzten XP können gewissermaßen ›geteilt‹ werden – sogar soweit, dass bestimmte Anteile in beiden Elementen auftreten:

(32) [*Auf* den]$_i$ würde nicht wetten, [*auf* den alten Klappergaul]$_i$.

Weiterhin ist darauf hinzuweisen, dass die Beziehung zwischen Proform und rechtsversetzter XP nur auf ›kurze Distanz‹ funktionieren kann (Beispiel Dewald 2015: 116):

Rechtsversetzung nur auf kurze Distanz

(33) a. Ihn hat gefreut, dass <u>sie</u>$_i$ schon alles aufgeräumt hat, [<u>die Maria</u>]$_i$.
     b. *Dass <u>sie</u>$_i$ schon alles aufgeräumt hat, hat ihn gefreut, [<u>die Maria</u>]$_i$.

Beschränkungen dieser Art erinnern uns an die Restriktionen, die wir in Kapitel 10 für die interne Verkettung von Elementen in SpezCP, also am linken Satzrand, besprochen haben. Wir wollen daher prüfen, ob rechtsversetzte Elemente generell denselben Restriktionen unterliegen. Wäre dies so, könnte Rechtsversetzung durch internes Merge abgeleitet sein.

Inselbeschränkungen: Im Folgenden wiederholen wir die relevanten Beispiele für die Beschränkungen der internen Verkettung am linken Rand und prüfen dann, ob die gleichen Restriktionen auch für die Rechtsversetzung gelten. Dazu betrachten wir als Erstes Sätze mit einer NP, die ein CP-Komplement hat, und zwar in einer Version ohne, und in einer Version mit Extraposition der CP, siehe (34a & b). (34a) ist wegen der fehlenden Extraposition weniger akzeptabel. (35) zeigt, dass ein Element aus dem **CP-Komplement** nicht am linken Rand erscheinen kann. Dies ist erwartet, da es sich um eine **Komplexe-NP-Insel** handelt. (36) prüft, ob die analoge Rechtsversetzung möglich ist.

Rechtsversetzung aus komplexen NPs (Inseln)

(34) a. ? Wir wollen sie in dem Glauben$_N$ [$_{Insel}$ dass der Chef Anton gefeuert hat] lassen.
     b. Wir wollen sie in dem Glauben$_N$ lassen [$_{Insel}$ dass der Chef Anton gefeuert hat].

(35) a. *Wen wollen wir sie in dem Glauben, [$_{Insel}$ dass der Chef ~~wen~~ gefeuert hat] lassen?
     b. *Wen wollen wir sie in dem Glauben$_N$ lassen [$_{Insel}$ dass der Chef ~~wen~~ gefeuert hat].

(36) a. *Wir wollen sie in dem Glauben$_N$ [$_{Insel}$ dass der Chef ihn$_i$ gefeuert hat] lassen, [den Anton]$_i$.
     b. Wir wollen sie in dem Glauben$_N$ lassen [$_{Insel}$ dass der Chef ihn$_i$ gefeuert hat], [den Anton]$_i$.

Bei der Rechtsversetzung scheint nur die Variante ohne Extraposition, (36a), nicht akzeptabel zu sein. Was ist der Unterschied zu (36b)? Es gibt eine alternative Analyse für (36b). Es ist möglich, dass hier die Rechtsversetzung von *den Anton* die Insel gar nicht verlassen hat: die DP kann am Rand, aber nicht außerhalb der Insel verkettet worden sein:

(37) Wir wollen sie in dem Glauben$_N$ lassen [$_{Insel}$ dass der Chef ihn$_i$ gefeuert hat, [den Anton]$_i$].

Im Fazit bedeutet dies, dass wir davon ausgehen, dass N-Komplemente nicht die Strukturdomänen sind, aus denen heraus Rechtsversetzung stattfinden kann, denn der Satz in (36a), der nicht eine Struktur haben kann wie (37), ist nicht akzeptabel.

Auch NPs mit **Relativsätzen** (38a) formen Komplexe NP-Inseln (38b). (38c) zeigt, dass aus einem (nicht-extraponierten) Relativsatz auch keine Rechtsversetzung erfolgen kann (im Gegensatz zu einem extraponierten Relativsatz (38d)):

(38) a. Anton hat einen Mann, der einen Clownshut trug, gesehen.
  b. *Was hat Anton einen Mann, [$_{Insel}$ der ~~was~~ trug] gesehen?
  c. *Anton hat einen Mann, [$_{Insel}$ der ihn$_i$ trug] gesehen, [den Clownshut]$_i$]
  d. Anton hat einen Mann gesehen, [$_{Insel}$ der ihn$_i$ trug, [den Clownshut]$_i$].

Rechtsversetzung aus Relativsätzen

Eine weitere Restriktion der internen Verkettung in SpezCP betraf die ›linke Seite‹ von DPs (*Left Branch Condition*). Auch in diesem strukturellen Kontext kann keine Proform auftreten, auf die eine rechtsversetzte DP zurückverweist:

(39) a. *Wessen hat Anton [~~wessen~~ Bild$_{NP}$] aufgehängt?
  b. *Anton hat [$_{Insel}$ ihr$_i$ Bild$_{NP}$] aufgehängt, [seiner Mutter]$_i$

Rechtsversetzung aus Left-Branch-Inseln

Bei **W-Inseln** ergibt sich wieder das Problem, dass die nicht-extraponierte Position eines solchen Satzes vermutlich generell (also aus von der Rechtsversetzung unabhängigen Gründen) als nicht völlig akzeptabel bewertet wird. Dennoch zeigt sich, dass Rechtsversetzung in keinem Fall aus einem eingebetteten W-Satz heraus erfolgen kann.

(40) a. *Was hat Anton vergessen, [wem Leyla ~~was~~ machen sollte]?
  b. *Anton hat [$_{Insel}$ wem Leyla ihn$_i$ machen sollte] vergessen, [den Salat]$_i$

Rechtsversetzung aus W-Inseln

Auch aus **Koordinationsinseln** heraus ist Rechtsversetzung nicht möglich:

(41) a. *Was hat Amina [$_{Insel}$ ~~was~~ und sieben Nigiri gegessen]?
  b. *Was hat Amina [$_{Insel}$ dreizehn Maki und ~~was~~ gegessen]?
(42) a. *Amina hat [$_{Insel}$ sie$_i$ und sieben Nigiri] gegessen, [dreizehn Maki]$_i$.
  b. *Amina hat [$_{Insel}$ dreizehn Maki und sie$_i$] gegessen, [sieben Nigiri]$_i$.

Rechtsversetzung aus Koordinationen

Zu guter Letzt kann auch aus **Subjektinseln** keine Rechtsversetzung erfolgen:

Rechtsversetzung
aus Subjektinseln

(43) a. * Wer wird [$_{Insel}$ dass ____ sich bei Amina entschuldigt] nie passieren?

    b. * [$_{Insel}$ Dass er$_i$ sich bei Amina entschuldigt] wird nie passieren, [der Mehmet]$_i$.

Damit sind Rechtsversetzungen höchstwahrscheinlich als Ergebnis von interner Verkettung anzusehen. Anders ließe sich wohl nur sehr schwer erklären, warum diese Strukturen denselben Restriktionen folgen wie Verkettungen am linken Satzrand. Problematisch an dieser Analyse erscheint nun aber, dass hier – anders als bei den anderen Beispielen interner Verkettung, die wir besprochen haben – gewissermaßen ›verdoppelte‹ Strukturen auftreten. Proform und rechtsversetzte XP scheinen zwei unabhängige Phrasen zu sein, während bei unseren bisherigen Beispielen interner Verkettung ein und dieselbe Phrase an zwei Positionen im Strukturbaum verkettet wurde. Betrachten wir, wie sich dieses Problem lösen ließe.

11.2.2 | Die Spellout-Analyse – An der Schnittstelle von Syntax und Phonologie

Da der Mechanismus der internen Verkettung benötigt wird, um die strukturell mehrfach auftretenden – weil intern verketteten – XPs zueinander in Beziehung zu setzen, könnte eine Lösung des Problems in der Art und Weise liegen, wie die mehrfachen Kopien, die durch die interne Verkettung entstehen, phonologisch realisiert werden. Wir hatten bis jetzt angenommen, dass standardmäßig genau eine Kopie phonologisch realisiert wird, z. B. bei verbalen Köpfen (s. Kap. 4.4):

(44) dass [$_{TP}$ [$_{vP}$ Mehmet [$_{VP}$ den Kahn ~~versenkt$_V$~~] ~~versenkt$_v$~~] versenkt$_T$]

In unserer Diskussion der internen Verkettung am linken Satzrand in Kapitel 5.2 haben wir aber auch kurz erwähnt (Kasten zur Vertiefung), dass es möglich ist mehrere Kopien, oder auch Teile von Kopien auszusprechen. Wir haben erwähnt, dass die außersyntaktische Operation **Spellout** für diese phonologische Implementierung verantwortlich ist. Bei der Rechtsversetzung könnte Spellout nun darüber hinaus eine besondere phonologische ›Anpassung‹ der Kopien vornehmen.

Betrachten wir (45). Wenn Proform und rechtsversetzte XP in (45a) durch interne Verkettung aufeinander bezogen sind, treten beide Phrasen in der syntaktischen Herleitung zunächst als ein einziges internes Argument auf (45b). Das Agens-Argument erscheint ganz normal in SpezvP (45c). Von dieser Position aus kann es den Possessivartikel *sein* **binden**, so dass sich ganz korrekt die Lesart ergibt, dass jeder Jockey auf sein je eigenes Pferd wettet. In einem weiteren Schritt kann die PP *auf sein eigenes Pferd* ohne Weiteres am rechten Rand intern verkettet werden, so dass sie nun zweimal in der Struktur vorliegt (45d). Die Derivation der CP mit interner Verkettung der PP auch am linken Rand ist in (45e) zu sehen.

(45) a. [Auf das]$_i$ würde ja jeder Jockey wetten, [auf sein eigenes Pferd]$_i$

    b. [$_{VP}$ [$_{PP}$ auf sein eigenes Pferd] wetten$_V$]

    c. [$_{vP}$ [$_{DP}$ jeder Jockey] [$_{VP}$ [$_{PP}$ auf sein eigenes Pferd] wetten$_V$] wetten$_v$]

    d. [[$_{TP}$ [$_{vP}$ [$_{DP}$ jeder Jockey] [$_{VP}$ [$_{PP}$ auf sein eigenes Pferd] wetten$_V$] wetten$_v$] würde$_T$] [$_{PP}$ auf sein eigenes Pferd]]

    e. [$_{CP}$ [$_{PP}$ auf sein eigenes Pferd] würde ja [$_{TP}$ [$_{vP}$ [$_{DP}$ jeder Jockey] [$_{VP}$ [$_{PP}$ auf sein eigenes Pferd] wetten$_V$] wetten$_v$] würde$_T$] [$_{PP}$ auf sein eigenes Pferd]]

Rechtsversetzung per interner Verkettung

Spellout würde die PP nun aber nicht in beiden Randpositionen phonologisch implementieren. Stattdessen würde die PP *auf sein eigenes Pferd* am linken Rand durch eine spezielle Implementierung (dargestellt in der folgenden Struktur durch einen Pfeil → durch die Proform *das* ersetzt:

(46) [$_{CP}$ [$_{PP}$ auf ~~sein eigenes Pferd~~ → das] würde ja [$_{TP}$ [$_{vP}$ [$_{DP}$ jeder Jockey] [$_{VP}$ ~~auf sein eigenes Pferd~~ wetten$_V$] wetten$_v$] ~~würde$_T$~~] [$_{PP}$ auf sein eigenes Pferd]]

Spezielle Definition von Spellout

Vor- und Nachteile der Spellout-Analyse: Die Vorteile dieser Analyse liegen auf der Hand: Die syntaktische Derivation läuft völlig normal ab, es gibt keinerlei Besonderheiten. Die Semantik der Struktur wird korrekt vorhergesagt, insbesondere auch die Bindungsdaten. Außerdem können die Proform und die rechtsversetzte XP die gleiche Thetarolle tragen: Phrasen, die durch interne Verkettung an mehreren Strukturpositionen erscheinen, können ja den gleichen thematischen Bezug zum Prädikat aufweisen. Der Nachteil der Analyse liegt ebenfalls auf der Hand. Eine besondere Implementierung von Spellout wird benötigt. Inwieweit diese Annahme problematisch ist, zeigt insbesondere die Alternative zur Spellout-Implementierung von Rechtsversetzung, eine syntaktische Lösung.

11.2.3 | Big-XP-Analysen – Eine rein syntaktische Lösung

Eine syntaktische Lösung könnte vorsehen, dass Proform und rechtsversetzte XP bereits in der Syntax zwei verschiedene Phrasen sind. Dies führt zunächst anscheinend zu ganz offensichtlichen Problemen. Wieso können die beiden XPs dieselbe Thetarolle tragen? Wieso können sie in Kasus, Genus und Numerus übereinstimmen – ohne dass wir bisher eine Kongruenzrelation zwischen ihnen etabliert hätten? Es muss also eine Analyse entwickelt werden, die die zwei Phrasen in gewissen Hinsichten als eine Phrase behandelt (die eine Thetarolle enthält, eine Kasuslizenz hat usw.), in anderen Hinsichten aber als zwei Phrasen (die an zwei Positionen auftreten und verschieden aussehen). Eine solche Quadratur des Kreises wird von sog. *Big-XP-Analysen* versucht (z. B. Grewendorf 2008).

Die Big-XP-Analyse für Linksversetzung: Für Linksversetzungen (und teilweise auch für andere Phänomene) berufen sich Big-XP-Analysen auf eine syntaktische Sonderstruktur, in der die Proform und die versetzte XP als Teil einer größeren Phrase (der namensgebenden *Big XP*) verbunden sind. Für linksversetzte XPs wie in *Den Chef, den habe ich eben gesehen* oder in *Mit dem Chef, mit dem habe ich eben geredet* wären folgende Big XPs anzusetzen:

(47) Big DP: [$_{DP1}$ [$_{DP2}$ den Chef] [den$_{DP}$]]
     Big PP: [$_{PP1}$ [$_{PP2}$ mit dem Chef] [mit$_{P}$ dem$_{DP}$]]

Der Vorschlag involviert nun, dass die ›große‹ XP (also DP$_1$, bzw. PP$_1$) diejenige Phrase ist, die bezüglich der Theta- und Kasuslizenzen als Argument verkettet wird. Agree-Operationen beziehen sich auf diese Phrase, die enthaltenen ›kleineren‹ XPs beziehen die Kongruenzmerkmale nur ›aus zweiter Hand‹ von der Big XP. Die externe Verkettung der Big XP sorgt auch dafür, dass diese eine Thetarolle enthält. Diese Rolle wird wiederum an die enthaltenen kleineren XPs ›weitergereicht‹.

Es versteht sich von selbst, dass mit diesen Annahmen eine nicht-triviale Veränderung der Syntax angenommen wird. Theta- und Agree-Konstellationen dieser Art sind absolut nicht als Standard unserer Theorie anzusetzen. Sie werden faktisch nur deshalb angenommen, weil sie die Janusköpfigkeit von Proform und herausgestellter XP abbilden. Inwieweit Konstruktionen dieser Art jedoch eine Erweiterung unserer Theorie rechtfertigen, die wir (nur) auf Basis dieser Konstruktionen treffen, ist eine Frage, die die Forschung beschäftigt.

Die Big-XP-Analyse für Rechtsversetzung: Dewald (2015) erörtert, ob eine Big-XP-Analyse auch für die Rechtsversetzung anzusetzen wäre. Sie stellt fest, dass eine Bewegung (d. h. interne Verkettung) Teile der Big XP erfassen könnte. Beispielsweise könnte die in der Big XP enthaltene Proform an der externen Verkettungsposition der Big XP verbleiben, die ebenfalls enthaltene Voll-XP würde aber intern in einer höheren Position (etwa einer Topikposition) verkettet werden. (48) stellt dies für eine Big DP und eine Big PP dar.

(48) a.   (weil) er den$_i$ grüßt, [den Chef]$_i$

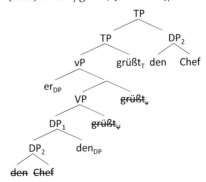

b. (weil) sie mit der$_i$ redet, [mit der Frau]$_i$

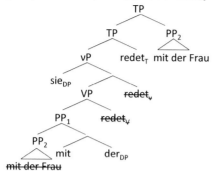

Vor- und Nachteile der Big-DP-Analyse: In Big-XP-Analysen wird die Gleichheit der Proform und der rechtsversetzten Phrase durch syntaktische Zusatzannahmen erreicht. Im Gegenzug fällt die Spellout-Implementierung standardgemäß aus. Derzeit haben wir nur die Wahl zwischen diesen Komplikationen, eine einfachere Analyse existiert (noch) nicht.

11.2.4 | Bewertung: Die Qual der Wahl

Es mag zum gegenwärtigen Zeitpunkt schwer einschätzbar sein, welche der vorliegenden Analysen die geeignetere ist, oder ob sogar ein ganz anderer Ansatz gewählt werden muss. Es scheint aber klar, dass mit den verschiedenen Analysen zwei grundsätzlich verschiedene Präferenzen ausgedrückt werden, in welcher Grammatikkomponente die Besonderheiten der Rechtsversetzung verortet werden sollen. Die Analyse per Spellout-Implementierung hält die Syntax frei von jeglichen Komplikationen. Dies ist vorteilhaft, wenn man, z. B. aus Gründen der konzeptuellen Einfachheit, die Syntax von konstruktionsspezifischen Sonderregelungen freihalten möchte. Die Big-XP-Analyse verkompliziert die Syntax. Mit Big XPs liegen syntaktische Strukturen vor, deren Theta- und Kasuslizensierung anders zu behandeln sind, als dies sonst nötig ist. Andererseits wird der Spellout-Implementierung in dieser Analyse keine Erweiterung aufgenötigt. Keine dieser Lösungen ist a priori besser und wir möchten unsere Theorie natürlich nicht an Vorlieben ausrichten, die einzelne Forschende für die grammatische Architektur haben mögen. Wir diskutieren im Folgenden daher, wie mögliche empirische Beweggründe aussehen könnten, die eine oder andere Theorie zu bevorzugen.

Overte Determinierer: Ein verwunderlicher Fakt über Rechtsversetzungen ist eine Eigenschaft rechtsversetzter DPs, die oft übersehen wird. Rechtsversetzte DPs müssen nämlich einen overten Determinierer mit sich führen. Weder Pronomen (49a), noch Eigennamen (49b), können ohne Weiteres rechtsversetzt werden. Nur Eigennamen mit Artikel (49c), und andere overt determinierte DPs (49d), sind rechtsversetzbar.

Rechtsversetzte
DPs: nur mit
Determinierer!

(49) a. * Ich habe Peter auch gesehen, ihn.
    b. ?? Ich habe ihn auch gesehen, Anton.
    c. Ich habe ihn auch gesehen, [den Anton].
    d. Ich habe ihn auch gesehen, [den Typen].

Dass ausgerechnet Eigennamen mit Artikel auftreten müssen, verblüfft insofern, als dass viele deutsche Dialekte Eigennamen sonst gar nicht mit Artikeln verbinden. Nicht wenige Varietäten (angezeigt durch %) dispräferieren dies recht deutlich, es sei denn, der Artikel wird kontrastiv betont (50a vs. b). Darüber hinaus sind Eigennamen mit Artikel in solchen Dialekten in der Regel mit Eigenschaften verbunden, wie sie auch beim Duzen auftreten: Die Verwendung eines Eigennamens mit Artikel klingt entweder sehr persönlich oder auch abschätzig, was in bestimmten Kontexten sonderbar wirken mag (50c).

(50) a. Ich habe (%den) Mehmet gesehen.
    b. Ich habe DEN Mehmet (da vorne) gesehen (... nicht den ANderen Mehmet).
    c. ? Der Goethe, der hat den Faust geschrieben.

Auch Massennomen treten normalerweise ohne Artikel auf, müssen aber in der Rechtsversetzung mit einem Artikel kombiniert werden:

(51) a. Ich habe Mehl verschüttet.
    b. Ich habe es verschüttet, ?? (das) Mehl.

Für Massennomen lässt sich sicher eine semantisch-pragmatische Erklärung finden, da die Proform mit der rechtsversetzten DP koreferieren muss und Massennomina ohne Determinierer nicht referieren. Bei Eigennamen gibt es diesen Unterschied aber nicht.

Bewertung: Es stellt sich somit für Big-XP-Analysen die Frage, wie exotisch sie syntaktisch ausfallen müssen, damit DPs in der Rechtsversetzung nur mit Artikeln auftreten, wenn viele Sprecher*innen des Deutschen außerhalb von Rechtsversetzungsstrukturen Eigennamen meist artikellos verwenden. Für die Spellout-Analyse mag dieses Problem weniger schwer wiegen. Da die Form von Proform und rechtsversetzter DP ja ohnehin durch die Spellout-Implementierung (mit-)bestimmt werden muss, würde die Hinzufügung eines Artikels wohl geringere theoretische Zusatzkosten verursachen. Weiterhin sagt die Spellout-Analyse voraus, dass die Hinzufügung des Determinierers bei Eigennamen keine semantischen Effekte nach sich ziehen sollte. Dies scheint den semantischen Fakten zu entsprechen.

Schließlich würde in der Spellout-Analyse die unmarkierte Form von Eigennamen, d. h. ohne Artikel, syntaktisch beibehalten, da die Artikelform nur durch die Operation Spellout erzeugt wird. Anders als die Big-XP-Analyse würde daher für Varietäten mit artikellosen Eigennamen eine einheitliche syntaktische Beschreibung dieser DPs ermöglicht, unabhängig davon, ob diese rechtsversetzt auftreten oder nicht.

Fazit: Mit Argumenten wie diesen ist natürlich keinesfalls gezeigt, welche der oben thematisierten Analysen ›richtig‹ ist, oder auch nur, welche die besseren Argumente auf ihrer Seite hätte. Vielmehr ist es Aufgabe zukünftiger Forschung, weitere Argumente zu finden, zusammenzustellen und die Theorien im Licht der Argumente zu bewerten.

Aufgaben

1. Erläutern Sie und begründen Sie, welche Operation jeweils dafür verantwortlich ist, dass das unterstrichene Material am rechten Satzrand auftritt.
   a) Leyla hat Mehmet gesagt, <u>dass sie nicht zum Tango kommt</u>.
   b) Mehmet antwortete, dass er sowieso nicht kommen <u>wollte</u>.
   c) Leyla hatte ihn eigentlich immer gemocht, <u>den Mehmet</u>.

2. Welche syntaktischen Ursachen bestehen vermutlich jeweils dafür, dass die folgenden Extrapositionsstrukturen nicht akzeptabel sind?
   a) *Mehmet hat Leyla ruiniert ihr Kleid.
   b) *Leyla hat ihm$_i$ nie verziehen, dass Mehmet$_i$ das Kleid ruiniert hat.
   c) *Leyla hat den Fakt, dass Amina ~~auf dem Stuhl~~ gesessen hat, geleugnet, auf dem Stuhl.

3. Welche syntaktischen Ursachen bestehen vermutlich jeweils dafür, dass die folgenden Rechtsversetzungsstrukturen nicht akzeptabel sind?
   a) *Dass er darauf getreten ist, hat Mehmet immer geleugnet, das Kleid.
   b) *Mehmet hat auf das Kleid seiner Tanzpartnerin nie Wert gelegt, darauf.

12 Koordination

Man kann Sätze auf verschiedene Art und Weisen verknüpfen. So haben wir in Kapitel 5.4 schon die Verknüpfung von Haupt- und Nebensätzen besprochen: die Subordination. Eine andere Verknüpfungsart ist die **Koordination**, bei der typischerweise zwei gleichartige Elemente miteinander verknüpft werden. Man kann fast alle syntaktischen Elemente miteinander koordinieren (1): CPs, DPs, Determinierer, Pronomen, verschiedene Typen von Verben, Adjektive, Adverbien, Präpositionen, Kon- und Subjunktionen, aber nicht Partikeln:

(1) a. *Max hat ein Regal gekauft, denn er hatte das Leben aus Kisten satt.*
    b. *Der Bürgermeister* und *der Schatzmeister* betraten den Saal.
    c. Ich habe *den* und *die* Schrader getroffen. / Ich habe *ihn* und *sie* getroffen.
    d. *Wo* und *wann* treffen wir uns?
    e. Maria *singt* und *tanzt* gern. / Das *können* und *wollen* wir nicht akzeptieren.
    f. Dort ist ein *schöner* und *beliebter* Pfad. / Ich sehe ihn *morgen* und *übermorgen*.
    g. Man kann *auf* oder *unter* einem Tisch sitzen.
    h. Sie können eine Birne *und* bzw. *oder* einen Apfel nehmen.
    i. Sie müssen das prüfen *bevor* und *nachdem* der Chef da war.
    j. * Paul ist *ja* und *doch* gekommen.

Verschiedene Koordinationen

Bei vielen Koordinationen stellt sich die Frage, ob tatsächlich die einzelnen Wörter bzw. Phrasen koordiniert sind, oder ob es sich um Koordinationen von Sätzen handelt, bei denen etwas weggelassen wurde. Wir werden diese Frage in Kapitel 13 ausführlich diskutieren.

Hier wollen wir zwei ganz generelle Charakteristika von Koordinationen untersuchen. Zum einen wollen wir schauen, ob wirklich nur gleichartige Elemente miteinander koordiniert werden können. Zum anderen untersuchen wir, ob die beiden **Konjunkte** – so heißen die Bausteine, die miteinander koordiniert sind – syntaktisch ›gleichberechtig‹ sind. Mit anderen Worten: Sind Koordinationen symmetrisch?

J. B. Metzler © Springer-Verlag GmbH Deutschland, ein Teil von Springer Nature, 2020
S. Repp/V. Struckmeier, *Syntax*, https://doi.org/10.1007/978-3-476-04872-1_12

12.1 | Gleich und Gleich gesellt sich gern?

Syntaktische Faktoren: Wir können die Frage nach der Gleichartigkeit der Konjunkte für verschiedene Typen von syntaktischen Elementen stellen: für Kategorien und für grammatische Funktionen. (2) zeigt, dass sich verschiedene syntaktische Kategorien scheinbar problemlos miteinander koordinieren lassen: ein Adverb (bzw. eine AdvP) und eine PP (2a), ein dynamisches Modalverb (Kopf in V, v, T, C) und ein Futurauxiliar (Kopf in T, C) (2b), eine DP und eine CP (2c), sowie eine NP und eine AP (2d). Wir beobachten, dass die jeweiligen Elemente auch immer dieselbe syntaktische Aufgabe erfüllen. In (2a) sind dies Adverbialbestimmungen, in (2b) finite Verben, in (2c) Objekte und in (2d) Prädikative.

Koordination
verschiedener
Kategorien

(2) a. Amina trainiert montags und am Wochenende.
    b. Amina will und wird diese Aufgabe erledigen.
    c. Amina akzeptiert den Job, und dass sie deswegen nach Ulm umziehen muss.
    d. Amina wurde Abgeordnete und ziemlich konservativ.

Obwohl (2a–d) nahelegen, dass bezüglich der syntaktischen Kategorie eine große Flexibilität bei der Koordinierbarkeit von Ungleichem vorliegt, solange die syntaktische Aufgabe gleich ist, täuscht dieser Eindruck. (3) zeigt, dass eine Koordination nicht automatisch geglückt ist, wenn es sich um Elemente des gleichen Typs handelt. In (3a) sind wie in (3b) zwei finite Verben koordiniert – ein dynamisches Modalverb und ein Vollverb (beides Köpfe in V, v, T, C), doch (3a) klingt merkwürdig. In (3b) sind Objekte eines Verbs miteinander koordiniert – eine DP und eine PP. Das Ergebnis ist nicht geglückt.

(3) a. ? Amina will und isst eine Pizza.
    b. * Amina sucht den Kuli und nach dem Bleistift.

Wir werden hier nicht die Ursachen für diese Beobachtungen ergründen, da sie in der Forschung noch nicht gut verstanden sind. Es scheint aber auf der Hand zu liegen, dass syntaktische Gleichheit nicht der einzige relevante Faktor ist. Wie wir gleich sehen werden, sind mindestens auch die Semantik sowie Anforderungen an gelungene Diskurse wichtig.

Semantische Faktoren: Aus semantischer Sicht werden die Konjunkte einer Koordination einander gegenübergestellt. Für eine Gegenüberstellung muss Vergleichbarkeit gegeben sein, d. h. eine grundsätzlich vorhandene Ähnlichkeit, die jedoch durch Unterschiedlichkeit gekennzeichnet ist. Beispielsweise sind *montags* und *am Wochenende* in (2a) beides Zeitangaben, jedoch handelt es sich um unterschiedliche Zeiten. Im nichtakzeptablen (3a) kann man die Bedeutungen von *wollen* und *essen* nicht gut gegenüberstellen. Auch beim Verb *suchen* in (3c) ist nicht so klar, ob es genau dieselbe Bedeutung hat, wenn sein Komplement ein Akkusativobjekt vs. ein Präpositionalobjekt ist, so dass die Vergleichbarkeit der Objekte nicht selbstverständlich ist. In diesem Zusammenhang lohnt es sich darauf hinzuweisen, dass Elemente, die in ihrer Bedeutung nicht gut vergleichbar sind – wie Temporal- und Lokalangaben – koordinierbar werden, wenn sie mit einer Fokuspartikel wie *nur* gemeinsam auftreten (4). Die Fokuspartikel schafft Vergleichbarkeit.

(4) a. *Amina isst mittags und vegetarische Gerichte.
     b. Amina isst nur mittags und nur vegetarische Gerichte.

Gute und schlechte Gegenüber-stellungen

Diskursfaktoren: In Bezug auf die Rolle des Diskurses stellen wir fest, dass z. B. die Koordination in (2c) nur in der angegebenen Reihenfolge natürlich klingt. Wenn man die Konjunkte vertauscht, ist die Koordination nicht akzeptabel (5a). Das Problem in (5a) ist das anaphorische Kausaladverbial *deswegen*. Ein Element ist anaphorisch (im weiten Sinne, nicht im Sinne der Bindungstheorie, s. Kap. 4.3), wenn es auf den vorherigen Text Bezug nimmt: *deswegen* in (5a) bezieht sich auf das Angebot als Ursache für Aminas Umzug. Mit anderen Adverbialen glückt auch die umgekehrte Reihenfolge (5b).

(5) a. *Amina akzeptiert, dass sie deswegen nach Ulm umziehen
         muss und den Job.
     b. Amina akzeptiert, dass sie nach Ulm umziehen muss und so-
         mit den Job.

Die Rolle des Diskurses

Koordinationen unterliegen also auch Beschränkungen der Semantik und des Diskurses. Die Syntax eröffnet demzufolge nur ganz allgemein die Möglichkeit z. B. eine DP und eine CP zu koordinieren – egal in welcher Reihenfolge. Welche Koordination tatsächlich akzeptabel ist, wird durch weitere Faktoren bestimmt. Übrigens ist es nicht so leicht zu entscheiden, ob es auch rein syntaktische Restriktionen geben kann. Beispielsweise könnte man annehmen, dass eine Wortkette wie *Sie akzeptiert und rote* syntaktisch nicht wohlgeformt ist, weil ein verbaler Kopf und ein Adjektiv nicht koordiniert werden können. Andererseits ist klar, dass eine solche Koordination auch semantisch nichts Wohlgeformtes liefern kann.

12.2 | Asymmetrische Konjunkte und Analyse

In vielen traditionellen Grammatiken wird angenommen, dass Koordinationen syntaktisch symmetrisch sind, und dass eine Konjunktion wie *und* die beiden Konjunkte symmetrisch miteinander verbindet. Die Baumstruktur würde also eine Dreifachverzweigung sein:

(6) Traditionelle Koordinationsanalyse:

Symmetrische Koordinations-struktur

Wie wir gleich sehen werden, gibt es viele empirische Beobachtungen, die gegen eine solche Analyse sprechen. Ein theorieinterner Vorwurf an eine symmetrische Konjunktionsstruktur ist darüber hinaus, dass sie durch Merge nicht erzeugbar ist, weil Merge als binäre Operation stets nur zwei Bauelemente verkettet.

Zusammengehörigkeit Konjunktion + zweites Konjunkt: Ein sehr simpler Fakt, der gegen eine Dreifachverzweigung wie in (6) spricht, ist, dass die Konjunktion zum zweiten Konjunkt zu gehören scheint. Wenn wir eine Koordination auf zwei Sätze aufteilen, ist die Konjunktion *und* nur Teil des zweiten Satzes (7a). Eine andere Aufteilung ist nicht möglich (7b).

(7) a. Amina ist gegangen. Und sie hat sich nicht verabschiedet.
    b. *Amina ist gegangen und. Sie hat sich nicht verabschiedet.

Ein weiteres Indiz für die Zugehörigkeit der Konjunktion zum zweiten Konjunkt ist die Extraposition (s. Kap. 11). In (8) sind zwei Objekte koordiniert. Es ist möglich, das zweite Konjunkt samt Konjunktion zu extraponieren (8a). Für das erste Konjunkt gilt dies nicht (8b).

(8) Amina hat gestern ein Buch und einige Zeitungen gelesen.
    a. Amina hat gestern ein Buch gelesen, und einige Zeitungen.
    b. *Amina hat gestern einige Zeitungen gelesen, ein Buch und.

Auch wenn es für Beispiele wie (8b) auch eine alternative Analyse als Satzkoordination mit Weglassung gibt (s. Kap. 13) zeigen unsere Beispiele in jedem Fall, dass die syntaktische Struktur von Koordinationen asymmetrisch ist und die Verkettung asymmetrisch sein muss:

Asymmetrische
Koordinations-
struktur

(9) Asymmetrische Koordination:

Bindung: Auch eine Betrachtung der Bindungsoptionen (s. Kap. 4.3) weist auf eine asymmetrische Struktur der Koordination, und zwar derart, dass das erste Konjunkt sich in einer strukturell höheren Position befindet als das zweite. Wir schauen uns dies hier für Sätze mit quantifizierenden Ausdrücken und gebundenen Possessivpronomen an. In dem Satz *Jeder Arzt hat seine Patienten über die Neuerungen informiert* bezieht sich der Ausdruck *seine Patienten* auf unterschiedliche Personengruppen: Jeder Arzt informiert nur jeweils seine eigenen Patienten. Man sagt, dass der Quantor *jeder Arzt* das Pronomen *seine* bindet, weil die Bedeutung von *seine* mit *jeder* kovariiert. Damit Bindung möglich ist, muss das Pronomen in der Schwester des Quantors enthalten sein. In unserem Satz ist der Quantor *jeder Arzt* das externe Argument und das Pronomen *seine* ist Teil des Objekts. Das Pronomen ist also in der Tat in der Schwester des Quantors enthalten.

Wenden wir diese Erkenntnisse auf Koordinationen an und prüfen wir, ob ein Quantor im ersten Konjunkt ein Pronomen im zweiten Konjunkt binden kann, und ein Quantor im zweiten Konjunkt ein Pronomen im ersten Konjunkt: *[Jeder Arzt] und [seine]$_i$ Patienten haben die Neuerungen zur Kenntnis genommen.* vs. *$^{??}$[Seine]$_i$ Patienten und [jeder Arzt]$_i$ haben die Neuerungen zur Kenntnis genommen.* Für viele Sprecher*innen ist die zweite Variante inakzeptabel, andere würden die erste Variante zumindest bevorzugen. Diese Beobachtung deutet darauf hin, dass das erste Konjunkt strukturell höher ist als das zweite, auch wenn konkrete Bindungsoptionen in Koordinationen aktuell noch überprüft werden.

Die Syntax der Koordination: Eine gängige Analyse für Koordinationen, die die Asymmetrie abbildet, ist in (10) gezeigt (Johannessens 1998). Die Konjunktion ist ein Kopf, der das zweite Konjunkt als Komplement nimmt. Das erste Konjunkt wird als Spez & P verkettet. Die & P muss dabei die syntaktischen Merkmale haben, die eine entsprechende nicht-koordinierte XP an derselben Stelle hätte. Dafür muss sie z. B. Kategorienmerkmale mindestens vom ersten Konjunkt beziehen – wir erinnern uns, dass nicht beide Konjunkte die gleiche Kategorie haben müssen. Wie dies genau funktioniert, betrachten wir hier nicht.

(10) a.   b.

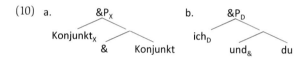

Koordinations-
struktur mit &P

In einer oft diskutierten alternativen Analyse ist die Konjunktion ebenfalls ein Kopf, der das zweite Konjunkt als Komplement nimmt. Die entstehende Konstituente adjungiert aber als sog. *Boolesche Phrase* an das erste Konjunkt (Munn 1993). Die Bezeichnung BP ist inspiriert durch den Namen des Logikers George Boole. Bei der Adjunktionsanalyse ergeben sich die Merkmale der Koordination grundsätzlich aus den Merkmalen des ersten Konjunkts.

(11) a.   b.

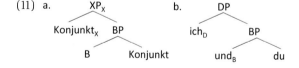

Koordination
per Adjunktion

Aufgaben

1. Suchen Sie in einem Korpus Ihrer Wahl (z. B. https://www.dwds.de) nach Koordinationen (z. B. durch Wortsuche nach *und, aber, denn* suchen). Klassifizieren Sie die Konjunkte nach Kategorie. Finden Sie Beispiele für ungleiche Konjunkte?

2. Zeichnen Sie für die folgenden Beispiele Baumstrukturen und analysieren Sie die darin enthaltenen Koordinationen jeweils einmal nach dem Muster in (10) und einmal nach dem Muster in (11).
   a) hinter dem großen und schönen Haus
   b) Max hat ein Regal gekauft, denn er hatte das Leben aus Kisten satt.
   c) Anton und Amina lieben Koordinationsstrukturen.
   d) Normalerweise schläft die Katze auf oder neben dem Sofa.

3. Überlegen Sie, wie man die Kongruenz innerhalb der AP in Aufgabe (2a) sowie die Subjekt-Verb-Kongruenz in Aufgabe (2c) modellieren könnte.

13 Ellipsen

Wir haben im letzten Kapitel darauf hingewiesen, dass in Koordinationen womöglich nicht wirklich die Konjunkte koordiniert sind, die koordiniert zu sein scheinen. Häufig ist es so, dass größere Konjunkte – nämlich Sätze – koordiniert sind, aus denen etwas weggelassen wurde. Weglassungen bezeichnet man als *Ellipsen*, wobei mit *Ellipse* das Weggelassene (das **Elidierte**) gemeint sein kann, die ›unvollständige Äußerung‹, oder ›das Weglassen‹. Warum stellt sich jedoch eigentlich die Frage, ob bestimmte Koordinationen eine Satzkoordination mit Ellipse sind oder eine Koordination ›kleinerer‹, d. h. nicht-satzwertiger Konstituenten? Warum spricht man also von großen vs. kleinen Konjunkten?

13.1 | Große oder kleine Konjunkte?

Zunächst können viele der Koordinationen, in denen kleinere Konstituenten koordiniert werden, so umformuliert werden, dass Koordinationen ganzer Sätze entstehen, von denen mindestens einer Lücken aufweist, also elliptisch ist. Bei den folgenden uns schon bekannten Beispielen, bei denen Verben koordiniert werden, ist dies der Fall. Die (potentielle) Ellipse ist jeweils durch Durchstreichen markiert. So sind in (1a) also *gern* im ersten Satz und *Maria* im zweiten Satz elidiert. Die Elemente, die in einem elliptischen Satz nicht elidiert werden, bezeichnet man im Englischen als **Remnants** (›Überbleibsel, Rest‹). Wir werden sie hier **Reststücke** nennen. Im ersten Satz in (1a) sind *Maria* und *singt* Reststücke, im zweiten sind es *tanzt* und *gern*.

(1) a. Maria singt und tanzt gern.
   b. Maria singt ~~gern~~ und ~~Maria~~ tanzt gern.
(2) a. Das können und wollen wir nicht akzeptieren.
   b. Das können ~~wir nicht akzeptieren~~ und ~~das~~ wollen wir nicht akzeptieren.

Reststücke und Auslassungen

Auch Koordinationen anderer Elemente wie z. B. Präpositionen oder Fragepronomen sind als Satzkoordinationen analysierbar:

(3) a. Man kann auf ~~einem Tisch sitzen~~ oder ~~man kann~~ unter einem Tisch sitzen.
   b. Wo ~~treffen wir uns~~ und wann treffen wir uns?

J. B. Metzler © Springer-Verlag GmbH Deutschland, ein Teil von Springer Nature, 2020
S. Repp/V. Struckmeier, *Syntax*, https://doi.org/10.1007/978-3-476-04872-1_13

Natürlich haben wir bis jetzt noch nicht unsere Frage beantwortet, warum wir eigentlich für die obigen Koordinationen große, also satzwertige Konjunkte mit Ellipse annehmen sollten. Wir wollen die Antwort auf diese Frage noch etwas verschieben und uns Beispiele ansehen, bei denen eine Satzkoordinationsanalyse nicht möglich ist. Danach besprechen wir dann Beispiele, bei denen eine solche Analyse nötig zu sein scheint.

Satzkoordination mit Ellipse – Kontra: In (4a) sind zwei Singular-Subjekt-DPs koordiniert. Die Gesamtkoordination erfordert **Pluralkongruenz am Verb**. Versuchen wir, eine Satzkoordination zu bilden, scheitert dieser Versuch an der Kongruenz (4b):

Pluralkongruenz
kontra Ellipse

(4) a.   Mehmet und Maria kamen zur Party.
     b.   * Mehmet ~~kamen zur Party~~ und Maria kamen zur Party.

Es gibt auch bestimmte Prädikate, sog. **distributive Prädikate**, bei denen eine Satzkoordination aus semantischen Gründen ausgeschlossen ist. In (5), wo wir das Kongruenzproblem durch die Koordination von Subjekt-DPs im Plural umgehen, ändert sich bei der Satzkoordination mit Ellipse die Bedeutung. In (5a) errangen die Berliner insgesamt vier Medaillen und die Kölner errangen insgesamt vier Medaillen. (5b) kann jedoch nur bedeuten, dass jeder Berliner vier Medaillen errang und dass jeder Kölner vier Medaillen errang. Bei Subjektkoordinationen werden also tatsächlich Subjekt-DPs koordiniert.

Semantik
kontra Ellipse

(5) a. $[_{CP} [_{\&P} [_{DP}$ Die Berliner] [und$_\&$ $[_{DP}$ die Kölner]]] errangen je vier Medaillen].
     b. $[_{\&P} [_{CP}$ Die Berliner ~~errangen je vier Medaillen~~] [und$_\&$ $[_{CP}$ die Kölner errangen je vier Medaillen]].

Semantische Verschiebungen entstehen auch bei Objektkoordinationen (6). Während die Objekt-DP-Koordination in (6a) semantisch sinnvoll ist, ist die entsprechende Satzkoordination mit Ellipse in (6b) in sich widersprüchlich.

(6) a.   Anton verwendet sein ganzes Geld für Comics und Pokémon-Karten.
     b.   * Anton verwendet sein ganzes Geld für Comics und ~~Anton verwendet sein ganzes Geld~~ für Pokémon-Karten.

Auch bei der Koordination größerer Phrasen kann die Semantik Evidenz gegen eine Analyse als Satzkoordination mit Ellipse liefern. Betrachten wir das folgende Beispiel:

(7) *Polizei:* Was haben Sie beobachtet?
     Anton: Jemand kam 14 Uhr und ~~jemand~~ ging 15 Uhr. Es könnte dieselbe Person gewesen sein.
     Maria: Jemand kam 14 Uhr und ging 15 Uhr. #Es könnte dieselbe Person gewesen sein.

Anton kann den ersten Satz seiner Aussage fortsetzen mit: *Es könnte dieselbe Person gewesen sein* ohne inkohärent zu sein oder etwas Triviales zu sagen. Für Maria gilt das nicht. Antons Aussage haben wir als Satzkoordination mit Ellipse analysiert. Marias Aussage haben wir als Koordination ohne Ellipse analysiert: Marias Aussage kann aufgrund ihrer Semantik keine Satzkoordination mit Ellipse sein.

Es scheint also Koordinationen zu geben, für die eine Analyse als Satzkoordination mit Ellipse nicht in Frage kommt. Gibt es nun aber Koordinationen, für die eine solche Analyse tatsächlich plausibel ist? Im Folgenden werden wir sehen, dass dies der Fall ist.

Satzkoordination mit Ellipse – Pro: In (8a) ist das erste Konjunkt keine Konstituente: *Anton* befindet sich in SpezCP, *liebt* ist der C-Kopf. Diese beiden Elemente bilden zusammen keine Konstituente. Es fehlt gewissermaßen die TP und die in ihr enthaltenen Phrasen. Die Wortkette *Anton liebt* (ohne Patiensargument) ist also gar kein syntaktischer Baustein, der von der Logischen Form interpretiert werden könnte. Die Operation Merge kann *Anton liebt* nicht mit dem satzwertigen zweiten Konjunkt verketten, ohne dass die Derivation an der Schnittstelle zu LF crasht. Dasselbe gilt für die Wortkette *Maria Broccoli* in (9), wie auch für den Wortbestandteil *qualitäts-* in (10).

(8) a. * [Anton liebt] und [Maria hasst Auberginen].

    b. Anton liebt ~~Auberginen~~ und Maria hasst Auberginen.

(9) a. * [Anton hasst Auberginen] und [Maria Broccoli].

    b. Anton hasst Auberginen und Maria ~~hasst~~ Broccoli.

(10) Unsere Firma liefert ihre Produkte qualitäts- und termingerecht.

Verkettung problematischer Bausteine

Die Entscheidung, ob etwas eine Satzkoordination mit Ellipse oder eine Koordination kleinerer Konjunkte ist, muss also von einer Vielzahl syntaktischer und semantischer Beobachtungen getragen werden. Im nächsten Unterkapitel werden wir etwas allgemeiner auf das Phänomen Ellipse eingehen und auch Ellipsen außerhalb von Koordinationen betrachten. Wir werden auch untersuchen, wie wir unvollständige Äußerungen eigentlich verstehen können (vgl. Klein 1993).

13.2 | Ellipsen im Kontext

Ellipsen mit Antezedens: Wir beginnen unsere Untersuchung der Rolle des Kontexts mit den uns schon bekannten **Koordinationsellipsen**:

(11) a. Mehmet kellnert im Chlodwig-Eck und Maria im Stiefel.

    b. Mehmet wartet an der Bushaltestelle und Maria im Stiefel.

Koordinations-ellipsen

Bei dem Beispielpaar in (11) liegt im zweiten Konjunkt eine Ellipse vor: Es fehlt das finite Verb. Obwohl das zweite Konjunkt in beiden Beispielen identisch ist, bedeutet es jeweils etwas Anderes. In (11a) kellnert Maria im Stiefel, in (11b) wartet sie dort. Die unterschiedlichen Bedeutungen spiegeln offensichtlich die Verben aus dem jeweils ersten Konjunkt wider. Der erste Satz stellt also den Kontext dar, der für die Interpretation der Ellipse entscheidend ist: Koordinationsellipsen wie (11) sind **kontextkontrolliert**. Man verwendet den Begriff **Antezedens** für das bzw. die Elemente in den jeweils ersten Sätzen, die mehr oder weniger identisch mit den elidierten Elementen sind. Das Antezedens der Ellipse in (11a) ist *kellnert*, in (11b) ist es *wartet*.

Wie schon erwähnt, kommen Ellipsen nicht nur in Koordinationen vor. Wenn wir unsere Alltagskommunikation näher betrachten, so stellen wir schnell fest, dass wir oft nicht in ganzen Sätzen sprechen oder schreiben. Ganz typisch sind elliptische Sätze beispielsweise bei Antworten auf Fragen. Sog. **Antwortfragmente** bestehen oft aus nur einer Konstituente. So bestehen Antons Antworten in (12) nur aus einer Präpositionalphrase. Trotzdem verstehen wir sie wie Sätze: Die Antwort in (12a) bedeutet *wir wollen uns nachher im Stiefel treffen*. In (12b) bedeutet die gleiche Antwort, dass die Party im Stiefel war.

(12) a. *Amina:* Wo wollen wir uns nachher treffen? *Anton:* Im Stiefel.
     b. *Amina:* Wo war die Party?   *Anton:* Im Stiefel.

Elliptische Antworten sind allerdings keineswegs dahingehend beschränkt, dass sie nur aus einer Konstituente bestehen könnten wie in (12). Auch eine Struktur, bei der nur ein finites Verb fehlt, ist als Antwort möglich. Zum Beispiel kann man auf die Frage *Und wer hat wen angerufen?* antworten *Mehmet Maria*. Diese Antwort besteht aus zwei Reststücken: dem Subjekt und dem Objekt. Die konkrete elliptische Struktur hängt also nicht direkt vom Sprechakt, der mit der Äußerung ausgeführt wird, ab. Weitere Sprechakte, in denen kontextkontrollierte Ellipsen vorkommen, sind **Bestätigungen** und **Korrekturen**:

(13) *Amina:* Wir treffen uns nachher in der Mensa. / Die Party war in der Mensa
     Anton: Ja, in der Mensa. / Nein, im Stiefel.
(14) *Amina:* Mehmet hat Maria angerufen.
     Anton: Nein, Maria Mehmet.

Ellipsen ohne Antezedens: Nicht alle Ellipsen sind vom sprachlichen Kontext abhängig. Auch die folgenden Äußerungen sind elliptisch, jedoch ist ihre Bedeutung auch ohne Antezedens leicht zu erschließen. Aminas Äußerung in (16a) fordert Anton auf, die Tür zu schließen. Es fehlen das Verb im Imperativ und der Artikel *die*. Äußerungen wie (16a) sind oft genutzte Kurzformen für längere Äußerungen. Sie können daher als **konventionalisiert** betrachtet werden (**feste Ausdrücke** oder **feststehende Wendungen**). Die Schlagzeile in (16b) bedeutet, dass es im All angeblich ein Waffensystem gibt, was wir verstehen, auch ohne dass das Verb *geben* erscheint. Ellipsen wie (16b) sind **Textsortenellipsen**: Man findet sie in Nachrichtenmedien.

(15) a. *Amina zu Anton:* Tür zu!
     b. *Schlagzeile:* Angebliches Waffensystem im All

Es gibt auch Ellipsen, die zwar ohne sprachlichen Kontext geäußert werden können, deren Bedeutung sich aber nur in der spezifischen Situation erschließt (**Situationsellipsen**). So kann die Äußerung in (17) je nach Situation etwa heißen, dass Anton aufpassen soll, die Vase nicht vom Tisch zu stoßen, dass Anton Amina die Vase reichen soll, oder vieles andere mehr – je nach Kontext.

(16) *Amina zu Anton:* Die Vase!

Beschränkungen für Ellipsen: Bei allen Ellipsen stellt sich die Frage, welche Elemente weggelassen werden können, damit die Ellipse einerseits grammatisch wohlgeformt ist und andererseits die beabsichtigte Bedeutung ausdrückt. In der Koordinationsellipse in (12a) oben, also *Mehmet kellnert im Chlodwig-Eck und Maria im Stiefel*, kann man z. B. nicht noch zusätzlich die Präposition weglassen: **Mehmet kellnert im Chlodwig-Eck und Maria Stiefel*. Die Textsortenellipse in (16b) kann nicht ohne Weiteres bedeuten, dass ein angebliches Waffensystem im All z. B. zerstört wurde. Die Frage, welche Elemente weggelassen werden können bzw. welche Elemente übrigbleiben müssen, ist im Wesentlichen eine Frage über spezifische elliptische Strukturen, oder **Ellipsetypen**.

Bei den Ellipsen, die vom sprachlichen Kontext abhängig sind, stellt sich darüber hinaus die Frage, wie das Antezedens aussehen muss, damit grammatische Wohlgeformtheit vorliegt und die beabsichtigte Bedeutung vermittelt wird. Müssen die elidierten Elemente identisch mit den Antezedenselementen sein? Genügt vielleicht auch Ähnlichkeit? Welche Rolle spielen dabei Form, Struktur und Bedeutung? Im folgenden Unterkapitel werden wir all diese Fragen für kontextkontrollierte Ellipsen besprechen. Diese Ellipsen sind mit Abstand die am meisten und am besten untersuchten Ellipsetypen.

13.3 | Typen von kontextkontrollierten Ellipsen

Kontextkontrollierte Ellipsen können nach verschiedenen Kriterien in Gruppen unterteilt werden. Eine erste Unterscheidung betrifft die Richtung der Ellipse. Es gibt **Vorwärts-** und **Rückwärtsellipsen**. Bei Vorwärtsellipsen befindet sich das Antezedens vor der Ellipse, bei Rückwärtsellipsen befindet es sich danach. Mit anderen Worten wird bei Vorwärtsellipsen im zweiten Konjunkt elidiert, und bei Rückwärtsellipsen im ersten.

Weiterhin können wir Ellipsetypen dahingehend unterscheiden, wo genau die Reststücke erscheinen. Wenn sie am linken Rand des Konjunkts stehen, ist die Ellipse **rechtsperipher**: das Elidierte befindet sich am rechten Rand des Konjunkts. Die einzige Rückwärtsellipse, die es im Deutschen gibt, ist eine rechtsperiphere Ellipse. Sie wird englisch als *Right Node Raising* bezeichnet und wir wollen sie hier als **Rechtsperiphere Ellipse** bezeichnen (s. Kap. 13.4.3). Wenn die Reststücke am rechten Rand des elliptischen Satzes stehen, ist die Ellipse **linksperipher** und wird als **Linksperiphere Ellipse** bezeichnet (s. Kap. 13.4.2).

Es gibt auch einen Ellipsetyp, bei dem die Reststücke auf beiden Seiten des Elidierten stehen. Diesen Ellipsetyp bezeichnet man als **Gapping**. Der Terminus *Gapping* ist vom englischen Wort *gap* (›Lücke‹) abgeleitet und drückt aus, dass in der Mitte des Satzes quasi eine Lücke ist (13.4.1). Des Weiteren gibt es eine Reihe von Ellipsetypen, bei denen bestimmte Kategorien elidiert werden bzw. als Reststücke übrigbleiben (13.4.4).

13.3.1 | Gapping

Beim Gapping wird mindestens das finite Verb weggelassen. Unser Chlodwig-Eck-Beispiel von weiter oben ist ein Fall von Gapping: *Mehmet kellnert im Chlodwig-Eck und Maria ___ im Stiefel.* Gapping ist dadurch gekennzeichnet, dass im elliptischen Satz mindestens zwei Reststücke vorhanden sind – typischerweise zwei Satzglieder. Die Ellipse – das ›Loch‹ (*gap*) – befindet sich in klassischen Gapping-Beispielen zwischen den Reststücken, da sich das finite Verb in Hauptsätzen in der Verbzweitposition befindet.

    Kontrast und Prosodie: Die Reststücke sind meist prosodisch hervorgehoben, tragen also Akzente. Auch die Satzglieder im Antezedenssatz, die die Gegenstücke zu den Reststücken darstellen, tragen oft Akzente. Dahingegen ist das Antezedens selbst deakzentuiert – also prosodisch wenig prominent. Die Funktion dieser Verteilung von **Akzentuierung** und **Deakzentuierung** ist die Hervorhebung der **Kontrastrelation** zwischen den parallelen Satzgliedern. Dies sieht man besonders deutlich, wenn beim Gapping neben dem finiten Verb weitere Elemente weggelassen werden – dies ist nämlich bei entsprechend komplexen Sätzen möglich (17). In (17) sind die Silben, welche typischerweise akzentuiert sind, mit Großbuchstaben markiert. Wir sehen, dass abhängig davon, welche Satzglieder Reststücke im elliptischen Konjunkt sind, die Akzentuierung im Antezedenssatz variiert. So sind in (17a) die Subjekte und die Lokaladverbiale in den beiden Konjunkten akzentuiert, da sie jeweils in einer Kontrastrelation stehen. In (17b) sind es die Subjekte und die Temporaladverbiale.

Unterschiedliche Kontraste beim Gapping

(17) Kontext: Leyla und Amina arbeiten für den Gastronomieteil des Kölner Szenemagazins. Diese Woche testen sie indische Restaurants.

    a. LEYla hat am Montag im GaNEsha gegessen und AMIna im Masala EMpire.

    b. LEYla hat am MONtag im Ganesha gegessen und AMIna am FREItag.

    c. Leyla hat am MONtag im GaNEsha gegessen und am FREItag im Masala EMpire.

    d. Leyla hat am MONtag im Ganesha Chicken TIKka gegessen und am FREItag BirYAni.

Eine Kontrastrelation kann beim Gapping auch zwischen lexikalischen Verben gebildet werden, solange diese nicht finit sind (18a). Dieses sog. **Auxiliargapping** ist auch möglich, wenn vPs kontrastiert werden (18b).

Jedoch ist es nicht möglich, die Auxiliare zu kontrastieren und nur das lexikalische Verb zu elidieren: (18c) kann nicht die Bedeutung haben, die sich aus den angegebenen Elidierungen ergibt. Es ist also tatsächlich das finite Verb, dass beim Gapping wegfällt.

(18) a. ANton hat geHUStet und MEHmet ~~hat~~ geNIEST.   Auxiliargapping
     b. ANton hat das GeSCHIRR abgewaschen und MEHmet ~~hat~~ den BOden gefegt.
     c. *ANton MUSS die WEINgläser spülen und MEHmet WILL die BIERgläser ~~spülen~~.

Gapping in Nebensätzen und die Kopfbedingung: Die Beschränkung, dass die Reststücke beim Gapping komplette Satzglieder bzw. ein lexikalisches Verb sein müssen, gilt auch für satzwertige Satzglieder, d. h. Nebensätze. In (19a) wird versucht, Teile des Objektsatzes – also Teile eines Satzgliedes – zu elidieren. Das Resultat ist inakzeptabel. Wenn hingegen Nebensätze miteinander koordiniert sind, ist es möglich zu gappen, vorausgesetzt, die nebensatzeinleitende Subjunktion erscheint nur im ersten Konjunkt (19b). (19c) illustriert, dass dies auch bei nicht-finiten Nebensätzen gilt.

(19) a. *MaRIa denkt, dass der Zug 7 Uhr fährt und LEYla ~~denkt, dass~~   Gapping in Neben-
       ~~der Zug~~ 8 Uhr ~~fährt~~.   sätzen: die Kopf-
     b. MaRIa denkt, dass der ICE 7 Uhr fährt und (*dass) die Regio-   bedingung
       NALbahn 8 Uhr ~~fährt~~.
     c. LEYla ging, um Herrn SCHMIDT die BiblioTHEK zu zeigen und (*um) Herrn MÜLler die KanTIne ~~zu zeigen~~.

Wir beobachten also, dass der oberste Kopf eines Satzes beim Gapping im Deutschen elidiert wird, bzw. im zweiten Konjunkt nicht erscheinen darf. In (19b & c) ist der oberste Kopf die Subjunktion, also der C-Kopf, wie bei Verbzweitsätzen. Wir könnten sagen, dass die Subjunktion genau wie das finite Verb in C tatsächlich gegappt wird. Alternativ könnten wir annehmen, dass es sich bei (19b) um die Koordination zweier TPs handelt. Der T-Kopf ist dann der oberste Kopf im zweiten Konjunkt und dieser wird getilgt. Beispiel (20), in dem die C-Position nicht besetzt ist, illustriert auch die Elidierung eines T-Kopfes als oberstem Kopf: es wird ein satzfinales finites Verb gegappt.

(20) Wie GROSS die TANne ist und wie SCHÖN die BUche ~~ist~~!

Beobachtungen dieser Art sind in der sog. **Kopf-Bedingung** für das Gapping festgehalten worden (Wilder 1995, 1996): Ein elidierter Kopf darf nicht in der Schwester eines nicht-elidierten Kopfes enthalten sein. Diese Bedingung ist so interpretiert worden, dass beim Gapping gewissermaßen die Verankerung eines Satzes – in einem übergeordneten Satz oder direkt im Diskurs – elidiert wird, also nicht mehr hörbar erfolgt (Repp 2009).

Koordination vs. Subordination: In unserer bisherigen Diskussion kontextkontrollierter Ellipsen haben wir ausschließlich Ellipsen in Koordinationen oder in Paaren von Hauptsätzen wie in Frage-Antwort-Diskursen betrachtet. Gapping ist tatsächlich auf diese Verknüpfungsarten beschränkt – wenn man Vergleichskonstruktionen auch zu Koordinationen zählt. (21b) ist der missglückte Versuch des Gapping in einem ›normalen‹ Nebensatz, genauer in einem Temporalsatz. Da dieser Satz ein Satzglied im Hauptsatz ist, und da zudem die Kopfbedingung verletzt ist – die Subjunktion *nachdem* wird nicht elidiert –, ist es nicht überraschend, dass die Gesamtstruktur nicht akzeptabel ist. (21c) ist eine Vergleichskonstruktion. Diese ist akzeptabel. Vergleichskonstruktionen scheinen auf den ersten Blick Nebensatzstrukturen zu sein: Würde in (21c) nicht gegappt, hätten wir Verbletztstellung. Wie Lechner (1999) zeigt, sind Vergleichskonstruktionen in vielerlei Hinsicht syntaktisch anders als andere Nebensätze.

Gapping in
Vergleichs-
konstruktionen

(21) a. LEYla hat im GaNEsha gegessen und AMIna im Masala EMpire.
  b. *LEYla hat im GaNEsha gegessen nachdem AMIna im Masala EMpire.
  c. LEYla hat öfter im GaNEsha gegessen als AMIna im Masala EMpire.

Identitätsbedingungen: Wenden wir uns als Nächstes der Frage zu, in welchen Aspekten Ellipse und Antezedens identisch sein müssen. Betrachten wir zuerst eine Variante unseres Chlodwig-Eck-Beispiels: *ICH kellnere im CHLODwig-Eck und die beiden ANderen im STIEFEL.* Hier müsste das elidierte Verb im zweiten Konjunkt mit dem Subjekt in der 3. Person Plural kongruieren (*kellnern*), im ersten Konjunkt ist das Verb dahingegen 1. Person Singular (*kellnere*). Es ist also nicht nötig, dass die Merkmale [Person] und [Numerus] am Verb identisch sind, oder dass die Wortform des Verbs, also die Phonologie, identisch ist. Wie wir in Kapitel 4.2 ausgeführt haben, sind [Person] und [Numerus] uninterpretierbare Merkmale am Verb. Sie tragen nicht zur Verbbedeutung bei. Betrachten wir nun ein Beispiel mit einem semantisch interpretierbaren Merkmal, Tempus: **JETZT kellnere ich im CHLODwig-Eck aber letztes JAHR im STIEFEL.* Wie wir sehen, ist das Beispiel nicht akzeptabel. Beim Gapping darf sich Elidiertes also zwar in der Form und in uninterpretierbaren morphosyntaktischen Merkmalen vom Antezedens unterscheiden, nicht aber in der Semantik.

Stripping als Untertyp des Gapping? Wir haben gesagt, dass beim Gapping mindestens zwei Satzglieder übrigbleiben. Es gibt einen Ellipsetyp, der von den meisten Forscher*innen separat vom Gapping untersucht wird, der aber bezüglich der Bedingungen, denen er unterliegt, dem Gapping sehr ähnlich ist. Daher wird er manchmal als Untertyp des Gapping behandelt. Beim sog. **Stripping** (auch **Bare Argument Ellipsis**) bleibt nur ein Satzglied übrig. Gewöhnlich erscheint zusätzlich ein Polaritätselement wie die Negationspartikel *nicht* oder die Fokuspartikel *auch*, welche in diesem Fall positive Polarität ausdrückt (22). Der Akzent auf dem nicht-kontrastiven *Ganesha* im ersten Konjunkt ist fakultativ:

Stripping

(22) a. LEYla hat im GaNEsha gegessen und AMIna AUCH.
  b. LEYla hat im GaNEsha gegessen, aber AMIna NICHT.

Auch Stripping ist auf Koordinationen beschränkt und erlaubt morpho-syntaktische Nicht-Identität (23), was darauf hindeutet, dass es ein Untertyp des Gapping sein könnte.

(23) a. * LEYla hat im GaNEsha gegessen, bevor WIR AUCH.
       b. LEYla$_{Sing}$ hat im GaNEsha gegessen, aber WIR$_{Pl}$ NICHT.

Stripping:
Eigenschaften

13.3.2 | Linksperiphere Ellipse

Die linksperiphere Ellipse (im Folgenden **LPE**), ist eine Vorwärtsellipse, bei der am linken Rand des zweiten Konjunkts elidiert wird. Dadurch stellt sich bei LPE die Frage, ob es sich überhaupt um eine Form der Ellipse handelt oder einfach um die Koordination zweier kleinerer Konjunkte (s. Kap. 13.1), besonders dringlich.

»Wie viel« Ellipse? Wir wollen zunächst untersuchen, ob es Beschränkungen dafür gibt, welche und wie viele Elemente am linken Rand des zweiten Konjunkts weggelassen werden können. (24) zeigt, dass man eine Phrase in SpezCP elidieren kann (24a), nicht aber einen Teil einer solchen Phrase (24b). Es scheint also – wie beim Gapping – nicht möglich zu sein, dass ein Satzgliedteil Reststück bei der Ellipse ist. Beachten Sie, das (24a) und (24b) leicht verschieden aufgebaut sind, damit die Inakzeptabilität von (24b) sich nicht schon aus einer inhaltlichen Implausibilität ergibt, die mit der eigentlichen Ellipse nichts zu tun hat. Beachten Sie auch, dass wir hier LPE mit Nicht-Subjekten prüfen, da es in vielen Sprachen auch das Phänomen der Subjektellipse gibt und wir diese Möglichkeit ausschließen wollen.

(24) a. Über die Ereignisse in Berlin wurden wir immer sofort infor-miert und ~~über die Ereignisse in Berlin~~ werden wir auch in Zukunft immer sofort informiert werden.
      b. * Über die Ereignisse in Berlin wurden wir immer sofort infor-miert und ~~über die Ereignisse~~ in Köln werden wir auch immer sofort informiert werden.

LPE: Satzglieder
als Reststücke

Analysiert man Beispiele wie (24a) als eine Koordination kleiner Konjunkte, würde es sich um C'-Koordination handeln. LPE kann auch weiter in das zweite Konjunkt hineinreichen. In (25) wird zusätzlich das finite Verb weggelassen, es würde sich also um vP-Koordination handeln, wenn man diese Beispiele als Koordination kleiner Konjunkte analysiert. Wenn man sie als Ellipse analysiert, sind sie nicht von Gapping zu unterscheiden, da dieses ja so definiert ist, dass das finite Verb und eventuell (ein) Satzglied(er) weggelassen werden.

(25) a. Über die Ereignisse in Berlin hat der Vater in der Zeitung gele-sen und ~~über die Ereignisse in Berlin hat~~ der Sohn im Radio gehört.
      b. Hat der Vater Zeitung gelesen und ~~hat~~ der Sohn Radio gehört?

LPE: Tilgung von T?

Prinzipiell ist jede Koordination, bei der direkt nach der Konjunktion kein sprachliches Material erscheint, als LPE oder als die Koordination kleiner Konjunkte analysierbar – oder auch als Gapping, falls das finite Verb elidiert wird. So könnte es sich beim folgenden Satz um LPE, v-Koordination oder Gapping handeln: *Hat Anton Maria angerufen und ~~hat Anton Maria~~ informiert?*. In Kapitel 13.1 haben wir gesehen, wie man prüfen kann, ob es sich bei scheinbar unvollständigen Sätzen um Ellipse (welcher Form auch immer) oder um die Koordination kleinerer Konjunkte handelt. Ob LPE, bei dem auch das finite Verb elidiert wird, Gapping ist, ist nur zu entscheiden, indem man prüft, ob LPE und nicht-peripheres Gapping in allen Eigenschaften gleich sind. Wir können dies hier natürlich nicht erschöpfend tun. Betrachten wir aber kurz die Frage nach der Identität von Ellipse und Antezedens.

Identitätsbedingungen: Wir haben oben gesehen, dass beim Gapping keine morphosyntaktische Identität zwischen Ellipse und Antezedens bei Person und Numerus vorliegen muss, wohl aber semantische Identität, z. B. in Bezug auf Tempus. In beiden Punkten verhält sich LPE gleich. Für Person und Numerus sehen wir das an diesem Beispiel: *Kellnerst Du im CHLODwig-Eck und die beiden ANderen im STIEfel?* Für Tempus sehen wir das hier: **Kellnerst Du momenTAN im CHLODwig-Eck und letztes JAHR im STIEfel?* Diese Beispiele könnten letztlich also Gapping-Beispiele sein.

Betrachten wir LPE ohne Elision des finiten Verbs, können wir zur Prüfung der morphosyntaktischen Identität Kasus heranziehen. Im folgenden Beispiel ist der Kasus des linksperipheren Satzglieds in Antezedens und Ellipse nicht identisch (Akkusativ vs. Nominativ), obwohl die Rolle gleich ist (Patiens): **Diese Vasen haben wir auf den Boden geworfen und ~~diese Vasen~~ sind deswegen zerbrochen.* Der Satz ist nicht akzeptabel. Wir sehen, dass dies gilt, obwohl phonologische Identität gegeben ist. Das Wort *deswegen*, welches aus Plausibilitätsgründen eingefügt ist, ist nicht die Ursache der Inakzeptabilität. Das Wort kann in linksperipherer Ellipse z. B. mit Subjekten vorkommen: *Peter hat sich verbrannt und ~~Peter~~ ging deswegen zum Arzt.* Also erfordert LPE scheinbar Kasusidentität.

Prüfen wir zum Schluss, ob semantische Identität erforderlich ist, indem wir betrachten, ob bei identischem Kasus des linksperipheren Satzglieds dessen semantische Rolle in den beiden Konjunkten verschieden sein kann. Wir stellen fest, dass dies nicht möglich ist, etwa wenn ein Experiens und ein Benefiziär gegenüber gestellt werden: **Dem Jungen tut der Zahn weh und wird deswegen geholfen.* Die Identität der semantischen Rollen, welche bei LPE also scheinbar erforderlich ist, lässt sich beim Gapping nicht prüfen, da dort durch die lexikalische Identität des elidierten Verbs die Identität der semantischen Rollen der Satzglieder vorausgesetzt ist.

Es scheint also grundsätzlich Parallelen zwischen Gapping und LPE zu geben, jedoch ist es schwer, wirklich vergleichbare Strukturen zu finden. Um aber die Frage zu beantworten, ob LPE eher als Ellipse oder als Koordination kleiner Konjunkte zu analysieren ist, müssten wir auch darüber nachdenken, wie überhaupt die syntaktische Analyse von kleinen Konjunkten im Falle von LPE aussehen könnte. Welche Abhängigkeit besteht z. B. zwischen der Phrase in SpezCP und den Theta-Positionen in den beiden Konjunkten in *Wen von den beiden [[rufst Du an] [und [überredest Du zur unserer Tour]]]*? Hier ist *wen von den beiden* internes Argument sowohl von *anrufen* als auch von *überreden*. Es muss also in beiden Konjunkt extern verkettet sein. Fragen wie diese müssen wir hier ungeklärt lassen.

Betrachten wir aber abschließend noch die Frage, ob LPE in Subordinationen möglich ist. Wenn wir überlegen, dass Subordinationen dadurch gekennzeichnet sind, dass sie durch eine linksperiphere Subjunktion eingeleitet werden und diese in LPE getilgt werden müsste, scheint klar, dass LPE nicht in Subjordinationen vorkommen kann.

13.3.3 | Rechtsperiphere Ellipse (Right Node Raising)

Wie oben schon erwähnt, ist die rechtsperiphere Ellipse im Deutschen eine Rückwärtsellipse. Wegen der ersten Analysen wird sie *Right Node Raising (RNR)* genannt. Wir benutzen daher hier auch die Abkürzung **RNR**. Bei RNR wird am rechten Rand des ersten Konjunkts elidiert.

»Wie viel« Ellipse? Im Gegensatz zu den Ellipsen, die wir bisher gesehen haben, müssen die Reststücke bei RNR keinem Satzglied entsprechen. In (26) werden sehr verschiedene Elemente elidiert. Sogar Wortbestandteile können elidiert werden bzw. Reststücke sein.

(26) a. LEYla hat Chicken TIKka ~~bestellt~~ und ANton hat BirYAni bestellt.
    b. LEYla hat ein MILdes ~~Curry bestellt~~ und ANton hat ein SCHARfes Curry bestellt.
    c. LEYla WILL ~~Chicken Korma bestellen~~ und ANton MUSS Chicken Korma bestellen.
    d. LEYla will ein HÜHNchen~~curry bestellen~~ und ANton will ein LAMMcurry bestellen.

RNR: Syntaktisch flexible Reststücke

Koordination vs. Subordination: Ein weiterer Unterschied zwischen RNR einerseits und Gapping und LPE andererseits ist die für manche Sprecher*innen fehlende Beschränkung auf Koordinationen bei RNR. (27a) ist für solche Sprecher*innen akzeptabel. Hier befindet sich die Ellipse in einem Relativsatz, welcher das Subjekt des eingebetteten Satzes modifiziert, der als Antezedenssatz dient. Subordinierte Strukturen mit Subjunktion wie (27b) sind für die meisten Sprecher*innen inakzeptabel.

(27) a. %Es scheint so, als ob jeder, der LAMM~~curry mag~~, auch HÜHNchencurry mag.
    b. *Maria sagt, dass LEYla KÖLN ~~verlassen hat~~, nachdem ANton BerLIN verlassen hat.

RNR in Nebensätzen

Die Beschränkungen im Hinblick auf Subordination sind in der Forschung noch nicht gut untersucht. Es scheint jedoch klar zu sein, dass RNR hier wesentlich flexibler ist als die Ellipsetypen, die wir oben besprochen haben.

Identitätsbedingungen: Auch bei den Identitätsbedingen zeigt RNR andere Beschränkungen als Gapping und LPE. Bei RNR ist semantische

Identität nicht im selben Maße erforderlich. So führt die Nicht-Identität semantischer Rollen für manche Sprecher*innen zu Inakzeptabilität, andere finden dies akzeptabel (u. U. mit Zeugma-Effekt) (28a). Die Nicht-Identität von semantischem Numerus ist unproblematisch (28b). Die Nicht-Identität von Tempus scheint nicht erlaubt zu sein (28c), jedoch liegt bei (28c) auch phonologische Nicht-Identität vor, die beim RNR nicht erlaubt ist (s. u.).

RNR: Semantische
Nicht-Identität

(28) a. %Die Piraten beSCHOSsen ~~diese Schiffe~~ und deswegen verSANken diese Schiffe.
b. Wir benachrichtigen DEN ~~Dozenten~~ bzw. DIE Dozenten.
c. * Peter glaubt, dass ANton seinen VAter letzten DIENStag ~~besuchte~~ und MaRIa ihre MUTter nächsten MITTwoch besucht.

Bezüglich der phonologischen Identität prüfen wir Numerus und Person, die beim Gapping ja nicht identisch sein mussten. Bei RNR führt Nicht-Identität zu Inakzeptabilität (32).

RNR: Phono-
logische Nicht-
Identität

(29) a. * Peter behauptet, dass DU WEIN ~~getrunken hast~~ und ICH BIER getrunken habe.
b. * Peter behauptet, dass IHR WEIN ~~getrunken habt~~ und DU BIER getrunken hast.

Es ist auch beobachtet worden, dass bei RNR von Wortbestandteilen der Status des elidierten Bestandteils als phonologisches Wort wichtig ist. So sind Suffixe, die mit einem Konsonanten beginnen – z. B. *-lich, -keit, -tum* – ein phonologisches Wort, innerhalb dessen im Deutschen z. B. die Silbifizierung stattfindet, d. h. die Silbifizierung beginnt mit dem Suffix neu (also z. B. *täg-lich* und nicht **tä-glich*). Suffixe, die mit einem Vokal beginnen – z. B. *-ig, -in, -en, -isch*, – bilden kein eigenes phonologisches Wort und werden prosodisch in den Stamm integriert. Diese Integration sehen wir daran, dass die Silbifizierung nicht vor dem Suffix stoppt (also *freu-dig* und nicht **freud-ig*). (30) zeigt, dass RNR mit der ersten Gruppe von Suffixen akzeptabel ist, mit der zweiten Gruppe von Suffixen aber nicht:

RNR: Prosodische
Beschränkungen

(30) a. stünd- oder täglich, Heiser- oder Übelkeit, Piraten- und Banausentum
b. * winz- oder riesig, *Komponist- oder Lehrerin, *ird- oder himmlisch

RNR scheint also Eigenschaften aufzuweisen, die rein prosodischer Natur sind.

Semantische Eigenschaften: Obwohl die eben besprochenen Eigenschaften von RNR darauf hinzudeuten scheinen, dass die Semantik eine eher untergeordnete Rolle bei diesem Ellipsetyp spielt, ist dies nicht wirklich der Fall. So ist eine Satzkoordination mit Tilgung am rechten Rand (31a) keineswegs immer gleichbedeutend mit einer Struktur, für die man keine Tilgung annimmt (31b):

(31) a. Die Schwester verabreicht entweder eine Schluckimpfung ~~bei jedem Patienten~~ oder sie setzt eine Injektion bei jedem Patienten.

b. Die Schwester verabreicht entweder eine Schluckimpfung oder sie setzt eine Injektion bei jedem Patienten.

RNR:
Satzbedeutung

Bei (31a) würde jeder Patient gleichbehandelt werden – er bekommt entweder eine Schluckimpfung oder eine Injektion. Bei (31b) können die Patienten verschieden behandelt werden. Es gibt noch weitere Beobachtungen für RNR, die die Semantik betreffen (Sabbagh 2007). Dieser Ellipsetyp unterliegt also sehr unterschiedlichen Bedingungen für die Tilgung.

13.3.4 | Weitere Typen von kontextkontrollierten Ellipsen

Neben den gesehenen linksperipheren, rechtsperipheren und ›mittigen‹ Ellipsen gibt es noch eine Reihe weitere Ellipsetypen, die ebenfalls sehr intensiv erforscht wurden. Wir wollen zum Schluss vier davon kurz beschreiben.

Das Sluicing ist ein Ellipsetyp, bei dem das W-Fragewort, das eine eingebettete Frage einleitet, das einzige Reststück ist, z. B. *Anton will etwas essen, aber er weiß nicht WAS*. Beim Sluicing ist keine syntaktische Identität gefordert, wie man leicht an der Wortstellung des elidierten Materials erkennen kann: *Anton will etwas essen, aber er weiß nicht, WAS ~~er essen will~~*. Auch sind Inselverletzungen (s. Kap. 10.2) im Sluicing scheinbar unproblematisch: *Anton hat einen Mann kennengelernt, der eine Balkansprache spricht, erinnert sich aber nicht mehr daran, WELche ~~Balkansprache er einen Mann getroffen hat, der spricht~~*. Hier ist die Komplexe NP-Bedingung verletzt. In der Literatur wird diskutiert, ob die unterliegende Version bei solchen Beispielen eventuell *WELche das ist* ist.

Das sog. Sprouting (engl. *to sprout* ›sprießen‹) ist eine Unterart des Sluicing, bei dem das Fragewort kein indefinites Gegenstück im Antezedens hat wie in den eben gesehenen Beispielen (*etwas – was, eine Balkansprache – welche*): *Anton will nett essen gehen, aber er weiß nicht WO*. Das Wort *wo* sprießt hier gewissermaßen im zweiten Konjunkt hervor.

Die Nomenellipse ist eine weitere Form der Ellipse. Hier wird innerhalb einer NP bzw. eine ganze NP elidiert: *LEYla will ROte Bänder und MaRIa will BLAUe ~~Bänder~~*. Interessant an diesem Ellipsetyp sind Beispiele wie das folgende, bei denen es keine nicht-elidierte Version zu geben scheint: *LEYla hat ZWEI Stück Kuchen gegessen und MaRIa hat keins *~~[Stück Kuchen]~~ gegessen*. Hier wird diskutiert, ob Wörter wie *keins* eine Art Pronomen sind, da sie ja nicht die Form haben, die ein Artikelwort hier haben sollte.

Die VP-Ellipse kennen Sie sicher aus dem Englischen: *ANton HASn't found a solution but MEHmet HAS ~~found a solution~~*. Im Deutschen sind solche Ellipsen nur mit Modalverben wirklich akzeptabel: *Leyla WOLLte die Hausaufgaben nicht machen, aber sie MUSSte / *HAT*. Jedoch ist in diesem Bereich sehr wenig Forschung für das Deutsche unternommen worden, so dass wenig über die genaue Datenlage bekannt ist.

13.4 | Analysen für kontextkontrollierte Ellipsen

Die vergangenen Kapitel haben uns gezeigt, dass es vielfältige Aspekte gibt, die bei der theoretischen Modellierung von Ellipsen zu berücksichtigen sind. Wie genau die teilweise scheinbar widersprüchliche Evidenz analysiert wird, ist für die meisten Ellipsetypen deswegen hoch umstritten. Darüber hinaus werden immer noch neue empirische Beobachtungen gemacht, die unser Wissen über das Phänomen Ellipse noch weiter ausbauen. So wurden in den letzten Jahren zunehmend auch Diskursaspekte unter die Lupe genommen – mit durchaus gutem Erfolg (z. B. Griffiths 2019).

Wir wollen in diesem Kapitel die wesentlichen Analysearten für kontextkontrollierte Ellipsen ganz kurz und eher abstrakt beschreiben. Eine eingehende Diskussion verdient ein eigenes Buch. Die dargestellten Analysearten sind teilweise für verschiedene Ellipsetypen vorgeschlagen worden, es gibt aber Versuche, einige Ellipsetypen mit einer einheitlichen Analyse zu erklären. Da wir jedoch gesehen haben, dass die Eigenschaften der verschiedenen Ellipsetypen durchaus unterschiedlich sind, erscheint es uns plausibel, dass sie zumindest teilweise differenziert analysiert werden müssen.

Tilgung identischen syntaktischen Materials im elliptischen Konjunkt: Bei dieser Analyse werden syntaktische Strukturen, die in beiden Konjunkten identisch sind, im elliptischen Konjunkt getilgt, also ›gelöscht‹. Ein problematischer Aspekt solcher Analysen ist, dass nicht klar ist, wie genau die Konjunkte in Bezug auf Identität miteinander verglichen werden können. Die Agree-Relation, die sonst für das Abgleichen von Merkmalen zur Verfügung steht, ist hier nicht geeignet. Agree operiert lokal, aber Ellipse und Antezedens stehen nicht in einer lokalen Relation – sie befinden sich ja in zwei verschiedenen Sätzen.

Tilgung identischen phonologischen Materials im elliptischen Konjunkt: Hier wird davon ausgegangen, dass Ellipse und Antezedens zwar nicht syntaktisch identisch sein müssen, dafür aber phonologisch. Für beide Konjunkte wird eine vollständige syntaktische Struktur aufgebaut. Auch eine phonologische Form wird aufgebaut, jedoch wird diese für die Ellipse nicht realisiert – vorausgesetzt, es herrscht phonologische Identität mit dem Antezedens. Natürlich kommt phonologische Identität meist auch mit syntaktischer Identität einher, aber die genauen Bedingungen für die Tilgung sind eben phonologischer Natur. Ein Ellipsetyp, für den diese Analyse einiges Erklärungspotential bietet, ist die rechtsperiphere Ellipse RNR (s. Kap. 13.4.3; Hartmann 2000).

Nicht-Einsetzung phonologischen Materials im elliptischen Konjunkt: Bei dieser Analyseart wird ebenfalls davon ausgegangen, dass für beide Konjunkte eine vollständige syntaktische Struktur aufgebaut wird. Im Gegensatz zur vorigen Analyse wird aber keine phonologische Form kreiert, d. h. die Phonologie der Wörter wird nicht aus dem Lexikon abgerufen. Weder die syntaktische Struktur noch die Phonologie von Antezedens und Ellipse müssen identisch sein. Es gibt jedoch semantische Bedingungen, die eingehalten werden müssen. Diese Bedingungen können semantische Identität fordern, für manche Ellipsetypen ist aber auch vorgeschlagen worden, dass die Wahrheit des Antezedenssatzes aus der Wahrheit des elliptischen Satzes folgen muss und umgekehrt, wenn von den kontrastierenden Elementen abstrahiert wird. Der Vorteil semantischer Bedingungen ist, dass diese keinen Lokalitätsbeschränkungen unterliegen. Diese Analyseart wurde zuerst für das Sluicing vorgeschlagen (s. Kap. 13.4.4; Merchant 2001) und auf weitere Ellipsetypen wie Antwortfragmente (s. Kap. 13.2) und VP-Ellipse (s. Kap. 13.3.4) angewendet.

Kopieren syntaktischen Materials vom Antezedens in das elliptische Konjunkt: Diese Analyse ist eine Anwendung der internen Verkettung über Konjunkte hinweg. Das Antezedens wird kopiert und im elliptischen Konjunkt noch einmal verkettet, jedoch nicht phonologisch implementiert. Kopiertes Material ist syntaktisch weitgehend identisch, kann aber durch das erneute Merge auch leicht verschieden vom ›Original‹ sein. Der Kopiermechanismus löst das Vergleichsproblem, das wir oben angerissen haben. Eine Kopieranalyse, welche auch die Frage nach der Lokalität von interner Verkettung adressiert, wurde z. B. für das Gapping vorgeschlagen (s. Kap. 13.4.1; Repp 2009).

Interne Verkettung von Material aus beiden Konjunkten in einer hierarchisch hohen Position (Bewegungsanalysen): Dieser Analysetyp ist in (32) für einen Gappingsatz skizziert. Man nimmt an, dass es sich um eine Koordination kleiner Konjunkte handelt, bei der manche Elemente oberhalb der Koordination erneut verkettet werden: hier das Subjekt des ersten Konjunkts sowie das Verb, welches in beiden Konjunkten extern verkettet ist. Man bezeichnet solch eine interne Verkettung eines Elements, das extern in zwei Konjunkten verkettet ist, mit der Metapher **Querbeetbewegung** (engl. **Across-the-board, ATB movement**). Die unteren Kopien werden phonologisch nicht implementiert.

(32) Anton trinkt Saft und Leyla Cola.

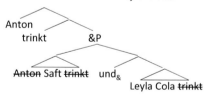

Querbeet/Across-the-board-Bewegung und Gapping

Diese Art von Analyse hat den Vorteil, dass sie das Vergleichsproblem, das Tilgungsanalysen haben, löst: es handelt sich hier wie bei der Kopieranalyse um interne Verkettung. Jedoch gibt es den Nachteil, dass mit der internen Verkettung des Subjekts des ersten Konjunkts die Inselbeschränkung für Koordinationsstrukturen verletzt wird (s. Kap. 10.2). Die Verletzung dieser Beschränkung zieht normalerweise starke Inakzeptabilität nach sich. Zuerst wurde eine Analyse dieser Art für das Gapping vorgeschlagen (s. Kap. 13.4.1; Johnson 1996/2003). Auch für RNR (Kapitel 13.3.3) gibt es Varianten dieser Analyse (z. B. Sabbagh 2008).

Sharing-Analysen: Bei dieser Analyse teilen sich Antezedenssatz und Ellipsensatz die Strukturbestandteile, die nur im Antezedenssatz vorkommen (*teilen* = engl. *to share*). Diese Analyse ist in (33) skizziert.

(33) (weil) Anton Saft und Leyla Cola trinkt

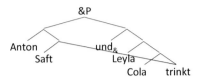

Sharinganalysen bedürfen einiger syntaktischer Spezialannahmen, u. a. dass ein Element wie *trinkt* gleichzeitig mit zwei Elementen verkettet werden kann. Analysen dieser Art findet man auch mit der Bezeichnung *Multiple Dominanz*. Sie wurden u. a. vorgeschlagen für RNR (z. B. Wilder 1999), Gapping (z. B. Goodall 1987) und LPE (z. B. Wesche 1995).

Pro-Form-Analyse: Nach dieser Analyse ist ein Reststück im elliptischen Satzteil eine Pro-Form, also eine Art Pronomen. Daher ist es nur notwendig, dass ein Referent im Kontext vorhanden ist, mit dem das Pronomen koreferieren kann. Für VP-Ellipse und Nomenellipse (Kapitel 13.4.4) wurde eine Pro-Form-Analyse vorgeschlagen (z. B. Hardt 1993).

Aufgaben

1. Könnte es sich bei den folgenden Koordinationen jeweils um Satz-koordinationen mit Ellipse handeln? Warum (nicht)? Benennen Sie ggf. den Ellipsentyp.
   Amina mag Limonen und Bananen.; *In den Wald ging der Jäger und fing einen Hasen.*; *Gestern sind der Lastwagen zusammengestoßen und der Geländewagen.*

2. Argumentieren Sie dafür, dass es für die folgenden Sätze plausibel ist anzunehmen, dass es sich um Kombinationen von Ellipsetypen handelt.
   Mehmet will drei Karten kaufen und Amina zwei.; *Anton hat zu viel Bier und Maria zu viel Kaffee getrunken.*; *Max soll Essen kaufen, aber weiß nicht was.*

3. Suchen Sie in einem Korpus Ihrer Wahl (z. B. https://www.dwds.de oder für gesprochene Sprache https://dgd.ids-mannheim.de) nach ›unvollständigen‹ Sätzen und klassifizieren Sie den jeweiligen Ellipsetyp.

4. Argumentieren Sie dafür, dass im folgenden Satz RNR und Extraposition kombiniert sein könnten: *Er hat geweint und sie hat gelacht beim Anblick von diesem Chaos.*

14 Ausblick: Wie kommt der Mensch zur Sprache?

Wir haben in diesem Buch gesehen, dass es mit relativ geringem Aufwand möglich ist, den Sätzen des Deutschen aufschlussreiche Analysen abzuringen. Mit wenigen Operationen (Merge und Agree) ist es möglich, syntaktische Repräsentationen zu generieren, die viele formale Eigenschaften der untersuchten Strukturen erklären. Die Abbildung dieser Strukturen auf eine semantische Komponente (LF) erklärt Fakten, die nicht syntaktischer Natur sind, aber dennoch ganz klar zum Sprecher*innenwissen über das Deutsche zählen. Die Abbildung auf eine phonologische Komponente (PF) erklärt Beobachtungen, die von prosodischen Eigenschaften der untersuchten Strukturen herrühren. Schließlich dienen viele syntaktische Operationen dem Zweck, lexikalische Eigenschaften von verketteten Elementen – also Eigenschaften, die zum Eintrag eines Elements in unserem mentalen Lexikon gehören – im Rahmen von Derivationen so abzuarbeiten, dass Derivationen das Resultat sind, die an den Schnittstellen zu PF und LF gleichermaßen konvergieren.

Wir sind damit nun in der Lage, auf die Einleitung dieses Buches zurückzukommen und Fragen zu beantworten, die dort gestellt wurden: Was versetzt den Menschen in die Lage, den Spracherwerb zu meistern? Warum können *nur* Menschen den Spracherwerb meistern? Darüber hinaus wollen wir uns mit der Frage auseinandersetzen, wie Sprache zu nicht-sprachlicher Kognition in Bezug zu setzen ist, oder einfacher ausgedrückt: Wie verhält sich ›Sprache‹ zu ›Denken‹? Eine vollständige Beantwortung dieser Fragen würde den Rahmen dieses Bandes sprengen. Im Folgenden werden wir daher nur die Antworten besprechen, die sich aus der Theorie der generativen Syntax ergeben, die wir im vorliegenden Buch besprochen haben.

14.1 | Sprache als menschliches Kognitionsobjekt

Was die Frage nach dem Spracherwerb von Menschen angeht, so ist unsere Theorie relativ einfach aufgestellt: Sie sieht zunächst vor, dass Menschen über die Fähigkeit verfügen, ein Lexikon anzulegen. Dieses Lexikon dürfte als Teil des Langzeitgedächtnisses verstanden werden, stellt aber bereits Anforderungen, die bei nicht-menschlichen Tieren vermutlich nicht erfüllt sind. Das menschliche Lexikon jeder uns bekannten Sprache versammelt nämlich auch Ausdrücke, die nur in Kombination mit anderen Ausdrücken sinnvoll erscheinen: Determinierer, die sich mit Nomen verbinden, Hilfsverben, die sich auf Vollverben beziehen usw. Kein nicht-

J. B. Metzler © Springer-Verlag GmbH Deutschland, ein Teil von Springer Nature, 2020
S. Repp/V. Struckmeier, *Syntax*, https://doi.org/10.1007/978-3-476-04872-1_14

menschliches Kommunikationssystem scheint solche lexikalischen Bestandteile vorweisen zu können.

Dass diese lexikalischen Bestandteile existieren, ist vermutlich der Tatsache geschuldet, dass menschliche Sprachen in der Lage sind, solche Ausdrücke durch Verkettung miteinander in Beziehung zu setzen und die Anforderungen zu prüfen, die bei diesen Verkettungen einzuhalten sind. Diese Fähigkeiten des Menschen haben wir durch die Operationen Merge (Verkettung von Elementen), Agree (Überprüfung von Kongruenzrelationen) und durch die Anbindung an die LF (Einhaltung semantischer Anforderungen, etwa der Argument-Prädikats-Zuordnung durch Thetarollen) abgebildet. Die Theorie ist damit auch sprachübergreifend anwendbar, da durch die Theorie nur relativ abstrakte Eigenschaften der Strukturierung von Sätzen thematisiert werden.

Die Anbindung der generierten syntaktischen Strukturen an eine phonologische Implementierung ist ebenfalls gut angelegt. Syntaktische Strukturen stellen Informationen bereit, die für die Berechnung ihrer phonologischen Abbildung benötigt werden: Welche Wörter in welchen Reihenfolgen und mit welcher Prosodie bilden die strukturellen Eigenschaften jeweils ab? Hier unterscheiden sich Sprachen fraglos enorm! Unterschiede zwischen den Sprachen der Welt müssen also nicht zwangsläufig darauf hindeuten, dass ›die Grammatiken‹ der jeweiligen Sprachen grundlegend verschieden funktionieren. In der generativen Syntax wird die Möglichkeit diskutiert, dass sich auch sehr verschieden daherkommende Sprachen in bestimmten, abstrakten Struktureigenschaften gleich verhalten können, etwa insofern, als dass die abstrakten Operationen Merge und Agree in ihnen gleich operieren könnten. Unterschiede zwischen den Einzelsprachen werden allerdings für andere Systeme nicht geleugnet: Insofern als Sprachen unterschiedliche Lexika aufweisen, werden sich die Operationen Merge und Agree in diesen Sprachen mit anderen Merkmalsbündeln konfrontiert sehen. Selbst wenn die Operationen selbst sprachübergreifend gleich sind, werden die generierten Strukturen auf den ersten Blick sehr verschieden ›aussehen‹. Wer in gleichen Kochtöpfen und bei gleichen Temperaturen im einen Falle Tomaten und Zwiebeln und in einem anderen Falle Sahne und Speck erhitzt, bekommt nicht zweimal die gleiche Sauce als Ergebnis!

Mit den verschiedenen Abbildungen von syntaktischen Strukturen auf phonologische Maßgaben verschiedener Sprachen liegt eine weitere Quelle von sprachübergreifenden Unterschieden vor. Wenn bestimmte prosodische Restriktionen in der Sprache X gelten, in der Sprache Y hingegen nicht, so werden die Lautformen der Sprache unterschiedlich aussehen. Wie wir gesehen haben, könnten rein prosodische Restriktionen auch für Wortstellungseffekte usw. zuständig sein. Durch die Trennung von syntaktischen Operationen und der separaten Berechnung ihrer PF-Abbildung ist also tatsächlich sehr weitreichende sprachliche Variabilität in der Theorie explizit vorgesehen!

Gemeinsamkeiten zwischen den Sprachen der Welt werden andererseits auch recht direkt durch die Theorie vorhergesagt. Menschliche Sprachen können lexikalische Elemente zu komplexen Strukturen verketten. Die Eigenschaften der Strukturen ergeben sich dabei in hohem Maße aus den Eigenschaften der lexikalischen Elemente (was englisch als *Inclusiveness* bezeichnet wird). Darüber hinaus werden nur sehr abstrakte Eigenschaften (wie sie sich etwa aus der Operation Merge ergeben) angesetzt. Mithilfe dieses Systems können alle Sprachen die gleichen Bedeutungen kodieren – was im nächsten Unterkapitel weiter zu besprechen sein wird.

Die phylogenetische Evolutionsgeschichte der menschlichen Sprachfähigkeit bekommt eine ebenso fundierte wie nuancierte Antwort: Als evolutionär ›neu‹ mögen für den Menschen nur Teile seiner Sprachfähigkeit gelten. Die Strukturerzeugung per Merge wurde in keiner nichtmenschlichen Spezies nachgewiesen (Hauser/Chomsky/Fitch 2002; Fitch/Hauser/Chomsky 2005). Möglicherweise sind Fähigkeiten im Bereich der Semantik oder Phonologie ebenfalls stark verändert gegenüber unseren Vorfahren (Pinker/Jackendoff 2005). Gleichzeitig sind viele andere Fähigkeiten, die den Menschen zu einer ›sprechenden Spezies‹ machen, vermutlich nicht evolutionär neuartig. So ist die Fähigkeit, ein Lexikon anzulegen, vielleicht nicht menschenspezifisch: Hunde erlernen sprachliche Befehle, große Menschenaffen erlernen sprachliche Gebärden usw. Auch die Fähigkeit zur lautlichen Externalisierung bedeutungstragender Ausdrücke ist nicht menschenspezifisch, wie die Kommunikationssysteme anderer Spezies zeigen.

Die Unterteilung von Sprache in Teilbereiche wie Syntax, PF, LF, Lexikon usw. erweist sich also auch für die evolutionäre Erklärung der menschlichen Sprachfähigkeit als sinnvoll: Sprache ist vermutlich nicht en bloc in unserer evolutionären Entwicklungslinie aufgetreten – eine aus biologischer Sicht gänzlich unplausible Annahme! Stattdessen haben die verschiedenen Teilsysteme der menschlichen Sprachfähigkeit verschiedene Evolutionsgeschichten, wie komparatistische biologische Studien annehmen (z. B. Hauser et al. 2002; Fitch et al. 2005).

14.2 | Sprachliche und nicht-sprachliche Kognition

Für Fragen nach dem Zusammenhang zwischen ›Sprache‹ und ›Denken‹ ergibt sich aus den gleichen Annahmen, dass es letztlich kein monolithisches Objekt ›Sprache‹ gibt. Die menschliche Sprachfähigkeit ist in Teilsystemen organisiert, die verschieden bewertet werden müssen: Lexikalische und phonologische Ressourcen von Sprachen variieren stark. Sprachen unterscheiden sich also darin, *wie* sie Sachverhalte ausdrücken. Damit ist aber nicht impliziert, dass sich diese Sprachen auch darin unterscheiden, *was* sie ausdrücken – und auch nicht, was sie potentiell ausdrücken können.

Häufig gehörte Meinungen (die nach unserer Auffassung gefährlich nah an rassistische Vorstellungswelten anknüpfen), nach denen Sprecher*innen verschiedener Sprachen in ›verschiedenen Welten‹ leben, sind aus Sicht der hier vorgestellten Theorie Unsinn. Wenn syntaktische Strukturoperationen über Sprachen hinweg gleich applizieren und ihre interpretative Auswertung auf LF über Sprachen hinweg universell ist, dann können Sprachen prinzipiell die gleichen Sachverhalte ausdrücken, und zwar auch dann, wenn sie sich in ihrer Lexik und Phonologie stark unterscheiden. Damit ist auch keine menschliche Sprache ›komplexer‹ oder aber ›primitiver‹ als die andere. Die Beweislast liegt hier auf Seiten derjenigen Autor*innen, die kulturelle oder kognitive Unterschiede mit Verweis auf die unterschiedlichen Sprachen herbeireden wollen.

Mit unserer Theorie wird jedoch ein bestimmter (aber beschränkter) Zusammenhang zwischen den sprachlichen Fähigkeiten von Menschen und ihrer außersprachlichen Kognition ermöglicht. Einige Forscher*innen vermuten, dass die menschliche Fähigkeit zur Strukturbildung durchaus Ursache dafür sein könnte, dass Menschen sich auch außersprachlich von nicht-menschlichen Tieren unterscheiden: die Mathematik, die Fähigkeit zu bestimmmten Arten komplexer Navigation, die Fähigkeit musikalische Strukturen zu verarbeiten – all diese Fähigkeiten sind letztlich Ausdruck der Tatsache, dass der Mensch in einzigartiger Weise ein analytisch-strukturfähiges Wesen ist. Wenn sich Operationen wie Merge auch auf außersprachliche kognitive Strukturoperationen anwenden ließen, so wäre diese Anbindung ein interessantes Indiz dafür, wie sich die linguistische Forschung an angrenzende Disziplinen anbinden lässt. Aus unserer Sicht ist es angesichts dieser spannenden Möglichkeiten fast schon uninteressant, ob nun die sprachlichen Strukturen der ›Ausdruck‹ kognitiver Fähigkeiten sind (wie einige Wissenschaftler*innen annehmen), oder ob umgekehrt sprachliche Strukturfähigkeiten die Bedingung der Möglichkeit für komplexe Gedanken sind (wie insbesondere einige Vertreter*innen der hier vorgestellten Theorie annehmen). Es lässt sich schlussendlich feststellen, dass die moderne Syntaxforschung unabhängig von den Details ihrer Implementierung anschlussfähig ist an die Kognitionswissenschaften, die Psychologie des Menschen – und letztlich sogar an die Biologie, die Evolutionsforschung, die Neurowissenschaften und andere Disziplinen.

Unsere syntaktische Theorie ermöglicht es also auf der einen Seite, einzelne Sätze einzelner Sprachen enorm detailliert zu analysieren – bettet aber gleichzeitig die Untersuchung dieser Detailfragen in wesentlich größere wissenschaftliche und philosophische Fragestellungen ein: Welche kognitiven und biologischen Erkenntnisse ergeben sich aus den Details der menschlichen Sprachen? Verfügen wir mit der Sprache – einem kognitiven System, das unserer Untersuchung vergleichsweise direkt zugänglich ist – über ein Fenster in unsere Kognition? Wir würden uns freuen, wenn die Leser*innen dieses Buches sich aufmachen, den interessanten Fragestellungen nachzugehen, die sich aus diesem gleichermaßen detailverliebten wie breit fächernden Forschungsfeld ergeben!

15 Literaturverzeichnis

Abney, Steve (1987). *The English Noun Phrase in its Sentential Aspects*. Cambridge, MA: The MIT Press.

Alexiadou, Artemis, Liliane Haegeman & Melita Stavrou (2008). *Noun Phrase in the Generative Perspective*. Berlin: Mouton de Gruyter.

Altmann, Hans (1981). *Formen der »Herausstellung« im Deutschen: Rechtsversetzung, Linksversetzung, Freies Thema und verwandte Konstruktionen*. Tübingen: Niemeyer.

Averintseva-Klisch, Maria (2009). *Rechte Satzperipherie im Diskurs. Die NP-Rechtsversetzung im Deutschen*. Tübingen: Stauffenburg.

Bayer, Josef (1984). COMP in Bavarian syntax. *The Linguistic Review* 3(3), 209–274.

Bayer, Josef & Volker Struckmeier (Hg.) (2017). *Discourse Particles. Formal Approaches to their Syntax and Semantics*. Berlin: Walter de Gruyter.

Bech, Gunnar (1955/1983). *Studien über das deutsche verbum infinitum*. Tübingen: Niemeyer.

Bianchi, Valentina (2000). The raising analysis of relative clauses. A reply to Borsley. *Linguistic Inquiry* 31, 123–140.

Bickerton, Derek (2007). Language evolution: A brief guide for linguists. *Lingua* 117(3), 510–526.

Bildhauer, Felix & Philippa Cook (2011). Annotating information structure. The case of topic. In: Stefanie Dipper & Heike Zinsmeister (Hg.). *Beyond Semantics. Corpus-based Investigations of Pragmatic and Discourse Phenomena*. Bochum: Bochumer Linguistische Arbeiten 3. 45–56.

Borsley, Robert D. (1997). Relative clauses and the theory of phrase structure. *Linguistic Inquiry* 28, 629–647.

Borsley, Robert D. (2001). *More on the raising analysis of relative clauses*. Unpubliziertes Manuskript, University of Essex.

Büring, Daniel (1994). Mittelfeldreport V. In: Brigitta Haftka (Hg.). *Was determiniert Wortstellungsvariation? Studien zu einem Interaktionsfeld von Grammatik, Pragmatik und Sprachtypologie*. Opladen: Westdeutscher Verlag. 79–96.

Büring, Daniel (2001). Let's phrase it. Focus, word order, and prosodic phrasing in German double object constructions. In: Gereon Müller & Wolfgang Sternefeld (Hg.). *Competition in Syntax*. Berlin: Mouton de Gruyter. 68–105.

Büring, Daniel & Katharina Hartmann (1995). »All right!« In: Uli Lutz & Jürgen Pafel (Hg.). *On Extraction and Extraposition in German*. Amsterdam/Philadelphia: John Benjamins. 179–212.

Büring, Daniel & Katharina Hartmann (1997). Doing the right thing. *The Linguistic Review* 14, 1–42.

Burzio, Luigi (1986). *Italian Syntax. A Government-Binding Approach*. Dordrecht: Reidel.

Cheney, Dorothy L. & Robert M. Seyfarth (1990). The assessment by vervet monkeys of their own and another species' alarm calls. *Animal Behaviour* 40(4), 754–764.

Cheney, Dorothy L. & Robert M. Seyfarht (2012). Primate social cognition as a precursor to human language. In: Maggie Tallerman & Kathleen R. Gibson (Hg.). *The Oxford Handbook of Language Evolution*. Oxford/New York: Oxford University Press. 59–70.

Chomsky, Noam (1965). *Aspects of the Theory of Syntax*. Cambridge, MA: MIT Press. Auf Deutsch erschienen 1969 bei Suhrkamp.

Chomsky, Noam (1970). Remarks on nominalization« In: Robert A. Jacobs & Peter S. Rosenbaum (Hg.). *Readings in English Transformational Grammar*. Waltham, MA: Ginn. 184–221.

Chomsky, Noam (1981). *Lectures on Government and Binding*. Dordrecht: Foris.

Chomsky, Noam (1995). *The Minimalist Program.* Cambridge, MA: MIT Press.

Chomsky, Noam (1999). Derivation by phase. *MIT Occasional Papers in Linguistics* 18, 1–42.

Chomsky, Noam (2000). Minimalist inquiries: The framework. In: Roger Martin, David Michals & Juan Uriagereka (Hg.). *Step by Step. Essays on Minimalist Syntax in Honour of Howard Lasnik.* Cambridge, MA: MIT Press. 89–155.

Coniglio, Marco (2011). *Die Syntax der deutschen Modalpartikeln: Ihre Distribution und Lizenzierung in Haupt- und Nebensätzen.* Berlin: Akademie Verlag.

D'Avis, Franz-Josef (2001). *Über ›w-Exklamativsätze‹ im Deutschen.* Tübingen: Niemeyer.

Dewald, Anika (2012). *Versetzungsstrukturen im Deutschen. Zu ihrer Syntax, Prosodie und Diskursfunktion.* Dissertation. Universität zu Köln.

Eckardt, Regine (1998). *Events, Adverbs, and Other Things. Issues in the Semantics of Manner Adverbs.* Tübingen: Niemeyer.

Eckardt, Regine (2003). Manner adverbs and information structure. Evidence from the adverbial modification of verbs of creation. In: Ewald Lang, Claudia Maienborn & Cathrine Fabricius-Hansen (Hg.). *Modifying Adjuncts.* Berlin: Walter de Gruyter. 261–305.

Erb, Marie Christine (2001). *Finite Auxiliaries in German.* Dissertation. Tilburg University.

Ernst, Thomas (2002). *The Syntax of Adjuncts.* Cambridge: Cambridge University Press.

Erteschik-Shir, Nomi (2007). *Information Structure. The Syntax-Discourse Interface.* Oxford: Oxford University Press.

Fanselow, Gisbert (2003). Free constituent order. A minimalist interface account. *Folia Linguistica* 37, 191–231.

Fanselow, Gisbert (2006). On pure syntax (uncontaminated by information structure). In: Patrick Brandt & Eric Fuß (Hg.). *Form, Structure, and Grammar.* Berlin: Akademie Verlag. 137–157.

Fanselow, Gisbert & Damir Ćavar (2002). Distributed deletion. In: Artemis Alexiadou (Hg.). *Theoretical Approaches to Universals.* Amsterdam/Philadelphia: John Benjamins. 65–107.

Féry, Caroline (2015). Extraposition and prosodic monsters in German. In: Lyn Frazier & Edward Gibson (Hg.). *Explicit and Implicit Prosody in Sentence Processing.* Heidelberg: Springer. 11–37.

Fitch, W. Tecumseh, Marc D. Hauser & Noam Chomsky (2005). The evolution of the language faculty. Clarifications and implications. *Cognition* 97(2), 179–210.

Freidin, Robert (1986). Fundamental issues in the theory of binding. In: Barbara Lust (Hg.). *Studies in the Acquisition of Anaphora, Volume 1.* Dordrecht: Reidel. 151–188.

Freitag, Konstantin (2018). *Verb-second in Grammar, Processing, and Acquisition: What you See is not What you Get.* Dissertation. Universität Konstanz.

Frey, Werner (1993). *Syntaktische Bedingungen für die semantische Interpretation.* Berlin: Akademie Verlag.

Frey, Werner (2003). Syntactic conditions on adjunct classes. In: Ewald Lang, Claudia Maienborn & Cathrine Fabricius-Hansen (Hg.). *Modifying Adjuncts.* Berlin: Mouton de Gruyter. 163–209.

Frey, Werner (2004). A medical topic position for German. *Linguistische Berichte* 198, 153–190.

Frey, Werner (2015). Zur Struktur des Nachfelds im Deutschen. In: Hélène Vinckel-Roisin (Hg.). *Das Nachfeld im Deutschen.* Berlin: Walter de Gruyter. 53–75.

Frey, Werner & Karin Pittner (1998). Zur Positionierung der Adverbiale im deutschen Mittelfeld. *Linguistische Berichte* 176, 489–534.

Gallmann, Peter (1996). Die Steuerung der Flexion in der DP. *Linguistische Berichte* 164, 283–314.

Goodall, Grant T. (1987). *Parallel Structures in Syntax.* Cambridge: Cambridge University Press.

Grewendorf, Günther (2002). Left dislocation as movement. In: Simon Mauck & Jennifer Mittelstaedt (Hg.). *Georgetown University Working Papers in Theoretical Linguistics* 2. 31–81.

Grewendorf, Günther (2008). The left clausal periphery. Clitic Left Dislocation in Italian and Left Dislocation in German. In: Benjamin Shaer, Philippa Cook, Werner Frey & Claudia Maienborn (Hg.). *Dislocated Elements in Discourse: Syntactic, Semantic, and Pragmatic Perspectives.* London: Routledge. 49–94.

Griffiths, James (2019). A Q-based approach to clausal ellipsis. Deriving the preposition stranding and island sensitivity generalisations without movement. *Glossa: A Journal of General Linguistics* 4(1), 12.

Grohmann, Kleanthes (1997). German superiority. *Groninger Arbeiten zur Germanistischen Linguistik* 40, 97–107.

Gundel, Jeanette K. (1988). Universals of topic-comment structure. In: Michael Hammond, Edith A. Moravcsik & Jessica Wirth (Hg.). *Studies in Syntactic Typology.* Amsterdam/Philadelphia: John Benjamins. 209–239.

Gutzmann, Daniel (2019). *Semantik. Eine Einführung.* Stuttgart: Metzler.

Haider, Hubert (1995). Downright down to the right. In: Uli Lutz & Jürgen Pafel (Hg.). *On Extraction and Extraposition in German.* Amsterdam/Philadelphia: John Benjamins. 245–272.

Haider, Hubert (1997). Extraposition. In: Dorothee Beerman, David LeBlanc & Henk von Riemsdijk (Hg.). *Rightward Movement.* Amsterdam/Philadelphia: John Benjamins. 115–151.

Haider, Hubert (2000). Adverb placement. Convergence of structure and licensing. *Theoretical Linguistics* 26, 95–134.

Haider, Hubert (2002). Adverbials at the syntax-semantics interface. In: Hans Kamp & Uwe Reyle (Hg.). *How we Say WHEN it Happens. Contributions to the Theory of Temporal Reference in Natural Language.* Tübingen: Niemeyer. 53–70.

Hardt, Daniel (1993). *Verb Phrase Ellipsis: Form, Meaning, and Processing.* Dissertation. University of Pennsylvania.

Hartmann, Katharina (2000). *Right Node Raising and Gapping. Interface Conditions on Prosodic Deletion.* Amsterdam/Philadelphia: John Benjamins.

Hartmann, Katharina (2013). Prosodic constraints on extraposition in German. In: Gert Webelhuth, Manfred Sailer & Heike Walker (Hg.). *Rightward Movement in a Comparative Perspective.* Amsterdam/Philadelphia: John Benjamins. 439–472.

Hauser, Marc D., Noam Chomsky & W. Tecumseh Fitch (2002). The faculty of language: What is it, who has it, and how did it evolve? *Science* 298(5598), 1569–1579.

Heinold, Simone (2015). *Tempus, Modus und Aspekt im Deutschen: Ein Studienbuch.* Tübingen: Narr.

Hinterhölzl, Roland (2006). *Scrambling, Remnant Movement, and Restructuring in West Germanic.* Oxford: Oxford University Press.

Hinterhölzl, Roland (2012). Some notes on scrambling and object shift. In: Johan Brandler, David Hakansson, Stefan Huber & Eva Klingvall (Hg.). *Discourse and Grammar. A Festschrift in Honour of Valeria Molnar.* Lund: Lund University. 305–321.

Hurford, James R. (2012). *The Origins of Grammar. Language in the Light of Evolution.* Oxford: Oxford University Press.

Inaba, Jiro (2007). *Die Syntax der Satzkomplementierung. Zur Struktur des Nachfeldes im Deutschen.* Berlin: Akademie Verlag.

Jackendoff, Ray (1977). *X-bar Syntax: A Study of Phrase Structure.* Cambridge, MA: MIT Press.

Johannessens, Janne Bondi (1998). *Coordination.* Oxford: Oxford University Press.

Johnson, Kyle (1996/2003). *In search of the middle field.* Unpubliziertes Manuskript. University of Massachusetts.

Kayne, Richard S. (1994). *The Antisymmetry of Syntax.* Cambridge, MA: MIT Press.

Klein, Wolfgang (1993). Ellipse. In: Joachim Jacobs, Armin von Stechow, Wolfgang Sternefeld & Theo Vennemann (Hg.). *Syntax: Ein internationales Handbuch zeitgenössischer Forschung.* [1. Halbbd.]. Berlin: de Gruyter. 763–799.

Klein, Wolfgang (1999). Wie sich das deutsche Perfekt zusammensetzt. *Zeitschrift für Literaturwissenschaft und Linguistik* 29, 52–85.

Lambrecht, Knud (1981). *Topic, Antitopic and Verb Agreement in Non-Standard French.* Amsterdam: John Benjamins.

Landau, Idan (2013). *Control in Generative Grammar. A Research Companion.* Cambridge, UK: Cambridge University Press.

Lebeaux, David (1988/2000). *Language Acquisition and the Form of the Grammar.* Amsterdam: John Benjamins.

Lechner, Winfried (1999). *Comparatives and DP-Structure.* Dissertation. University of Massachusetts Amherst.

Lenerz, Jürgen (1977). *Zur Abfolge nominaler Satzglieder im Deutschen.* Tübingen: Narr.

Lohnstein, Horst (2000). *Satzmodus – kompositionell. Zur Parametrisierung der Modusphrase im Deutschen.* Berlin: Akademie Verlag.

Lohnstein, Horst (2007). On clause types and sentential force. *Linguistische Berichte* 209, 63–86.

Lutz, Uli & Jürgen Pafel (Hg.) (1995). *On Extraction and Extraposition in German.* Amsterdam/Philadelphia: John Benjamins.

Maienborn, Claudia (1996). *Situation und Lokation. Die Bedeutung lokaler Adjunkte von Verbalprojektionen.* Tübingen: Stauffenburg.

Maienborn, Claudia & Martin Schäfer (2011). Adverbs and adverbials. In: Claudia Maienborn, Klaus von Heusinger & Paul Portner (Hg.). *Semantics. An International Handbook of Natural Language Meaning*, Bd. 2. Berlin: Mouton de Gruyter. 1390–1420.

Meibauer, Jörg & Rita Finkbeiner (Hg.) (2016). *Satztypen und Konstruktionen.* Berlin/Boston: Walter de Gruyter.

Meinunger, André (2000). *Syntactic Aspects of Topic and Comment.* Amsterdam/ Philadelphia: John Benjamins.

Meinunger, André (2007). About the object *es* in the German Vorfeld. *Linguistic Inquiry* 38, 553–563.

Merchant, Jason (2001). *The Syntax of Silence. Sluicing, Islands, and the Theory of Ellipsis.* Oxford: Oxford University Press.

Molnárfi, Lászó (2002). Focus and antifocus in modern Afrikaans and West Germanic. *Linguistics* 40, 1107–1160.

Molnárfi, László (2004). On scrambling as defocusing in German and West Germanic. In: Anne Breitbarth & Henk van Riemsdijk (Hg.). *Triggers.* Berlin: Mouton de Gruyter. 231–386.

Müller, Stefan (1999). Variational models for microstructure and phase transition. In: Stefan Hildebrandt & Michael Struwe (Hg.). *Calculus of Variations and Geometric Evolution Problems.* Berlin/Heidelberg: Springer.

Müller, Gereon (1995). *A-bar Syntax.* Berlin: Mouton de Gruyter.

Müller, Gereon (1999). Optimality, markedness, and word order in German. *Linguistics* 37, 777-818.

Müller, Gereon (2000). *Elemente einer optimalitätstheoretischen Syntax.* Tübingen: Stauffenburg.

Müller, Gereon (2001). Order preservation, parallel movement, and the emergence of the unmarked. In: Jane Barbara Grimshaw, Géraldine Legendre & Sten Vikner (Hg.). *Optimality-Theoretic Syntax.* Cambridge, MA: MIT Press. 279-313.

Munn, Alan B. (1993). *Topics in the Syntax and Semantics of Coordinate Structures*. Dissertation. University of Maryland at College Park.

Musan, Renate (1999). Die Lesarten des Perfekts. *Literaturwissenschaft und Linguistik* 29(113), 6–51.

Musan, Renate (2001). The present perfect in German: Outline of its semantic composition. *Natural Language & Linguistic Theory* 19, 355-401.

Musan, Renate (2002). *The German Perfect. Its Semantic Composition and its Interactions with Temporal Adverbials*. Dordrecht: Kluwer Academic Publishers.

Ott, Dennis (2011). *Local Instability: The Syntax of Split Topics*. Dissertation. Harvard University.

Öhlschläger, Günther (1989). *Zur Syntax und Semantik der Modalverben des Deutschen*. Tübingen: Narr.

Patterson, Francine G. (1978). The gestures of a gorilla. Language acquisition in another pongid. *Brain and Language* 5(1), 72–97.

Petitto, Laura A. & Mark S. Seidenberg (1979). On the evidence for linguistic abilites in signing apes. *Brain and Language* 8(2), 162–183.

Pinker, Steven & Ray Jackendoff (2005). The faculty of language: What's special about it? *Cognition* 95(2), 201–236.

Primus, Beatrice (2012). *Semantische Rollen*. Heidelberg: Carl Winter.

Reis, Marga (1982). Zum Subjektbegriff im Deutschen. In: Werner Abraham (Hg.). *Satzglieder im Deutschen. Vorschläge zur syntaktischen, semantischen und pragmatischen Fundierung*. Tübingen: Narr. 171–211.

Reis, Marga (2000). Anmerkungen zu Verb-erst-Satz-Typen im Deutschen. In: Rolf Thieroff, Matthias Ramrat, Nanna Fuhrhop & Oliver Teuber (Hg.). *Deutsche Grammatik in Theorie und Praxis*. Tübingen: Niemeyer. 215–227.

Reis, Marga (2001). Bilden Modalverben im Deutschen eine syntaktische Klasse? *Linguistische Berichte* Sonderheft 9, 287–318.

Reis, Marga (2004). Zur Grammatik der sog. ›Halbmodale‹ drohen/versprechen + Infinitiv. In: Franz-Joseph D'Avis (Hg.). *Deutsche Syntax: Theorie und Empirie*. Göteborg: Acta Universitatis Gothobugensis. 125–145.

Reis, Marga (2005). »Wer brauchen ohne zu gebraucht …« Zu systemgerechten ›Verstößen‹ im Gegenwartsdeutschen. *Cahiers d'Études Germaniques* 48, 101–114.

Reis, Marga & Wolfgang Sternfeld (2004). Review Article: Wurmbrand, Susanne (2001). Infinitives. Restructuring and Clause Structure. Berlin: Mouton de Gruyter. *Linguistics* 42, 469–508.

Repp, Sophie (2009). *Negation in Gapping*. Oxford: Oxford University Press.

Rizzi, Luigi (1990). *Relativized Minimality*. Cambridge, MA: The MIT Press.

Rizzi, Luigi (2001). Relativized Minimality Effects. In: Mark Baltin & Chris Collins (Hg.). *The Handbook of Contemporary Syntactic Theory*. Oxford: Blackwell. 89–110.

Ross, John Robert (1967). *Constraints on Variables in Syntax*. Dissertation. Cambridge, MA: The MIT Press.

Sabbagh, Joseph (2007). Ordering and linearizing rightward movement. *Natural Language & Linguistic Theory* 25(2), 349–401.

Schäfer, Martin (2013). *Positions and Interpretations. German Adverbial Adjectives at the Syntax-Semantics Interface*. Berlin: Mouton de Gruyter.

Slocombe, Katie (2012). Have we underestimated great ape vocal capabilities? In: Maggie Tallerman & Kathleen R. Gibson (Hg.). *The Oxford Handbook of Language Evolution*. Oxford/New York: Oxford University Press. 90–95.

Stechow, Armin von & Wolfgang Sternefeld (1988). *Bausteine syntaktischen Wissens. Ein Lehrbuch der generativen Grammatik*. Opladen: Westdeutscher Verlag.

Stiebels, Barbara (2007). Towards a typology of complement control. *ZAS Papers in Linguistics* 47(8), 1–80.

Struckmeier, Volker (2007). *Attribute im Deutschen. Zu ihren Eigenschaften und ihrer Position im grammatischen System*. Berlin: Akademie Verlag.

Struckmeier, Volker (2010). Attributive constructions, scrambling in the AP and referential types. *Lingua* 120(3), 673–692.

Struckmeier, Volker (2012). A morphologically guided matching approach to German(ic) relative constructions. In: P. Ackema et al. (Hg.). *Comparative Germanic Syntax: The State of the Art*. Amsterdam/Philadelphia: John Benjamins. 387–414.

Struckmeier, Volker (2014). *Syntax und Prosodie von Scrambling-Bewegungen im Deutschen. Zur komplexen Architektur grammatischer Beschreibungen*. Berlin: Akademie Verlag.

Struckmeier, Volker (2017). Against information structure heads. A relational analysis of German scrambling. *Glossa* 2, 1–29.

Struckmeier, Volker & Sebastian Kaiser (2019). When insubordination is an artefact (of sentence type theories). In: Karin Beijering, Gunther Kaltenböck & María Sol Sansiñena (Hg.). *Insubordination. Theoretical and Empirical Issues*. Berlin: Mouton de Gruyter. 320–348.

Tallermann, Maggie & Kathleen R. Gibson (Hg.) (2012). *The Oxford Handbook of Language Evolution*. Oxford/New York: Oxford University Press.

Temme, Anne (2018). *The Peculiar Nature of Psych Verbs and Experiencer Object Structures*. Dissertation. Humboldt-Universität zu Berlin.

Terrace, Herbert S., Laura A. Petitto, R. J. Sanders & Thomas G. Bever (1979). Can an ape create a sentence? *Science* 206(4421), 891–206.

Tomasello, Michael (2008). Why don't apes point? In: Regina Eckardt, Gerhard Jäger & Tonjes Veenstra (Hg.). *Variation, Selection, Development. Probing the Evolutionary Model of Language Change*. Berlin: Walter de Gruyter. 375–394.

Tomasello, Michael (2010). *Origins of Human Communication*. Cambridge, MA: The MIT Press.

Truckenbrodt, Hubert (2006). On the semantic motivation of syntactic verb movement to C in German. *Theoretical Linguistics* 32, 257–306.

Truckenbrodt, Hubert (2013). Satztyp, Prosodie und Intonation. In: Jörg Meibauer, Markus Steinbach & Hans Altmann (Hg.). *Satztypen des Deutschen*. Berlin: Walter de Gruyter. 570–601.

Uszkoreit, Hans, Thorsten Brants, Denys Duchier, Brigitte Krenn, Lars Konieczny, Stephan Oepen & Wojciech Skut (1998). Studien zur performanzorientierten Linguistik. Aspekte der Relativsatzextraposition im Deutschen. *Kognitionswissenschaft* 7, 129–133.

Welke, Klaus (2005). *Tempus im Deutschen. Rekonstruktion eines semantischen Systems*. Berlin: Walter de Gruyter.

Wesche, Birgit (1995). *Symmetric Coordination: An Alternative Theory of Phrase Structure*. Tübingen: Niemeyer.

Wiese, Heike (2012). *Kiezdeutsch. Ein neuer Dialekt entsteht*. München: Beck.

Wilder, Chris (1995). Rightward movement as leftward deletion. In: Uli Lutz & Jürgen Pafel (Hg.). *On Extraction and Extraposition in German*. Amsterdam/Philadelphia: John Benjamins. 273–310.

Wilder, Chris (1996). V2-Effekte. Wortstellungen und Ellipsen. In: Ewald Lang & Gisela Zifonun (Hg.). *Deutsch typologisch*. Berlin: Walter de Gruyter. 142–180.

Wilder, C. (1999). Right node raising and the LCA. In: *Proceedings of WCCFL* 18. Somerville, MA: Cascadilla Press. 586–598.

Wiltschko, Martina (1997). D-linking, scrambling and superiority in German. *Groninger Arbeiten zur germanistischen Linguistik* 41, 107–142.

Wurmbrand, Susi (1999). Modal verbs must be raising verbs. In: *Proceedings of the 18th West Coast Conference on Formal Linguistics (WCCFL18)*. Somerville, MA: Cascadilla Press.

Wurmbrand, Susi (2001). *Infinitives: Restructuring and Clause Structure*. Berlin: Mouton de Gruyter.

Zuberbühler, Klaus (2005). Linguistic prerequisites in the primate lineage. In: Maggie Tallerman (Hg.). *Language Origins. Perspectives on Evolution*. Oxford/New York: Oxford University Press. 262–282.

16 Register

– bei Rechtsversetzung 162
Bindungsprinzip 56
bound = gebunden
BP (Boolesche Phrase) 173
Burzios Generalisierung 50

C

case (assignment) *siehe Kasus*
case filter *siehe Kasusfilter*
C (Kopf) 68, 139
C-Kommando **47**, 52 *siehe auch Enthaltensein in der Schwester*
C[W] 76
cleft *siehe Spaltsatz*
complement *siehe Komplement*
complementizer *siehe Komplementierer, Subjunktion*
containment *siehe Enthaltensein in der Schwester*
control *siehe Kontrolle*
converge *siehe konvergieren*
convergence = Eigenschaft einer Derivation, zu konvergieren
CP **67–84**, 139
crash *siehe Crash*
Crash **19**, 45

D

D (Kopf) 91
Dativ 51
Deakzentuierung 131, 180
Default (bei Kongruenz) **42**, 52, 80, 108
defective agree *siehe Agree, partielles*
Deklarativ 64, **70**, 72, 77, 80
Denken 193
derivation *siehe Derivation*
Derivation **19**, 138, 191
Determinierer 88
– bei Rechtsversetzung 165
– Nulldeterminierer 94
Determiniererphrase 88, **89**, 90–94
deverbales Nomen 86
Diskurs 171, 188, *siehe Kontext*
distributed spellout *siehe verteilte Aussprache*
DP *siehe Determiniererphrase*
DP-Hypothese 89

E

ECM (exceptional case marking) *siehe accusativus cum infinitivo*
Eigenname 55, 94, 165
elidieren *siehe Ellipse*
Ellipse 175–190
– Analysen 188–190
– Antwortfragment 178

– Bewegungsanalyse 189
– Fragment 178
– Identitätsbedingungen 182, 184–185
– Kontrast 180
– Koordinationsellipse 177
– Kopieranalyse 189
– linksperiphere 183
– Multiple Dominanz 189
– Pro-Form-Analyse 190
– rechtsperiphere 185
– Rückwärtsellipse 185
– Sharing-Analyse 189
– Situationsellipse 179
– Textsortenellipse 178
– Tilgungsanalyse 188
– Vorwärtsellipse 179
embedded clause *siehe Nebensatz*
Endknoten 23
Enthaltensein in der Schwester **47**, 52, 56, 172, 181
EPP-Merkmal 72
Ereigniszeit 60
Evolution 2, 193
Exklamativ 75–77
experiencer *siehe Experiens*
Experiens 29
Expletivum 43
external argument *siehe Argument, externes*
extraponieren *siehe Extraposition*
Extraposition 105, **149**, 150–158, 172

F

feature *siehe Merkmal*
feature checking *siehe Merkmalsabgleich*
feature value *siehe Merkmalswert*
felicity *siehe Angemessenheit im Kontext*
feststehende Wendung 178
Finitheit 42, 44, 57, 64, 69
Fokus 126
Frage 76–77, 80
free = nicht gebunden (Bindungsprinzipien)
Futur
– Futurauxiliar **44**, 57, 60, 62
– Futur I 60, 63
– Futur II 60, 62

G

Gapping 180–183, 189
– Auxiliargapping 180
Gegebenheit 126
generisch 39
Genitiv 51

Printed in the United States
By Bookmasters